∷　中華文化促進會主持編纂

∷　國家"十一五"重點圖書出版規劃項目

∷　中國社會科學院哲學社會科學創新工程學術出版資助項目

出品人　王石　段先念

今注本二十四史

隋書

唐 魏徵等 撰

馬俊民 張玉興 主持校注

一五　傳〔六〕

中國社會科學出版社

隋書　卷六八

列傳第三十三

宇文愷

　　宇文愷，[1]字安樂，杞國公忻之弟也。[2]在周,[3]以功臣子，年三歲，賜爵雙泉伯,[4]七歲，進封安平郡公,[5]邑二千户。[6]愷少有器局。家世武將，諸兄並以弓馬自達，愷獨好學，博覽書記，解屬文，多伎藝，號爲名父公子。[7]初爲千牛,[8]累遷御正中大夫、儀同三司。[9]

　　[1]宇文愷：人名。《北史》卷六〇有附傳。

　　[2]杞國公：爵名。隋九等爵的第三等。從一品。　　忻：人名。即宇文忻。傳見本書卷四〇,《北史》卷六〇有附傳。

　　[3]周：即北周（557—581），都長安（今陝西西安市西北）。

　　[4]雙泉伯：爵名。全稱爲雙泉縣伯，北周十一等爵的第九等。正七命。（參見王仲犖《北周六典》卷八《封爵第十九》，中華書局1979年版，第554頁）

　　[5]安平郡公：爵名。北周十一等爵的第五等。正九命。（參

見王仲犖《北周六典》卷八《封爵第十九》，中華書局 1979 年版，第 542 頁）按，《北史》本傳爲"安平公"，蓋省"郡"字。

[6]邑：也稱食邑、封邑。是古代君王封賜給有爵位之人的一種食禄制度，受封者可徵收封地内的民户租税充作食禄。魏晋以後，食邑分爲虚封和實封兩類：虚封一般僅冠以"邑"或"食邑"之名，這祇是一種榮譽性加銜，受封者並不能獲得實際的食禄收入；而實封一般須冠以"真食""食實封"等名，受封者可真正獲得食禄收入。

[7]名父公子：謂父有盛名。《北史·宇文愷傳》作"名公子"。

[8]千牛：官名。"千牛備身"省稱，掌執千牛御刀，侍從皇帝左右。北周仿襲北魏、北齊之制，但其隸屬、命品未詳。

[9]御正中大夫：官名。西魏恭帝三年（556）仿《周禮》建六官，天官冢宰府有御正中大夫。職掌侍帝左右，草擬詔誥文册，凡諸刑罰爵賞，爰及軍國大事等，皆需參議。北周初沿之，正五命。周明帝武成元年（559）又增置御正上大夫四人爲該曹長官，御正中大夫則退居副貳。正六命。（參見王仲犖《北周六典》卷二《天官府第七》，第 53 頁）　儀同三司：官名。亦簡稱儀同。周武帝建德四年（575）改稱儀同大將軍。屬勳官。北周府兵制中儀同府的長官均加此勳官名，可開府置官屬。九命。（參見王仲犖《北周六典》卷九《勳官第二十》，第 578 頁；谷霽光《府兵制度考釋》，上海人民出版社 1962 年版，第 51 頁）

高祖爲丞相，[1]加上開府、匠師中大夫。[2]及踐阼，誅宇文氏，愷初亦在殺中，以其與周本别，兄忻有功於國，使人馳赦之，僅而得免。後拜營宗廟副監、太子左庶子。[3]廟成，别封甄山縣公，[4]邑千户。及遷都，上以愷有巧思，詔領營新都副監。高熲雖總大綱，[5]凡所規

畫，皆出於愷。後決渭水達河，[6]以通運漕，[7]詔愷總督
其事。後拜萊州刺史，[8]甚有能名。兄忻被誅，除名於
家，久不得調。會朝廷以魯班故道久絕不行，[9]令愷修
復之。既而上建仁壽宮，[10]訪可任者，右僕射楊素言愷
有巧思，[11]上然之，於是檢校將作大匠。[12]歲餘，拜仁
壽宮監，[13]授儀同三司，[14]尋爲將作少監。[15]文獻皇后
崩，[16]愷與楊素營山陵事，上善之，復爵安平郡公，邑
千戶。

[1]高祖：隋文帝楊堅廟號。紀見本書卷一、二，《北史》卷
一一。　丞相：官名。此爲"左大丞相"或"大丞相"簡稱。北
周靜帝大象二年（580）置左、右大丞相，以宗室親王宇文贊爲右
大丞相，但僅有虛名；以外戚楊堅爲左大丞相，總攬朝政。旋又去
左右之號，獨以楊堅爲大丞相。實爲控制北周朝廷的權臣。

[2]上開府：官名。全稱是上開府儀同大將軍。北周建德四年
改開府儀同三司爲開府儀同大將軍，仍增置上開府儀同大將軍。用
以酬勤勞，無實際職權。爲十一等勳官的第五等，可開府置官屬。
九命。　匠師中大夫：官名。北周冬官府設匠師中大夫一人，掌城
郭宮室之制，及諸器物度量。正五命。按，此句本無"匠師"二
字。《北史》卷六〇《宇文愷傳》載爲："加上開府，匠師中大
夫。"中華本《北史》校勘記云："諸本'匠師'作'近師'，《通
志》卷一六一《宇文愷傳》作'進師'，《隋書》卷六八《宇文愷
傳》無此兩字。按《通典》卷三九《後周官品》，中大夫無'近
師''進師'，而有'匠師'。'近'乃'匠'之訛，'進'又'近'
之譌。今據改。《隋書》單作'中大夫'，顯脫兩字。"所考甚有
理，加之宇文愷所擅長宮室營造者，亦爲匠師中大夫之職掌。今從
《北史》，"中大夫"前增"匠師"二字，並據此點讀。

[3]營宗廟副監：官名。隋凡營建宗廟、都城則設立監、副監，屬臨時差遣之職，事罷則省。下文"營新都副監""營東都副監"同，不再出注。　太子左庶子：官名。東宮門下坊長官，置二員，掌侍從贊相，駁正啓奏，制比門下省納言。正四品上。

[4]甄山縣公：爵名。隋九等爵的第五等。從一品。

[5]高熲：人名。傳見本書卷四一、《北史》卷七二。

[6]渭水：今黃河中游支流渭河。　河：此指黃河。

[7]運漕：運糧的水路。

[8]萊州：治所在今山東萊州市。

[9]魯班故道：具體位置因史料缺乏暫不可考。

[10]仁壽宮：宮殿名。位今陝西麟游縣西天台山上，冠山構殿，絕壑爲池。因其涼爽宜人，故爲消夏離宮。

[11]右僕射：官名。隋尚書省置左右僕射各一人，地位僅次於尚書令。由於隋尚書令不常置，僕射成爲尚書省實際長官，是宰相之職。從二品。　楊素：人名。傳見本書卷四八，《北史》卷四一有附傳。

[12]檢校：官制用語。初謂代理，隋及唐初皆有。尚未實授其官，但已掌其職事，代理、代辦之意。　將作大匠：官名。隋初仿北齊設將作寺，長官爲將作大匠，職掌國家土木工程修建之政令。從三品。

[13]仁壽宮監：官名。隋代離宮置宮監爲長官，掌理行宮諸事務。煬帝大業初上宮監爲正五品，中宮監爲從五品，下宮監爲正七品。

[14]儀同三司：官名。亦簡稱儀同。隋文帝因改北周十一等勳官之制形成十一等散實官，用以酬勤勞，無實際職掌。儀同三司是第八等，可開府置僚佐。正五品上。

[15]將作少監：官名。隋文帝開皇二十年（600）改將作寺名"將作監"，初加副監，亦稱將作少監。佐長官將作大監領左、右校及甄官署，掌營繕宮室、宗廟、城門、東宮、王府、中央官署及京

都其他土木工程。正五品。

[16]文獻皇后：隋文帝皇后，名獨孤伽羅。傳見本書卷三六、《北史》卷一四。

煬帝即位，[1]遷都洛陽，[2]以愷爲營東都副監，尋遷將作大匠。愷揣帝心在宏侈，於是東京制度，窮極壯麗。帝大悦之，進位開府，[3]拜工部尚書。[4]及長城之役，[5]詔愷規度之。[6]時帝北巡，欲誇戎狄，令愷爲大帳，其下坐數千人。帝大悦，賜物千段。又造觀風行殿，上容侍衛者數百人，離合爲之，下施輪軸，推移倏忽，有若神功。戎狄見之，莫不驚駭。帝彌悦焉，前後賞賚，不可勝紀。

[1]煬帝：楊廣的謚號。紀見本書卷三、四，《北史》卷一二。

[2]洛陽：地名。在今河南洛陽市。

[3]開府：官名。全稱是開府儀同三司。隋文帝因改北周十一等勳官之制形成十一等散實官，用以酬勤勞，無實際職掌。開府是第六等，可開府置僚佐。正四品。

[4]工部尚書：官名。隋文帝開皇二年始置，掌全國百工、屯田、山澤之政令，統工部、屯田、虞部、水部四曹。置一員，正三品。

[5]長城之役：本書《煬帝紀》及《北史·隋煬帝紀》長城之役及做大帳在大業三年（607），拜工部尚書在大業四年三月，與此不符（參見羅振玉《隋書斠議》，書目文獻出版社1996年版，第43頁）。

[6]規度：規則法度。

　　自永嘉之亂，[1]明堂廢絕，[2]隋有天下，將復古制，議者紛然，皆不能決。愷博考群籍，[3]奏《明堂議表》曰：

[1]永嘉：西晉懷帝司馬熾年號（307—313）。

[2]明堂：帝王宣明政教的地方。凡朝會、祭祀、慶賞、選士、養老、教學等大典，都在此舉行。

[3]愷博考群籍：底本、殿本、中華本前皆未有主語，宋刻遞修本、汲古閣本、庫本前有一"愷"字。又《北史》卷六〇《宇文愷傳》亦有"愷"字，據補。

　　臣聞在天成象，房心爲布政之宮；[1]在地成形，丙午居正陽之位。[2]觀雲告月，順生殺之序；五室九宮，[3]統人神之際。金口木舌，[4]發令兆民；玉瓚黃琮，[5]式嚴宗祀。何嘗不矜莊宸寧，[6]盡妙思於規摹，凝睟冕旒，[7]致子來於矩籤。[8]

[1]房心：指二十八宿中房宿與心宿。　宮：此指古代劃分星空的區域，參《史記·天官書》。

[2]丙午：此指以天干地支表方位。　正陽：指南方。

[3]五室：古人明堂內設置的木室、火室、金室、水室、土室。
九宮：指八卦離、艮、兌、乾、巽、震、坤、坎八個方位，稱爲八宮，加上中央，合稱九宮。

[4]金口木舌：原指木鐸，後借喻爲宣揚聖人教導的話。

[5]玉瓚黃琮：瓚、琮均爲古代禮器，此泛指祭祀用的所有禮器。

[6]矜莊：嚴肅莊敬。　宸寧：指御座。

[7]冕旒：本指大夫以上禮冠，此代指皇帝。

[8]子來：指民心歸附。　矩矱（yuē）：規矩法度。

伏惟皇帝陛下，提衡握契，御辯乘乾，[1]咸五登三，[2]復上皇之化，[3]流凶去暴，丕下武之緒。[4]用百姓之異心，驅一代以同域，康哉康哉，民無能而名矣。故使天符地寶，吐醴飛甘，造物資生，澄源反朴。九圍清謐，[5]四表削平，[6]襲我衣冠，齊其文軌。[7]茫茫上玄，陳珪璧之敬；[8]肅肅清廟，感霜露之誠。正金奏《九韶》《六莖》之樂，[9]定石渠五官、三雍之禮。[10]乃卜瀍西，爰謀洛食，[11]辨方面勢，仰稟神謀，敷土濬川，[12]爲民立極。兼聿遵先言，表置明堂，爰詔下臣，占星揆日。於是採崧山之秘簡，[13]披汶水之靈圖，[14]訪通議於殘亡，購《冬官》於散逸。[15]總集衆論，勒成一家。昔張衡渾象，[16]以三分爲一度，裴秀輿地，[17]以二寸爲千里。臣之此圖，用一分爲一尺，推而演之，冀輪奐有序。而經構之旨，[18]議者殊途，或以綺井爲重屋，[19]或以圓楣爲隆棟，[20]各以臆説，事不經見。今録其疑難，爲之通釋，皆出證據，以相發明。議曰：

[1]御辯：駕馭世變。辯，通“變”。　乘乾：登基爲帝。

[2]咸：通“減”，不亞於。底本、汲古閣本、庫本、殿本均同，宋刻遞修本、中華本作“減”。　五：五帝。上古傳説中的五位帝王。説法不一。　三：三皇。遠古傳説中的三位帝王。所指説法不一。

[3]上皇：指上古帝王。

　　[4]丕：奉。　下武：亦指後武，指周武王，後喻指有聖德能繼先王功業的人。

　　[5]九圍：九州。

　　[6]四表：四方極遠之地，泛指天下。

　　[7]文軌：原指文字和軌道，古代作爲國家統一的標志。

　　[8]珪璧：兩種玉器，此泛指祭祀所用的玉器。

　　[9]金：八音（金、石、土、革、絲、木、匏、竹）之一。《九韶》《六莖》：皆古樂名。相傳分別爲舜、顓頊所作。

　　[10]石渠：即石渠閣，西漢皇室藏書之處。　五官：指分司天、地、神、民、類物等五種神靈官職，此指祭祀五種官職之禮。

　三雍：漢時對辟雍、明堂、靈臺三宮的總稱。

　　[11]乃卜瀍西，爰謀洛食：典出《尚書·洛誥》：“我乃卜澗水東、瀍水西，惟洛食；我又卜瀍水東，亦惟洛食。”洛食，原指周公營東都所卜地，得洛之吉兆，引申爲定都。

　　[12]濬（jùn）川：疏通河道。

　　[13]秘簡：奧秘典册。

　　[14]靈圖：指傳說中黃帝時期的明堂圖。典出《史記》卷一二《孝武本紀》：“上欲治明堂奉高旁，未曉其制度。濟南人公王帶上黃帝時明堂圖……於是上令奉高作明堂汶上，如帶圖。”

　　[15]《冬官》：此指《周禮·冬官考工記》。

　　[16]張衡：人名。東漢天文學家、文學家。傳見《後漢書》卷五九。　渾象：又稱渾天儀，爲張衡所造的一種天文儀器。

　　[17]裴秀：人名。曹魏、西晋時人，古代著名地圖學家。傳見《晋書》卷三五。　輿地：地圖，此指裴秀作《禹貢地域圖》。

　　[18]經構：營造。

　　[19]綺井：飾以彩紋圖案的天花板。形似井口圍欄，故稱。重屋：重檐之屋。

　　[20]圓楣：圓形的房屋次梁。　隆棟：高大棟梁。

臣愷謹案《淮南子》曰:[1]"昔者神農之治天下也,甘雨以時,五穀蕃植,春生夏長,秋收冬藏,月省時考,終歲獻貢,以時嘗穀,祀于明堂。明堂之制,有蓋而無四方,風雨不能襲,燥濕不能傷,遷延而入之。"[2]臣愷以爲上古朴略,創立典刑。《尚書帝命驗》曰:[3]"帝者承天立五府,以尊天重象。赤曰文祖,[4]黃曰神斗,[5]白曰顯紀,[6]黑曰玄矩,[7]蒼曰靈府。"[8]注云:[9]"唐、虞之天府,夏之世室,殷之重屋,周之明堂,皆同矣。"《尸子》曰:[10]"有虞氏曰總章。"[11]《周官·考工記》曰:"夏后氏世室,堂脩二七,博四脩一。"[12]注云:"脩,南北之深也。夏度以步,今堂脩十四步,其博益以四分脩之一,則明堂博十七步半也。"[13]臣愷按,三王之世,夏最爲古,從質尚文,理應漸就寬大,何因夏室乃大殷堂?相形爲論,理恐不爾。《記》云"堂脩七,博四脩一",[14]若夏度以步,則應脩七步。注云"今堂脩十四步",乃是增益《記》文。殷、周二堂獨無加字,便是其義,類例不同。山東《禮》本輒加二七之字,何得殷無加尋之文,周闕增筵之義?研覈其趣,或是不然。讎校古書,[15]並無二字,此乃桑間俗儒信情加減。《黃圖議》云:[16]"夏后氏益其堂之大一百四十四尺,周人明堂以爲兩杅間。"[17]馬宮之言,[18]止論堂之一面,據此爲準,則三代堂基並方,得爲上圓之制。諸書所說,並云下方,鄭注《周官》,獨爲此義,非直與古違異,亦乃乖背禮文。尋文求理,深恐未愜。

[1]《淮南子》：又稱《淮南鴻烈》，爲西漢淮南王劉安召集門人編寫的一部論文集。全書内容龐雜，糅合道、陰陽、墨、法及一部分儒家思想而成。

[2]“昔者神農”至“遷延而入之”：語出《淮南子》卷九《主術訓》，此略有删改。

[3]《尚書帝命驗》：漢代經師所造的一部《尚書》緯書，有鄭玄、宋均注。

[4]文祖：相傳爲唐堯所立五府中的南向室名，是赤帝赤熛怒所居之廟，取“火精乃光明文章之祖”之意，故稱“文祖”。周時稱作“明堂”。

[5]神斗：相傳爲唐堯所立五府中的中央室名，是黄帝含樞紐所居之廟，取“土精乃澄静四行之主”之意，故稱“神斗”（斗即主）。周時稱作“太室”。

[6]顯紀：相傳爲唐堯所立五府中的西向室名，是白帝白招拒所居之廟，取“金精斷割萬物成”之意，故稱“顯紀”（即斷成之法）。周時稱作“總章”。

[7]玄矩：相傳爲唐堯所立五府中的北向室名，是黑帝汁光紀所居之廟，取“水精玄昧能權輕重”之意，故稱“玄矩”。周時稱作“玄堂”。

[8]靈府：相傳爲唐堯所立五府中的東向室名，是蒼帝（亦稱青帝）靈威仰所居之廟，故稱“靈府”。周時稱作“青陽”。

[9]注：即鄭玄注。

[10]《尸子》：先秦雜家著作，據《漢書·藝文志》班固云：尸子，名佼，魯國人。

[11]有虞氏曰總章：語出《尸子·君治》。總章，相傳爲舜的明堂之名。後亦用作明堂的西向室之名，取“西方總成萬物而章明之”之意。

[12]夏后氏世室，堂脩二七，博四脩一：語出《周禮·考工記·匠人》。夏后氏，亦稱“夏氏”“夏后”。指禹受舜禪而建立的

夏王朝。世室，夏朝的宗廟之名。或説是夏朝的明堂之名。脩，長、長度。博，寬度。按，《周禮》原文作“廣”，避隋諱改，下同。參中華本校勘記。又本書卷四九《牛弘傳》所引《周官·考工記》亦作“廣”。

[13]“脩，南北之深也”至“十七步半也”：此爲鄭玄注，本卷後文所云《考工記》之注均同此。今，《周禮》原作“令”，本文下同。參中華本校勘記。

[14]博四脩一：中華本校勘記云：“原脱‘一’字，據《考功記》補，‘堂脩七’是宇文愷據古本修改後的引文。”今從。

[15]讎（chóu）：校勘、校對。

[16]《黃圖議》：西漢經學家馬宮爲《黃圖》所作之議。《黃圖》，亦稱《三輔黃圖》，西漢時修撰的一部專記三輔宮觀、陵廟、明堂、辟雍、郊畤等事的圖書。

[17]杼（zhù）：通“序”，墻。

[18]馬宮：人名。傳見《漢書》卷八一。

《尸子》曰：“殷人陽館。”[1]《考工記》曰：“殷人重屋，[2]堂脩七尋，[3]堂崇三尺，四阿重屋。”[4]注云：“其脩七尋，五丈六尺，放夏、周則其博九尋，七丈二尺。”又曰：“周人明堂，度九尺之筵，[5]東西九筵。南北七筵。堂崇一筵。五室，凡室二筵。”[6]《禮記·明堂位》曰：“天子之廟，複廟重檐。”[7]鄭注云：“複廟，重屋也。”注《玉藻》云：[8]“天子廟及露寢，[9]皆如明堂制。”《禮圖》云：[10]“於内室之上，起通天之觀，觀八十一尺，得宮之數，[11]其聲濁，君之象也。”《大戴禮》曰：[12]“明堂者，古有之。凡九室，一室有四户八牖。以茅蓋，上圓下方，外水曰璧雝。[13]赤綴户，白綴牖。

堂高三尺，東西九筵，南北七筵。其宮方三百步。凡人民疾，六畜疫，五穀灾，生於天道不順。天道不順，生於明堂不飾。故有天灾，則飾明堂。"《周書·明堂》曰：[14]"堂方百一十二尺，高四尺，階博六尺三寸。[15]室居內，方百尺，室內方六十尺。戶高八尺，博四尺。"《作洛》曰：[16]"明堂、太廟、露寢，咸有四阿，重亢重廊。"[17]孔氏注云：[18]"重亢，累棟；重廊，累屋也。"[19]《禮圖》曰："秦明堂九室十二階，各有所居。"《呂氏春秋》曰：[20]"有十二堂。"與《月令》同，[21]並不論尺丈。臣愷案，十二階雖不與《禮》合，一月一階，非無理思。

[1]殷人陽館：語出《尸子·君治》。陽館，殷商天子聽政之所。

[2]重屋：重檐之屋。亦爲商代天子用以宣明政教的大廳堂之名，或説是商代的王宮正堂。

[3]尋：古代長度單位。多以八尺爲尋，亦有以七尺或六尺爲尋者。

[4]四阿：指屋宇四邊的檐溜，可使水從四面流下。

[5]度：測量。　筵：席位，座位。古代常以筵度堂，每筵多爲一丈，亦有每筵爲九尺者。

[6]凡室二筵：底本原脱"室"字，中華本校勘記云："原脱'室'字，據《册府》五八四補。"又《北史》卷六〇《宇文愷傳》亦有"室"字。今從補。

[7]天子之廟，複廟重檐：語出《禮記·明堂位》，原句爲："太廟，天子明堂。……複廟重檐。"廟，此指太廟，古代帝王的祖廟。複廟，古稱具有雙重椽、棟、軒版、垂檐等建築結構的廟堂爲

複廟。重檐，兩層屋檐。古明堂皆在外檐下壁復安板檐，以避風雨灑壁。

[8]《玉藻》：《禮記》的篇名。

[9]露寢：亦稱"路寢"。古代帝王、諸侯治事宴享的正廳堂。

[10]《禮圖》：《三禮圖》的簡稱。東漢鄭玄、阮諶等人所撰的一部圖解"三禮"的著作。

[11]宮：此指以宮爲主調式。

[12]《大戴禮》：即《大戴禮記》，相傳爲西漢時戴德選編。本書《經籍志一》載有《大戴禮記》十三卷，漢信都王太傅戴德撰。

[13]璧雝：即辟雍，本爲西周天子所設的大學，校址呈圓形，圍以水池，前門外有便橋。後世多沿周制建辟雍，均爲教學以及行鄉飲、大射或祭祀之禮的地方。此處指仿周制在明堂外圍所建的水池，形如璧圓，以象徵天，水左旋流動，以象徵教化流行。《北史》卷六〇《宇文愷傳》作"璧雍"。

[14]《周書·明堂》：《周書》之《明堂篇》。《周書》爲今傳本《逸周書》的原名或簡稱。全書共有《克殷》《明堂》《月令》《作洛》等七十篇及序一篇，多數出於戰國時儒者搜集或摹擬周代誥誓訓命之作，爲儒家重要典籍之一。據《逸周書》之《序》云："周公將致政成王，朝諸侯於明堂，作《明堂》。"

[15]階：指明堂有九個臺階，分布於四旁門堂及太室中，用以通往上層圓屋。

[16]《作洛》：《周書》之《作洛篇》。據《逸周書》之《序》云："周公既誅三監，乃述武王之志，建都伊洛，作《作洛》。"

[17]重亢：重叠的房屋正梁。此指重屋的上下兩棟。 重廊：亦作重郎。重屋。

[18]孔氏：此指晋代經學家孔晁，《逸周書》的注者。事見《晋書》卷四七《傅玄傳》。

[19]重亢，累棟；重廊，累屋也：此句中華本標點作"重亢累

棟，重廊累屋也"。

[20]《吕氏春秋》：戰國末秦相吕不韋集合門客共同編寫的一部雜家著作。全書分爲十二紀、八覽、六論，共一百六十篇。内容以儒、道思想爲主，兼及名、法、墨、農、陰陽等家之言。

[21]《月令》：《周書》之《月令篇》。據《逸周書》之《序》云："周公制十二月賦政之法，作《月令》。"

《黄圖》曰："堂方百四十四尺，法坤之策也，[1]方象地。屋圓楣徑二百一十六尺，法乾之策也，[2]圓象天。室九宫，[3]法九州。[4]太室方六丈，法陰之變數。[5]十二堂法十二月，三十六户法極陰之變數，[6]七十二牖法五行所行日數。[7]八達象八風，[8]法八卦。[9]通天臺徑九尺，[10]法乾以九覆六。[11]高八十一尺，法黄鍾九九之數。[12]二十八柱象二十八宿。[13]堂高三尺，土階三等，法三統。[14]堂四向五色，[15]法四時五行。殿門去殿七十二步，法五行所行。門堂長四丈，[16]取太室三之二。垣高無蔽目之照，[17]牖六尺，其外倍之。殿垣方，在水内，法地陰也。水四周於外，象四海，圓法陽也。水闊二十四丈，象二十四氣。[18]水内徑三丈，應《觀禮經》。"[19]武帝元封二年，[20]立明堂汶上，[21]無室。其外略依此制。《泰山通議》今亡，[22]不可得而辨也。

[1]坤之策：推演《坤》卦六爻所得策數。《周易》用九，用六。《坤》用老陰六，故每爻六揲，每揲四策，六爻共得一百四十四策。

[2]乾之策：推演《乾》卦六爻所得策數。《乾》爻皆爲老陽，其數爲九，故每爻九揲，每揲四策，共得二百一十六策。乾策與坤

策相配，總爲三百六十策，以象天地迴圈一年的日數。

[3]室：此指明堂之九室。按，室，各本均同，唯中華本據《册府元龜》卷五八四《掌禮部·奏議》補入一"太"字，作"太室"。然檢宋本及四庫本《册府元龜》原文均無"太"字。又檢《北史》卷六〇《宇文愷傳》及《玉海》卷九五《郊祀·明堂》亦無"太"字。本卷所引《大戴禮》："明堂者，古有之。凡九室，一室有四户八牖。"及本書卷四九《牛弘傳》"明堂議"云："（明堂）九室以象州。"則知此"室九宮"所指爲明堂之九室，而非指"太室"。

[4]九州：古代分中國爲九州。説法不一：《尚書·禹貢》作冀、兗、青、徐、揚、荆、豫、梁、雍；《爾雅·釋地》有幽、營州而無青、梁州；《周禮·夏官·職方》有幽、并州而無徐、梁州。後以"九州"泛指天下或全中國。

[5]陰之變數：據《周易》老陰之數爲六，陰之變數。

[6]三十六户：明堂九室，一室有四户，共三十六户。

[7]七十二牖：明堂九室，一室有八牖，共七十二牖。　五行所行日數：五行指水、火、木、金、土，各主七十二日，合爲一年三百六十七。按，行，《北史·宇文愷傳》作"得"。

[8]八達：此指明堂外面向八方的八牖（窗），象徵八卦。八風：指八方之風，具體所指文獻記載説法不一。東漢許慎《説文解字·風部》云："風，八風也。東方曰明庶風，東南曰清明風，南方曰景風，西南曰凉風，西方曰閶闔風，西北曰不周風，北方曰廣莫風，東北曰融風。"

[9]八卦：《周易》中乾、坤、震、巽、坎、離、艮、兑八卦，相傳爲伏羲氏所作。

[10]通天臺：亦稱"通天觀"或"通天屋"，明堂上面一層的圓形九室之屋。

[11]乾以九覆六：《周易》以九爲老陽，以六爲老陰，九、六爲陰陽轉換之臨界。覆，反也。

[12]黄鍾：古樂律名。爲十二律中的第一律。律長九寸，九九相乘，可變生八十一宮聲之數。黄鍾是音之本，今所謂的標準音。自黄鍾而始，愈上音愈高，愈下音愈低，故又稱爲"清濁之衷"。

[13]二十八宿：古天文學家把周天黄道（太陽和月亮所經天區）之恒星分成二十八個星座，稱爲二十八宿。

[14]三統：指夏、商、周三代的正朔，亦稱"三正"。夏正建寅（正月）爲人統，象徵人始成立之端；商正建丑（十二月）爲地統，象徵地始化之端；周正建子（十一月）爲天統，象徵天始施之端。

[15]四向五色：四個方向，加上中間，各用一色，東青、南赤、西白、北黑、中黄。

[16]門堂：指明堂四門門塾之堂。明堂有四門，每門內外左右共四塾。古時太學即有設在各門堂中者。

[17]垣：墙。

[18]二十四氣：二十四節氣。

[19]《覲禮經》：指《儀禮·覲禮篇》。

[20]武帝：即西漢武帝劉徹。紀見《漢書》卷六。　元封：漢武帝劉徹年號（前110—前105）。

[21]立明堂汶上：事見《史記》卷一二《孝武本紀》："上令奉高作明堂汶上。"

[22]《泰山通議》：書名。不詳。

元始四年八月，[1]起明堂、辟雍長安城南門，制度如儀。一殿，垣四面，門八觀，水外周，堤壤高四尺和會築作三旬。[2]五年正月六日辛未，始郊太祖高皇帝以配天。[3]二十二日丁亥，宗祀孝文皇帝於明堂以配上帝，[4]及先賢、百辟、卿士有益者，[5]於是秩而祭之。親扶三老五更，[6]祖而割牲，跪而進之。因班時令，宣恩澤。諸侯王、宗室、四夷君長、匈奴、西國侍子，悉奉貢助祭。

[1]元始：漢平帝劉衎年號（1—5）。

[2]堤壞高四尺和會築作三旬：此句疑有脱漏。四尺，《北史》卷六〇《宇文愷傳》作"四方"。中華本《北史》校勘記云："《隋書》'方'作'尺'。按作'尺'，則'和會'語意不完。疑作'方'是，'高'下有脱文。"又李慈銘《隋書札記》云："'四尺'，《北史》作'四方'。疑《北史》衍'四尺'二字，《隋書》衍'四方'二字。當是'堤壞高四尺'爲一句，'四方和會'作一句。"又中華書局新修訂本本書標點作"水外周堤，壞高四尺，和會築作三旬"。並出校勘記云："'尺'，《北史》卷六〇《宇文貴傳附宇文愷傳》、《册府》卷五八四《掌禮部·奏議》、《通志》卷一六一《宇文愷傳》作'方'。按，'四方和會'文意較長。如依諸書，則'壞高'下應有奪文。"和會，會合，同時進行。

[3]太祖高皇帝：即漢高祖劉邦。紀見《史記》卷八、《漢書》卷一。　配天：古代帝王祭祀時以先祖配祭。

[4]宗祀：專指對祖宗的祭祀。亦泛指各種祭祀。　孝文皇帝：即漢文帝劉恒。紀見《史記》卷一〇、《漢書》卷四。

[5]百辟：諸侯。

[6]三老五更：古代設置的兩個養老之位，掌宣德教。三老與五更各置一人，皆以年老退休且明世事的三公任之。天子則以父禮事三老，以兄禮事五更，皆尊養於國子學或太學中，用以示天下之孝悌。

《禮圖》曰："建武三十年作明堂，[1]明堂上圓下方，上圓法天，下方法地，十二堂法日辰，九室法九州。室八牖，八九七十二，法一時之王。[2]室有二户，二九十八戶，法土王十八日。[3]内堂正壇高三尺，土階三等。"
胡伯始注《漢官》云：[4]"古清廟蓋以茅，[5]今蓋以瓦，
瓦下藉茅，以存古制。" 《東京賦》曰：[6]"乃營三
宫，[7]布政頒常。複廟重屋，八達九房。造舟清池，惟
水泱泱。"薛綜注云：[8]"複重廇覆，[9]謂屋平覆重棟
也。"《續漢書·祭祀志》云：[10]"明帝永平二年，[11]祀
五帝於明堂，五帝坐各處其方，[12]黃帝在未，皆如南郊
之位。[13]光武位在青帝之南，少退西面，各一犢，奏樂
如南郊。"臣愷按《詩》云， 《我將》祀文王於明
堂，[14]"我將我享，維牛維羊"。據此則備太牢之
祭。[15]今云一犢，恐與古殊。

[1]建武：東漢光武帝劉秀年號（25—56）。

[2]一時之王：五行之水、火、木、金、土，各主七十二日。

[3]土王：土氣旺盛。 日：底本原作"目"，他本及《北
史》卷六〇《宇文愷傳》均作"日"，今據改。

[4]胡伯始：人名。即胡廣，字伯始。傳見《後漢書》卷四
四。 《漢官》：東漢應劭所撰，介紹漢代禮儀、典章制度的書。
本書《經籍志二》載有應劭所撰《漢官》五卷，《漢官儀》十卷。

[5]清廟：太廟、宗廟的別稱。

[6]《東京賦》：東漢張衡所作。《文選》卷三收録。

[7]三宫：指明堂、辟雍、靈臺。

[8]薛綜：人名。傳見《三國志》卷五三。

[9]複重廇覆：廇，《北史·宇文愷傳》作"廟"。按，李慈銘
《隋書札記》云："此引薛綜注有誤，今《文選》本不如此。"又李
慈銘《北史札記》此句下又云："薛綜注作'複廟，重複也。重屋，
重棟也'。此文錯訛不可解。"

[10]《續漢書·祭祀志》：今本《後漢書·祭祀志》。此處引文出自《後漢書·祭祀志中·明堂》。

[11]明帝：即東漢明帝劉莊。紀見《後漢書》卷二。　永平：東漢明帝劉莊年號（58—75）。

[12]五帝坐各處其方：此句《後漢書·祭祀志中》作"五帝坐位堂上，各處其方"。

[13]南郊：此指古代於冬至日至南郊圜丘祭祀天之禮儀，又稱郊天。

[14]《我將》：出自《詩·周頌·清廟之什》。

[15]太牢：古代祭祀最隆重的禮儀，牛、羊、豕三牲俱備謂之太牢。

自晉以前，未有鴟尾，[1]其圓墙璧水，[2]一依本圖。《晉起居注》裴頠議曰：[3]"尊祖配天，其義明著，廟宇之制，理據未分。直可爲一殿，以崇嚴祀，[4]其餘雜碎，一皆除之。"臣愷案："天垂象，聖人則之。"[5]辟雍之星，既有圖狀，晉堂方構，不合天文。既闕重樓，又無璧水，空堂乖五室之義，直殿違九階之文。非古欺天，一何過甚！

[1]鴟（chī）尾：古代宮殿屋脊正脊兩端裝飾性構件，外形略如鴟尾，因稱。鴟，《北史》卷六〇《宇文愷傳》作"鵄"，二者同字異體。

[2]圓墙：《北史·宇文愷傳》作"門墙"，《册府元龜》卷五八四《掌禮部·奏議》作"垣墙"。

[3]《晉起居注》：本書《經籍志二》載有《晉起居注》三百一十七卷，南朝宋北徐州主簿劉道會撰。又有《晉咸和起居注》十六卷，李軌撰。　裴頠：人名。西晉人，裴秀之子，官至尚書左僕

射。《晉書》卷三五有附傳。

[4]嚴祀：本書卷四九《牛弘傳》所引此文作“嚴父之祀”。

[5]天垂象，聖人則之：語出《易·繫辭上》。原文作：“天生神物，聖人則之；天地變化，聖人效之；天垂象，見吉凶，聖人象之；河出圖，洛出書，聖人則之。”《後漢書·天文志》《晉書·職官志》所引均作“天垂象，聖人則之”。此沿用。

　　後魏於北臺城南造圓墻，[1]在璧水外，門在水内迥立，不與墻相連。其堂上九室，三三相重，不依古制，室間通巷，違舛處多。其室皆用墼累，[2]極成褊陋。後魏《樂志》曰：“孝昌二年立明堂，議者或言九室，或言五室，詔斷從五室。後元叉執政，復改爲九室，遭亂不成。”[3]

[1]後魏於北臺城南造圓墻：後魏，即北魏（386—557），亦單稱魏。初都平城（今山西大同市東北），公元494年遷都洛陽（今河南洛陽市東北白馬寺東）。公元534年分裂爲東魏和西魏兩個政權。東魏（534—550）都於鄴（今河北臨漳縣西南鄴鎮東），西魏（535—557）都於長安（今陝西西安市西北郊）。北臺，北魏初期都平城，後遷都於洛陽，在平城之南，故稱平城爲北臺。按，中華本《北史》卷六〇《宇文愷傳》校勘記云：“李慈銘云：‘“造”下當有脱文。’按《魏書》卷七下《高祖紀》太和十年九月，‘詔起明堂辟雍’。此明堂當在平城，即所謂‘北臺’。疑此脱‘明堂’等字。”可作一説。

[2]墼（jī）：磚，亦指以泥土與碳屑搏成的圓塊。

[3]“後魏《樂志》”至“遭亂不成”：中華本《北史·宇文愷傳》校勘記云：“按《魏書》卷一〇八之二《禮志》二云：‘初，世宗永平、延昌中，欲建明堂，而議者或云五室，或云九室，頻屬

年饑，遂寢。至是（熙平二年）復議之，詔從五室。及元叉執政，遂改營九室。值世亂不成。’這裏《樂志》當爲《禮志》之誤，‘孝昌’當爲‘延昌’之誤。元叉死於孝昌元年，安得至二年後尚執政？顯誤。”當從。延昌，北魏宣武帝元恪年號（512—515）。元叉，人名。北魏宗室，魏孝明帝元詡正光元年（520）發動政變，把持朝政。傳見《魏書》卷一六、《北史》卷一六。按，底本原作“元义”，中華本及《北史·宇文愷傳》作“元叉”。今據《魏書·元叉傳》改。

　　《宋起居注》曰：[1]“孝武帝大明五年立明堂，[2]其墙宇規範，擬則太廟，唯十二間，以應期數。依漢《汶上圖儀》，[3]設五帝位。太祖文皇帝對饗，[4]鼎俎簠簋，一依廟禮。”梁武即位之後，[5]移宋時太極殿以爲明堂。[6]無室，十二間。《禮疑議》云：[7]“祭用純漆俎瓦樽，文於郊，質於廟。止一獻，用清酒。”平陳之後，[8]臣得目觀，遂量步數，記其尺丈。猶見基內有焚燒殘柱，毀斫之餘，入地一丈，儼然如舊。柱下以樟木爲跗，[9]長丈餘，闊四尺許，兩兩相並。瓦安數重。宮城處所，乃在郭內。雖湫隘卑陋，未合規摹，祖宗之靈，得崇嚴祀。周、齊二代，[10]闕而不修，大饗之典，[11]於焉靡托。

　　[1]《宋起居注》：此指南朝宋孝武帝劉駿大明起居注。本書《經籍志二》載有《宋大明起居注》十五卷，已亡佚。

　　[2]孝武帝：南朝宋孝武帝劉駿。紀見《宋書》卷六、《南史》卷二。　大明：南朝宋孝武帝劉駿年號（457—464）。

　　[3]《汶上圖儀》：《史記》卷一二《孝武本紀》載：武帝元封

二年立明堂汶上，所用之圖儀。

[4]太祖文皇帝：南朝宋文帝劉義隆。紀見《宋書》卷五、《南史》卷二。

[5]梁武：南朝梁武帝蕭衍。紀見《梁書》卷一至三，《南史》卷六至七。

[6]太極殿：南朝宋皇宮正殿。

[7]《禮疑議》：書名。不詳。

[8]陳：即南朝陳（557—589），都建康（今江蘇南京市）。

[9]跗：物體足部。

[10]齊：即北齊（550—577），或稱高齊，都鄴（今河北臨漳縣西南鄴鎮東）。

[11]大饗：遍祭五方天帝之禮。

自古《明堂圖》惟有二本，一是宗周，[1]劉熙、阮諶、劉昌宗等作，[2]三圖略同。一是後漢建武三十年作，《禮圖》有本，不詳撰人。臣遠尋經傳，傍求子史，研究眾説，總撰今圖。其樣以木爲之，下爲方堂，堂有五室，上爲圓觀，觀有四門。

[1]宗周：以周代爲本。

[2]劉熙：人名。東漢經學家、訓詁家，著有《釋名》一書。阮諶：人名。本書《經籍志一》載有《三禮圖》九卷，鄭玄及後漢侍中阮諶撰。　劉昌宗：人名。東晉時人，本書《經籍志一》載有其著《禮音》三卷。

帝可其奏。會遼東之役，[1]事不果行。以度遼之功，進位金紫光祿大夫。[2]其年卒官，時年五十八。帝甚惜之。謚曰康。撰《東都圖記》二十卷、《明堂圖議》二卷、《釋疑》一卷，見行於世。子儒童，[3]游騎尉。[4]少子溫，[5]起部承務郎。[6]

[1]遼東：地區名。泛指遼水以東地區。因高麗國位於遼東，故此遼東之役指隋征伐高麗之事。

[2]金紫光禄大夫：官名。屬散實官。隋文帝置特進、左右光禄大夫等，以加文武官之有德聲者，並不理事。因其金印紫綬，故名。隋初爲從二品，煬帝大業三年降爲正三品。

[3]儒童：人名。即宇文儒童。事亦見《北史》卷六〇《宇文愷傳》。

[4]游騎尉：官名。隋開皇三年於吏部別置朝議等八郎，旅騎等八尉，上階爲郎，下階爲尉。散官番直，常出使監檢。游騎尉爲從七品下。煬帝大業三年罷廢。

[5]溫：人名。即宇文溫。事亦見《北史·宇文愷傳》。

[6]起部承務郎：官名。煬帝改尚書省工部爲起部，掌宗廟宮室營造，置承務郎一人，同員外之職。品秩不詳。

閻毗

閻毗，[1]榆林盛樂人也。[2]祖進，[3]魏本郡太守。父慶，[4]周上柱國、寧州總管。[5]毗七歲，襲爵石保縣公，邑千户。及長，儀貌矜嚴，頗好經史。受《漢書》於蕭該，[6]略通大旨。能篆書，工草隸，尤善畫，爲當時之妙。周武帝見而悦之，[7]命尚清都公主。[8]宣帝即位，[9]拜儀同三司，[10]授千牛左右。[11]

[1]閻毗：人名。《北史》卷六一有附傳。

[2]榆林：地名。隋開皇七年置榆林縣，大業三年改勝州爲榆林郡，治所在今内蒙古准格爾旗東北。　盛樂：郡名。治所在今山西文水縣東。按，據《周書》卷二〇、《北史》卷六一《閻慶傳》載："曾祖善，仕魏，歷龍驤將軍、雲州鎮將，因家于雲州之盛樂郡。"魏之雲州，治所亦在今山西文水縣東，故"榆林"與"盛樂"二地區域不合，"雲州"似更合理。

[3]進：人名。即閻進。北魏正光年間（520—525），以軍功拜盛樂郡守。事略見《周書》卷二〇、《北史》卷六一《閻慶傳》。

[4]慶：人名。即閻慶。傳見《周書》卷二〇、《北史》卷六一。

[5]上柱國：官名。北周武帝建德四年始置，爲十一等勳官的第一等，可開府置官屬。正九命。　寧州：北周時治所在今甘肅寧縣。　總管：官名。北周之制，總管加使持節諸軍事。總管或單任，然多兼帶刺史。故總管職權雖以軍事爲主，實際是一地區若干州、防（鎮）的最高軍政長官。按，《周書》《北史》本傳祇載任寧州刺史，未載任總管。

[6]蕭該：人名。傳見本書卷七五、《北史》卷八二。

[7]周武帝：北周皇帝宇文邕謚號。紀見《周書》卷五、六，《北史》卷一〇。

[8]清都公主：周武帝宇文邕女，事迹不詳。

[9]宣帝：北周皇帝宇文贇謚號。紀見《周書》卷七、《北史》卷一〇。

[10]儀同三司：官名。亦簡稱儀同，周武帝建德四年改稱儀同大將軍。屬勳官。北周府兵制中儀同府的長官均加此勳官名，可開府置官屬。九命。（參見王仲犖《北周六典》卷九《勳官第二十》，第578頁；谷霽光《府兵制度考釋》，第51頁）

[11]千牛左右：官名。隋初於左右領左右府置千牛備身十二人，掌供御弓箭，執千牛御刀侍衛皇帝左右。正六品下。煬帝大業

三年改左右領左右府爲左右備身府，千牛備身則改名爲千牛左右，其職掌未變，員額增至十六人。正六品。

高祖受禪，以技藝侍東宮，數以琱麗之物取悅於皇太子，[1]由是甚見親待，每稱之於上。尋拜車騎，[2]宿衛東宮。上嘗遣高熲大閱於龍臺澤，[3]諸軍部伍多不齊整，唯毗一軍，法制肅然。熲言之於上，特蒙賜帛。俄兼太子宗衛率長史，[4]尋加上儀同。[5]太子服玩之物，多毗所爲。及太子廢，毗坐杖一百，與妻子俱配爲官奴婢。後二歲，放免爲民。

[1]琱（diāo）麗：裝飾華麗。　皇太子：此指隋文帝長子楊勇，開皇元年立爲太子。傳見本書卷四五、《北史》卷七一。

[2]車騎：官名。車騎將軍的省稱。隋初爲府兵制中統領驃騎府兵的軍事副長官。正五品上。煬帝大業三年改驃騎府爲鷹揚府，車騎將軍遂改稱鷹揚副郎將，大業五年又改稱鷹擊郎將。從五品。

[3]龍臺澤：地名。據《元和郡縣圖志》“龍臺澤”在鄠縣東北三十里，周迴二十五里。

[4]兼：官制用語。假職未真授之稱。　太子宗衛率長史：官名。太子十率有左右宗衛率，掌以宗人侍衛。長史爲府屬官，掌理率府事。從七品上。

[5]上儀同：官名。全稱是上儀同三司。隋文帝因改北周十一等勳官之制形成十一等散實官，用以酬勤勞，無實際職掌。上儀同三司是第七等，可開府置僚佐。從四品上。

煬帝嗣位，盛修軍器，[1]以毗性巧，諳練舊事，詔典其職。尋授朝請郎。[2]毗立議，輦輅車輿，多所增損，語在《輿服志》。[3]擢拜起部郎。[4]

[1]盛修軍器：中華本《北史》卷四九《閻毗傳》校勘記云：
"《通志》'軍'作'車'，《隋書》作'軍'。按下文所議都是輦輅
制度，無一語及於軍器。《隋書·禮儀志》五云：'大業元年更製
車輿'，'詔尚書令楚國公楊素……朝請郎閻毗等詳議奏決，於是審
擇前朝故事，定其取捨'。本傳下文言毗'練習舊事'，即是説毗
熟習先朝輿服制度。作'車'爲是。"所考甚是，今從。此"軍"
當改爲"車"。

[2]朝請郎：官名。隋文帝開皇六年於尚書省吏部別置朝請等
八郎，爲散官番直，無具體職掌，常出使監檢。正七品上。煬帝大
業三年罷廢。

[3]語在《輿服志》：檢本書並無《輿服志》，其語在《禮儀志
五》。

[4]起部郎：官名。隋煬帝改尚書工部侍郎爲起部郎，掌貳尚
書之職。正六品。

帝嘗大備法駕，[1]嫌屬車太多，[2]顧謂毗曰："開皇
之日，屬車十有二乘，於事亦得。今八十一乘，以牛駕
車，不足以益文物。[3]朕欲減之，從何爲可？"毗對曰：
"臣初定數，共宇文愷參詳故實，據漢胡伯始、蔡邕等
議，[4]屬車八十一乘，此起於秦，遂爲後式。故張衡賦
云'屬車九九'是也。[5]次及法駕，三分減一，爲三十
六乘，此漢制也。又據宋孝建時，[6]有司奏議，晋遷江
左，[7]惟設五乘，尚書令、建平王宏曰：[8]'八十一乘，
議兼九國，三十六乘，無所準憑。江左五乘，儉不中
禮。但帝王文物，旌旒之數，爰及冕玉，皆同十二。今

宜準此，設十二乘。'[9] 開皇平陳，因以爲法。今憲章往古，大駕依秦，法駕依漢，小駕依宋，以爲差等。"帝曰："何用秦法乎？大駕宜三十六，法駕宜用十二，小駕除之。" 毗研精故事，皆此類也。

[1]法駕：天子車駕的一種。天子出行，鹵簿分大駕、法駕、小駕三種，其儀衛之繁簡各有不同。參本書《禮儀志五》。

[2]屬車：亦稱副車，天子出行時侍從車。

[3]文物：指禮樂制度。

[4]蔡邕：人名。東漢著名文學家、書法家，師從胡廣，撰有《獨斷》一書，萬餘字，記述漢代，兼述漢以前有關禮制、車服、帝系等内容。傳見《後漢書》卷六〇下。

[5]屬車九九：語見張衡《東京賦》。

[6]孝建：南朝宋孝武帝劉駿年號（454—456）

[7]江左：地區名。亦稱江東，泛指長江下游以東地區。

[8]尚書令：官名。掌尚書省内各朝事。南朝宋三品。 建平王宏：南朝宋建平宣簡王劉宏。傳見《宋書》卷七二、《南史》卷一四。

[9]"八十一乘"至"設十二乘"：語出《宋書·禮志五》，原文爲："八十一乘，義兼九國，三十六乘無所准，並不出經典。自邕、廣傳説，又是從官所乘，非帝者副車正數。江左五乘，儉不中禮。案《周官》云：'上公九命，貳車九乘。侯伯七命，車七乘。子男五命，車五乘。'然則帝王十二乘。"旂（qí）旒（liú），指天子所用旌旗。冕玉，冕前後所垂白玉珠，十有二旒。

長城之役，毗總其事。及帝有事恒岳，[1]詔毗營立壇場。[2]尋轉殿内丞，[3]從幸張掖郡。[4]高昌王朝于行所，[5]詔毗持節迎勞，[6]遂將護入東都。尋以母憂去職。[7]未期，起令視事。將興遼東之役，自洛口開渠，[8]達於涿郡，[9]以通運漕。毗督其役。明年，兼領右翊衛長史，[10]營建臨朔宮。[11]及征遼東，以本官領武賁郎將，[12]典宿衛。時衆軍圍遼東城，帝令毗詣城下宣諭，賊弓弩亂發，所乘馬中流矢，毗顏色不變，辭氣抑揚，卒事而去。尋拜朝請大夫，[13]遷殿內少監，[14]又領將作少監事。後復從帝征遼東，會楊玄感作逆，[15]帝班師，兵部侍郎斛斯政奔遼東，[16]帝令毗率騎二千追之，不及。政據高麗栢崖城，[17]毗攻之二日，有詔徵還。從至高陽，[18]暴卒，時年五十。帝甚悼惜之，贈殿內監。[19]

[1]恒岳：北岳恒山，在今河北境內。

[2]壇場：古代設壇來舉行祭祀、盟會、拜將等大典的場所。

[3]殿內丞：官名。煬帝大業三年設殿內省，屬官有殿內丞，設一人，掌諸供奉。從五品。

[4]張掖郡：治所在今甘肅張掖市。

[5]高昌王：據本書卷三《煬帝紀上》此指高昌王麴伯雅。公元601至613年在位，後因政變失位，公元620至623年復位。事見本書卷八三、《舊唐書》卷一九八、《新唐書》卷二二一上《高昌傳》。

[6]持節：漢朝官員奉使外出時，由皇帝授予節杖，以提高其威權。魏、晉以後，凡重要軍事長官出征或出鎮時，加使持節，可誅殺二千石以下官員。皇帝派遣大臣出巡或祭吊等事時，也使持節，以表示權力和尊崇。

[7]母憂：遭逢母親喪事。古代喪服禮制規定，父母死後，子女須守喪，三年內不得做官、婚娶、赴宴、應考、舉樂，等等。

[8]洛口：地名。在今河南鞏義市東北。

[9]涿郡：治所在今北京城西南。

[10]領：此指地位較高的官員兼理較低職位。　右翊衛長史：官名。隋初左右衛府設長史一人掌理府事。正七品上。煬帝大業三年改左右衛爲左右翊衛，右衛長史遂改稱右翊衛長史。從五品。

[11]臨朔宮：宮名。隋代薊城行宮。在今北京市區西南。

[12]武賁郎將：官名。隋煬帝大業三年改革官制，於十二衛每衛置護軍四人，掌副貳將軍，尋又改護軍爲武賁郎將。正四品。

[13]朝請大夫：官名。屬散官，隋煬帝大業三年置。正五品。

[14]殿內少監：官名。隋煬帝大業三年設殿內省，次官爲監，置一員，掌諸供奉。從四品。

[15]楊玄感：人名。傳見本書卷七〇，《北史》卷四一有附傳。

[16]兵部侍郎：官名。隋文帝時於兵部四曹之一兵部曹置兵部侍郎一員，爲該曹長官。正六品。煬帝大業三年諸曹侍郎並改稱“郎”，又始置侍郎，爲尚書省下轄六部之副長官。此後，兵部侍郎纔成爲兵部副長官，協助長官兵部尚書掌全國軍衛武官選授之政令等。正四品。　斛斯政：人名。傳見本書卷七〇，《北史》卷四九有附傳。

[17]高麗：古國名。此時亦稱高句麗。故地在今朝鮮半島北部。傳見本書卷八一、《北史》卷九四、《舊唐書》卷一九九上、《新唐書》卷二二〇。　栢崖城：地名。不詳。

[18]高陽：郡名。治所在今河北高陽縣東。《北史》卷六一《閻毗傳》作“高陽郡”。

[19]殿內監：官名。此爲贈官。正四品。

何稠

何稠，[1]字桂林，國子祭酒妥之兄子也。[2]父通，[3]

善斲玉。[4]稠性絕巧，有智思，用意精微。年十餘歲，遇江陵陷，[5]隨妥入長安。仕周御飾下士。[6]

[1]何稠：人名。傳另見《北史》卷九〇。

[2]國子祭酒：官名。爲國子寺長官，掌中央官學及儒學訓導之政。初隸太常寺，統國子、太學、四門、書算學。開皇十三年不隸太常寺，改爲國子學長官。仁壽元年（601）罷，惟置太學，以博士領之。大業三年改置國子監依舊置祭酒爲長官。從三品。妥：人名。即何妥。傳見本書卷七五、《北史》卷八二。

[3]通：人名。即何通。事另見《北史·何稠傳》。

[4]斲（zhuó）：即斬。按，《北史·何稠傳》作“琢”。

[5]江陵：縣名。梁元帝在此即位稱帝，後爲梁都城。治所在今湖北荆州市。

[6]御飾下士：官名。掌皇帝首飾。北周正一命。（參見王仲犖《北周六典》卷七《六官餘録第十三》，第495頁）

及高祖爲丞相，召補參軍，[1]兼掌細作署。[2]開皇初，授都督，[3]累遷御府監，[4]歷太府丞。[5]稠博覽古圖，多識舊物。波斯嘗獻金綖錦袍，[6]組織殊麗。上命稠爲之。稠錦既成，逾所獻者，上甚悅。時中國久絕瑠璃之作，[7]匠人無敢厝意，[8]稠以綠瓷爲之，與真不異。尋加員外散騎侍郎。[9]

[1]補：官制用語。調選官吏補充某職官之缺位。　參軍：官名。此指“丞相府參軍事”。北周丞相府設十八曹參軍事，分掌各曹事務，此不知確指何曹。正四命。

[2]細作署：官署名。北周掌製宮室精巧器物之作坊。

　　[3]都督：官名。隋文帝時主要有三種都督：一爲在府兵系統中實際領兵，有固定職掌的隊級軍官，煬帝大業三年改稱隊正，其官品爲正七品下。二爲第十一等散實官，用以酬勤勞，無實際職掌，其官品亦爲正七品下。三爲臨時差遣之職，即在戰事發生時，由皇帝臨時任命朝臣軍將爲都督，領兵出征，戰事結束即撤罷，無常設官員，其地位視本官而定。文中當指前兩種都督。

　　[4]御府監：官名。隋初門下省設御府局，長官爲監，煬帝大業三年改爲尚衣局，長官爲奉御，掌供皇帝冕服及朝會設案等。隋初爲正六品下，大業三年升爲正五品。

　　[5]太府丞：官名。隋太府寺設屬官丞六人，掌判本寺內部日常公務。從六品下。

　　[6]波斯：古國名。伊朗的古稱。　綟：中華書局新修訂本校勘記云：“‘綟’，《北史》卷九〇《藝術下·何稠傳》、《冊府》卷九〇八《總錄部·工巧》作‘綫’。蓋因字形相近而誤‘綫’爲‘綿’，又涉‘綿’‘綟’相通而作‘綟’。《梁書》卷五四《諸夷·西北諸戎·波斯傳》‘壻著金綫錦袍’可證。”

　　[7]瑠：宋刻遞修本、中華本與底本同，汲古閣本、殿本、庫本作“琉”。

　　[8]厝（cuò）意：注意、關心。

　　[9]員外散騎侍郎：官名。屬散官，隋門下省置六人，掌部從朝直，並出使勞問。正五品。

　　開皇末，桂州俚李光仕聚衆爲亂，[1]詔稠召募討之。師次衡嶺，[2]遣使者諭其渠帥洞主莫崇解兵降款。[3]桂州長史王文同鎖崇以詣稠所。[4]稠詐宣言曰：“州縣不能綏養，致邊民擾叛，非崇之罪也。”乃命釋之，引崇共坐，并從者四人，爲設酒食而遣之。崇大悦，歸洞不設備。稠至五更，掩入其洞，悉發俚兵，以臨餘賊。象州逆帥杜條遼、羅州逆帥龐靖等相繼降款。[5]分遣建州開府梁昵討叛夷羅壽,[6]羅州刺史馮暄討賊帥李大檀,[7]並平之,傳首軍門。承制署首領爲州縣官而還,衆皆悦服。有欽州刺史甯猛力,[8]帥衆迎軍。初,猛力倔强山洞,欲圖爲逆,至是惶懼,請身入朝。稠以其疾篤,因示無猜貳,遂放還州,與之約曰:"八九月間,可詣京師相見。"稠還奏狀,上意不懌。其年十月,猛力卒,上謂稠曰:"汝前不將猛力來,今竟死矣。"稠曰:"猛力共臣爲約,假令身死,當遣子入侍。越人性直,其子必來。"初,猛力臨終,誡其子長真曰:"我與大使爲約,不可失信於國士。汝葬我訖,即宜上路。"長真如言入朝,上大悦曰:"何稠著信蠻夷,乃至於此。"以勳授開府。

[1]桂州:治所在今廣西柳州市東南。　俚(lǐ):古代南方族名。　李光仕:人名。隋開皇十七年聚衆反,爲上柱國王世積、桂州總管周法尚平定。事亦見本書卷二《高祖紀下》、卷六五《周法尚傳》,《通鑑》卷一七八《隋紀》開皇十七年二月條。

[2]衡嶺:衡山,在今湖南境内。

[3]渠帥:部落首領。　洞主:古代南方少數民族首領。　莫崇:人名。事亦見《北史》卷九〇《何稠傳》、《通鑑》卷一七八《隋紀》開皇十七年二月條。

[4]長史:官名。此爲州府上佐之一,佐理一州事務,開皇三年改別駕爲長史。上州正五品,中州從五品,下州正六品。按,本書及《北史》卷八七《王文同傳》載開皇中任"桂州司馬"。　王文同:人名。傳見本書卷七四、《北史》卷八七。

[5]象州:治所在今廣西象州縣。　杜條遼:人名。事亦見

《北史·何稠傳》、《太平御覽》卷三二四《兵部·招降》、《册府元龜》卷三六五《將帥部·機略》。　羅州：治所在今廣東化州市。

龐靖：人名。事亦見《北史·何稠傳》、《太平御覽》卷三二四《兵部·招降》、《册府元龜》卷三六五《將帥部·機略》。

[6]建州：治所在今廣東郁南縣。　梁昕：人名。事亦見《北史·何稠傳》、《册府元龜》卷三五七《將帥部·立功》。　羅壽：人名。事亦見《北史·何稠傳》、《册府元龜》卷三五七《將帥部·立功》。

[7]馮暄：人名。譙國夫人冼氏之孫，隋任羅州刺史，唐武德六年以高州首領反。事略見本書卷八〇、《北史》卷九一《譙國夫人傳》。　李大檀：人名。事亦見《北史·何稠傳》。

[8]欽州：治所在今廣西欽州市東北。　甯猛力：人名。南朝陳末至隋時嶺南俚獠部族的首領，隋滅陳後拜安州刺史。事亦見本書卷五六《令狐熙傳》、《北史》卷六七《令狐熙傳》及卷九〇《何稠傳》、《新唐書》卷二二二下《南平獠傳》、《通鑑》卷一七八《隋紀》開皇十七年二月條。

仁壽初，[1]文獻皇后崩，與宇文愷參典山陵制度。[2]稠性少言，善候上旨，由是漸見親昵。及上疾篤，謂稠曰：“汝既曾葬皇后，今我方死，宜好安置。屬此何益，但不能忘懷耳。魂其有知，當相見於地下。”上因攬太子頸謂曰：[3]“何稠用心，我付以後事，動靜當共平章。”[4]

[1]仁壽：隋文帝楊堅年號（601—604）。
[2]山陵：皇帝或皇后的陵墓。
[3]太子：此指楊廣。
[4]平章：商酌。

　　大業初，煬帝將幸揚州，[1]謂稠曰："今天下大定，朕承洪業，服章文物，[2]闕略猶多。卿可討閱圖籍，營造輿服羽儀，送至江都也。"[3]其日，拜太府少卿。[4]稠於是營黃麾三萬六千人仗，及車輿輦輅、皇后鹵簿、百官儀服，[5]依期而就，送于江都。所役工十萬餘人，用金銀錢物鉅億計。帝使兵部侍郎明雅、選部郎薛邁等勾覈之，[6]數年方竟，毫釐無舛。稠參會今古，多所改創。魏、晉以來，皮弁有纓而無笄導。[7]稠曰："此古田獵之服也。今服以入朝，宜變其制。"故弁施象牙簪導，自稠始也。又從省之服，初無佩綬，稠曰："此乃晦朔小朝之服。安有人臣謁帝而去印綬，兼無佩玉之節乎？"乃加獸頭小綬及佩一隻。舊制，五輅於轅上起箱，[8]天子與參乘同在箱內。稠曰："君臣同所，過爲相逼。"乃廣爲盤輿，別搆欄楯，侍臣立於其中。於内復起須彌平坐，天子獨居其上。自餘麾幢文物，增損極多，事見《威儀志》。[9]帝復令稠造戎車萬乘，鈎陳八百連，帝善之，以稠守太府卿。[10]後三歲，兼領少府監。[11]

　　[1]揚州：治所在今江蘇揚州市。

　　[2]服章文物：服飾及禮樂制度。

　　[3]江都：郡名。治所在今江蘇揚州市。

　　[4]太府少卿：官名。太府寺副長官，協助長官太府卿掌管倉儲出納及所轄各署事。隋初置一員，正四品上。煬帝增置二員，改從四品。

　　[5]鹵簿：出行時的儀仗隊。

　　[6]明雅：人名。大業時任兵部侍郎，從征吐谷渾，征伐高句麗時以罪廢。事略見本書卷六五《趙才傳》、卷七〇《斛斯政傳》。

　　選部郎：官名。隋煬帝改尚書省吏部曹爲選部，改吏部曹侍郎爲選部郎。正六品。　　薛邁：人名。薛道衡兄薛温之子，大業中爲刑部、選部二侍郎。事見本書卷五七、《北史》卷三六《薛道衡傳》。

　　覈：《北史》卷九〇《何稠傳》作“覆”。

　　[7]笄導：簪導，一種用以束髮的首飾。

　　[8]五輅：帝王所乘五種車，玉輅、金輅、象輅、革輅、木輅。

　　[9]事見《威儀志》：本書無《威儀志》，事在《禮儀志五》。

　　[10]守：官制用語。指低官階署理高官階官職。　　太府卿：官名。爲太府寺的長官，置一員，掌庫儲出納事務，兼掌百工技巧及官府手工業；煬帝大業初分出其兼掌職事，另置爲少府監。隋初爲正三品，煬帝時降爲從三品。

　　[11]少府監：官名。煬帝大業三年，分太府寺爲少府監，置監一人，統左尚、右尚、内尚、司織、司染、鎧甲、弓弩、掌冶等署。從三品。

　　遼東之役，攝右屯衛將軍，[1]領御營弩手三萬人。[2]時工部尚書宇文愷造遼水橋不成，師不得濟，右屯衛大將軍麥鐵杖因而遇害。[3]帝遣稠造橋，二日而就。初，稠制行殿及六合城，[4]至是，帝於遼左與賊相對，夜中施之。其城周迴八里，城及女垣合高十仞，[5]上布甲士，立仗建旗。四隅置闕，面別一觀，觀下三門，遲明而畢。高麗望見，謂若神功。是歲，加金紫光禄大夫。明年，攝左屯衛將軍，[6]從至遼左。

　　[1]攝：官制用語。以本官代理或兼理他官之職事。　　右屯衛

將軍：官名。隋文帝置左右領軍府，各掌十二軍籍帳、差科、詞訟之事，不置將軍。煬帝大業三年改左右領軍府爲左右屯衛，所統軍士名御林。並各置大將軍一人，正三品；將軍各二人，從三品。

[2]御營：帝王出巡或親征時駐蹕的營帳。

[3]右屯衛大將軍：官名。右屯衛最高長官，參"右屯衛將軍"條。正三品。按，"右"《通鑑》卷一八一《隋紀》大業八年二月條作"左"，但本書卷四及《北史》卷一二《隋煬帝紀》與本傳同。　麥鐵杖：人名。傳見本書卷六四、《北史》卷七八。

[4]行殿：可移動的宮殿。　六合城：一種行軍所用的活動木城。

[5]女垣：城墻上砌有射擊小孔的小墻。

[6]左屯衛將軍：參"右屯衛將軍"條。

　　十二年，加右光禄大夫，[1]從幸江都。遇宇文化及作亂，[2]以爲工部尚書。化及敗，陷于竇建德，[3]建德復以爲工部尚書、舒國公。建德敗，歸于大唐，授將作少匠，[4]卒。

[1]右光禄大夫：官名。屬散實官。隋文帝置特進、左右光禄大夫等，以加文武官之有德聲者，並不理事。隋文帝時左、右光禄大夫皆正二品，煬帝大業三年定令，"左"爲正二品，"右"爲從二品。

[2]宇文化及：人名。傳見本書卷八五，《北史》卷七九有附傳。

[3]竇建德：人名。隋末反隋主力之一，唐武德元年於河北稱帝建立夏國。傳見《舊唐書》卷五四、《新唐書》卷八五。

[4]將作少匠：官名。即隋之將作少監。按，《北史》卷九〇《何稠傳》作"少府監"。

開皇時，有劉龍者，[1]河間人也。[2]性强明，有巧思。齊後主知之，[3]令修三爵臺，甚稱旨，因而歷職通顯。及高祖踐阼，大見親委，拜右衛將軍，[4]兼將作大匠。遷都之始，與高熲參掌制度，[5]代號爲能。

[1]劉龍：人名。事亦見《北史》卷九〇《何稠傳》。
[2]河間：郡名。治所在今河北河間市。
[3]齊後主：北齊後主高緯。紀見《北齊書》卷八、《北史》卷八。
[4]右衛將軍：官名。隋中央十二衛有左右衛，掌宫掖禁衛，督仗儀衛，設大將軍一人，將軍二人。從三品。
[5]參掌：官制用語。指除本官職責之外，奉皇帝特敕掌管他職事務。

大業時，有黄亘者，[1]不知何許人也，及其弟袞，[2]俱巧思絶人。煬帝每令其兄弟直少府將作。于時改創多務，亘、袞每參典其事。凡有所爲，何稠先令亘、袞立樣，當時工人皆稱其善，莫能有所損益。亘官至朝散大夫，[3]袞官至散騎侍郎。[4]

[1]黄亘：人名。事亦見《北史》卷九〇《何稠傳》。
[2]袞：人名。即黄袞。事亦見《北史·何稠傳》。
[3]朝散大夫：官名。屬散實官。隋文帝置，正四品，煬帝改爲從五品。
[4]散騎侍郎：官名。文散官，屬門下省，掌值朝陪從。正五品上。

　　史臣曰：宇文愷學藝兼該，思理通贍，[1]規矩之妙，參蹤班、爾，[2]當時制度，咸取則焉。其起仁壽宮，營建洛邑，要求時幸，窮侈極麗，使文皇失德，煬帝亡身，危亂之源，抑亦此之由。至於考覽書傳，定《明堂圖》，雖意過其通，有足觀者。毗、稠巧思過人，頗習舊事，稽前王之采章，[3]成二代之文物。雖失之於華盛，亦有可傳於後焉。

　　[1]通贍：謂學識通達而豐富。

　　[2]參蹤：謂不相上下。　班、爾：指中國古代兩位能工巧匠魯班（公輸般）與王爾。

　　[3]采章：彩色花紋，多指有彩紋的旌旗、車輿、服飾等。

隋書　卷六九

列傳第三十四

王劭

　　王劭，[1]字君懋，太原晉陽人也。[2]父松年，[3]齊通直散騎侍郎。[4]劭少沈默，好讀書。弱冠，齊尚書僕射魏收辟參開府軍事，[5]累遷太子舍人，[6]待詔文林館。[7]時祖孝徵、魏收、陽休之等嘗論古事，[8]有所遺忘，討閱不能得，因呼劭問之。劭具論所出，取書驗之，一無舛誤。自是大爲時人所許，稱其博物。後遷中書舍人。[9]齊滅，入周，[10]不得調。

　　[1]王劭：人名。《北史》卷三五有附傳。
　　[2]太原：郡名。治所在今山西太原市。　　晉陽：縣名。治所在今山西太原市。
　　[3]松年：人名。即王松年。北齊時人，官至散騎常侍兼御史中丞。傳見《北齊書》卷三五，《北史》卷三五有附傳。
　　[4]齊：即北齊（550—577），或稱高齊，都鄴（今河北臨漳縣西南鄴鎮東）。　　通直散騎侍郎：官名。北齊集書省設六人，掌

諷議左右，從容獻納，不典事。從五品上。

　　[5]尚書僕射：官名。北齊尚書省置左右僕射各一人，地位僅次於尚書令，左僕射領殿中、主客諸曹。二品。按，檢《北齊書》卷三七、《北史》卷五六《魏收傳》載：魏收北齊任尚書右僕射，死後贈尚書左僕射。　魏收：人名。北齊河清二年（563）始兼任尚書右僕射。傳見《北齊書》卷三七、《北史》卷五六。　參開府軍事：官名。即開府參軍事。北齊官制加開府者置長史以下官，諸開府列曹參軍。從六品。

　　[6]太子舍人：官名。東宮典書坊之屬官，置二十八員，掌令書表啓之事。從六品下。

　　[7]文林館：官署名。又稱修文令曹，北齊武平四年（573）設，置學士，掌撰述及校理典籍，並訓生徒。文學之士入館者，謂待詔文林館。

　　[8]祖孝徵：人名。即祖珽，字孝徵，北齊著名學者，官至尚書左僕射。傳見《北齊書》卷三九，《北史》卷四七有附傳。　陽休之：人名。北齊著名學者，官至和州刺史。傳見《北齊書》卷四二，《北史》卷四七有附傳。

　　[9]中書舍人：官名。北齊中書省之舍人省屬官。置十人，掌署敕行下，宣旨勞問。正六品上。

　　[10]周：即北周（557—581），都長安（今陝西西安市西北）。

　　高祖受禪，[1]授著作佐郎。[2]以母憂去職，[3]在家著《齊書》。時制禁私撰史，爲内史侍郎李元操所奏。[4]上怒，遣使收其書，覽而悦之。於是起爲員外散騎侍郎，[5]修起居注。[6]劭以古有鑽燧改火之義，近代廢絕，於是上表請變火，曰：“臣謹案《周官》：‘四時變火，以救時疾。’[7]明火不數變，時疾必興。聖人作法，豈徒然也！在晉時，有以洛陽火度江者，代代事之，相續不滅，火色變青。昔師曠食飯，[8]云是勞薪所爨。晋平公使視之，[9]果然車輞。[10]今温酒及炙肉，用石炭、柴火、竹火、草火、麻荄火，氣味各不同。以此推之，新火舊火，理應有異。伏願遠遵先聖，於五時取五木以變火，[11]用功甚少，救益方大。縱使百姓習久，未能頓同，尚食内厨及東宫諸主食厨，[12]不可不依古法。"上從之。劭又言上有龍顔戴干之表，[13]指示群臣。上大悅，賜物數百段。拜著作郎。[14]劭上表言符命曰：

[1]高祖：隋文帝楊堅廟號。紀見本書卷一、二，《北史》卷一一。

[2]著作佐郎：官名。隋秘書省著作曹副長官，設八人，協助郎掌碑志、祝文、祭文修撰之事。正七品下。

[3]母憂：遭逢母親喪事。古代喪服禮制規定，父母死後，子女須守喪，三年内不得做官、婚娶、赴宴、應考、舉樂，等等。

[4]内史侍郎：官名。隋内史省副長官，佐宰相之職的本省長官内史監、令處理政務。初設四員，正四品下；大業三年（607）減爲二員。正四品。 李元操：人名。即李孝貞，字元操。傳見本書卷五七，《北史》卷三三有附傳。

[5]員外散騎侍郎：官名。屬散官，隋門下省置六人，掌部從朝直，並出使勞問。正五品。

[6]起居注：皇帝的言行録。魏晋以後設官專修，凡與皇帝有關的朝廷大事皆按日記載，以供國史修撰所據。

[7]四時變火，以救時疾：語出《周禮·夏官·司爟》："司爟掌行火之政令，四時變國火，以救時疾。"按，中華本此標點未加引號。

[8]師曠：春秋時晋國樂師。事見《史記》卷三九《晋世家》。

[9]晋平公：春秋時晋國平公彪。事見《史記·晋世家》。

[10]車輞：車輪外框。

[11]五時：立春、立夏、先秋十八日、立秋、立冬五個時令。五木：五種取火木材。

[12]尚食：官署名。隋初門下省設尚食局，煬帝以之隸殿内省，長官爲奉御。掌帝王膳食等事務。　主：殿本、庫本、中華本同，宋刻遞修本、汲古閣本及《北史》卷三五《王劭傳》作"王"。

[13]戴干：一種奇異的相貌，指頭部有肉突起如干戈對立，如龍之貌。

[14]著作郎：官名。隋秘書省著作曹長官，置二員。掌碑志、祝文、祭文修撰之事。隋初爲從五品，大業三年升爲正五品，後又降爲從五品。

　　昔周保定二年，[1]歲在壬午，五月五日，青州黄河變清，[2]十里鏡徹，齊氏以爲己瑞，改元曰河清。[3]是月，至尊以大興公始作隋州刺史，[4]歷年二十，隋果大興。臣謹案《易坤靈圖》曰：[5]"聖人受命，瑞先見於河。河者最濁，未能清也。"竊以靈眡休祥，理無虛發，河清啓聖，實屬大隋。午爲鶉火，[6]以明火德，[7]仲夏火王，亦明火德。月五日五，合天數地數，既得受命之辰，允當先見之兆。

[1]保定：北周武帝宇文邕年號（561—565）。

[2]青州：北周時治所在今山東青州市。

[3]河清：北齊武成帝高湛年號（562—565）。

[4]大興公：爵名。北周十一等爵的第四等。正九命。　隋州：

西魏廢帝三年（554）改并州置，北周沿之。治所在今湖北隨州市。按，《北史》卷三五《王劭傳》作“隨州”。魏本隨州，因北周、北齊動蕩不安，隋文帝去“辵”作“隋”，以“辵”訓“走”故。

　　[5]《易坤靈圖》：亦稱《坤靈圖》或《易緯坤靈圖》，西漢末緯書《易緯》中一篇，有鄭玄注。《易緯》爲漢儒解釋《易經》系列叢書，含《乾鑿度》《乾坤鑿度》《稽覽圖》《辨終備》《通卦驗》《乾元序制記》《是類謀》《坤靈圖》八篇。

　　[6]午：古人以十二地支指示方位，午爲正南。　鶉火：星次名。南方有井、鬼、柳、星、張、翼、軫七宿，首位者稱鶉首，中部者（柳、星、張）稱鶉火，末尾者稱鶉尾。

　　[7]火德：五德之一，以五行中火來附會王朝曆運。按五行之理，南方主火。

　　　　開皇初，[1]邵州人楊令悊近河，[2]得青石圖一，紫石圖一，皆隱起成文，有至尊名，下云：“八方天心。”永州又得石圖，[3]剖爲兩段，有楊樹之形，黃根紫葉。汝水得神龜，[4]腹下有文曰：“天卜楊興。”安邑掘地，[5]得古鐵版，文曰：“皇始天年，賚楊鐵券，王興。”同州得石龜，[6]文曰：“天子延千年，大吉。”臣以前之三石，不異龍圖。[7]何以用石？石體久固，義與上名符合。龜腹七字，何以著龜？龜亦久固，兼是神靈之物。孔子歎河不出圖，洛不出書，[8]今於大隋聖世，圖書屢出。

　　[1]開皇：隋文帝楊堅年號（581—600）。

　　[2]邵州：治所在今山西垣曲縣東南。　楊令悊：人名。名亦見《北史》卷三五《王劭傳》，事迹不詳。

　　[3]永州：治所在今湖南永州市。

[4]汝水：古水名。源出河南魯山縣大盂山，流經寶豐、襄城、郾城、上蔡、汝南，注入淮河。

[5]安邑：縣名。隋以南安邑縣改名，治所在今山西運城市東北安邑。

[6]同州：治所在今陝西大荔縣。

[7]龍圖：指河圖，儒家關於《周易》卦形來源的傳說。

[8]河不出圖，洛不出書：指“河圖洛書”傳說。《易·繫辭上》云：“河出圖，洛出書，聖人則之。”

建德六年，[1]亳州大周村有龍鬭，[2]白者勝，黑者死。大象元年夏，[3]滎陽汴水北有龍鬭，[4]初見白氣屬天，自東方歷陽武而來。[5]及至，白龍也，長十許丈。有黑龍乘雲而至，兩相薄，乍合乍離，自午至申，白龍升天，黑龍墜地。謹案：龍，君象也。前鬭於亳州周村者，蓋象至尊以龍鬭之歲爲亳州總管，[6]遂代周有天下。後鬭於滎陽者，“滎”字三火，明火德之盛也。白龍從東方來，歷陽武者，蓋象至尊將登帝位，從東第入自崇陽門也。[7]西北升天者，當乾位天門。[8]《坤靈圖》曰：“聖人殺龍。”龍不可得而殺，皆盛氣也。又曰：“泰姓商名宮，[9]黃色，長八尺，六十世，河龍以正月辰見，白龍與五黑龍鬭，白龍陵，故泰人有命。”謹案：此言皆爲大隋而發也。聖人殺龍者，前後龍死是也。姓商者，皇家於五姓爲商也。[10]名宮者，武元皇帝諱於五聲爲宮。[11]黃色者，隋色尚黃。長八尺者，武元皇帝身長八尺。河龍以正月辰見者，泰正月卦，龍見之所，於京師爲辰地。白龍與黑龍鬭者，亳州滎陽龍鬭是也。勝龍所以白者，楊姓納音爲商，至尊又辛酉歲生，位皆在西方，西方色白也。死龍所以黑者，周色黑。所以稱五者，周閔、明、武、宣、靖凡五帝。[12] 趙、陳、代、越、當五王，[13] 一時伏法，亦當五數。白龍陵者，陵猶勝也。鄭玄説：“陵當爲除。”凡鬭能去敵曰除。臣以泰人有命者，泰之爲言通也，大也，明其人道通德大，有天命也。《乾鑿度》曰：[14]“泰表戴干。”鄭玄注云：[15]“表者，人形體之彰識也。干，盾也。泰人之表戴干。”臣伏見至尊有戴干之表，益知泰人之表不爽毫氂。《坤靈圖》所云，字字皆驗。《緯書》又稱“漢四百年”，[16] 終如其言，則知六十世亦必然矣。昔宗周卜世三十，[17] 今則倍之。

[1]建德：北周武帝宇文邕年號（572—578）。

[2]亳州：治所在今安徽亳州市。

[3]大象：北周静帝宇文闡年號（579—580）。

[4]熒陽：縣名。即滎陽，治所在今河南滎陽市東北。 汴：古水名。即今河南滎陽市西南索河。

[5]陽武：縣名。治所在今河南原陽縣東南。

[6]總管：官名。東魏孝静武定六年（548）始置。西魏也置。北周明帝武成元年（559）正式改都督諸州軍事爲總管，總管之設乃成定制。北周之制，總管加使持節諸軍事。總管或單任，然多兼帶刺史。故總管職權雖以軍事爲主，實際是一地區若干州、防（鎮）的最高軍政長官。

[7]崇陽門：北周宮城之東門。

[8]乾位：指乾卦所象徵的方位，西北方。

[9]泰：卦名。《周易》六十四卦之一。《易·泰卦》云：

"《象》曰：天地交，泰。"

　　［10］五姓：古時術士按宮、商、角、徵、羽將姓氏加以分類，稱爲"五姓"。

　　［11］武元皇帝：楊堅追尊其父楊忠的帝號。傳見《周書》卷一九。　五聲：指宮、商、角、徵、羽五音。

　　［12］周閔：北周閔帝宇文覺。紀見《周書》卷三、《北史》卷九。　明：北周明帝宇文毓。紀見《周書》卷四、《北史》卷九。　武：北周武帝宇文邕。紀見《周書》卷五、六，《北史》卷一〇。　宣：北周宣帝宇文贇。紀見《周書》卷七、《北史》卷一〇。　靖：北周靜帝宇文闡。紀見《周書》卷八、《北史》卷一〇。

　　［13］趙：指北周趙僭王宇文招。傳見《周書》卷一三、《北史》卷五八。　陳：指北周陳惑王宇文純。傳見《周書》卷一三、《北史》卷五八。　代：指北周代䳜王宇文達。傳見《周書》卷一三、《北史》卷五八。　越：指北周越野王宇文盛。傳見《周書》卷一三、《北史》卷五八。　滕：中華本作"滕"，校勘記云："'滕'原作'當'，據《北史·王慧龍傳附王劭傳》改。按：周宣帝大象二年秋冬，趙王括、陳王純、代王達、越王盛、滕王逌五人先後被殺。'當'字當是'滕'字之訛，今改正。"所考是，此當改爲"滕"。滕，北周滕聞王宇文逌。傳見《周書》卷一三、《北史》卷五八。

　　［14］《乾鑿度》：亦稱《周易乾鑿度》或《易緯乾鑿度》，西漢末緯書《易緯》中一篇，有鄭玄注。

　　［15］鄭玄：人名。東漢經學家，嘗遍注群經。傳見《後漢書》卷三五。

　　［16］《緯書》：漢代依托儒家經義宣揚符籙瑞應占驗之書，相對於經書，故爲緯書。《易》《書》《詩》《禮》《樂》《春秋》及《孝經》均有緯書，合稱"七緯"。

　　［17］宗周：指周王朝，因其乃所封諸侯國之宗主國，故稱。

按，宋刻遞修本、汲古閣本、中華本及《北史》卷三五《王劭傳》同，殿本、庫本作"周宗"。

《稽覽圖》云：[1]"太平時，陰陽和合，風雨咸同，海内不偏，地有阻險，故風有遲疾。雖太平之政，猶有不能均同，唯平均乃不鳴條，故欲風於亳。亳者，陳留也。"謹案：此言盖明至尊者爲陳留公世子，[2]亳州總管，遂受天命，海内均同，不偏不黨，以成太平之風化也。在大統十六年，[3]武元皇帝改封陳留公。是時齊國有《祕記》云：[4]"天王陳留入并州。"[5]齊王高洋爲是誅陳留王彭樂。[6]其後武元皇帝果將兵入并州。周武帝時，望氣者云亳州有天子氣，於是殺亳州刺史紇豆陵恭，[7]至尊代爲之。又陳留老子祠有枯柏，世傳云老子將度世，云待枯柏生東南枝迴指，當有聖人出，吾道復行。至齊，枯柏從下生枝，東南上指。夜有三童子相與歌曰："老子廟前古枯樹，東南狀如傘，聖主從此去。"及至尊牧亳州，親至祠樹之下。自是柏枝迴抱，其枯枝，漸指西北，道教果行。校考衆事，太平主出於亳州陳留之地，皆如所言。《稽覽圖》又云："治道得，則陰物變爲陽物。"鄭玄注云："葱變爲韭亦是。"謹案：自六年以來，遠近山石，多變爲玉，石爲陰，玉爲陽。又左衛園中葱皆變爲韭。

[1]《稽覽圖》：亦稱《易稽覽圖》或《易緯稽覽圖》，西漢末緯書《易緯》中一篇，有鄭玄注。

[2]陳留公：爵名。全稱爲陳留郡公，西魏十一等爵的第三等。

正九命。按，此指隋文帝楊堅父楊忠。　　世子：天子或諸侯王嫡長子。

[3]大統：西魏文帝元寶炬年號（535—551）。

[4]《祕記》：又稱《讖記》，占驗術數、預言未來的書籍。類似於口頭流傳的謠言讖語，如形諸文字則稱爲《祕記》。

[5]并州：北齊時治所在今山西太原市西南。

[6]高洋：人名。即北齊文宣帝。紀見《北齊書》卷四、《北史》卷七。　　陳留王：爵名。北齊十五等爵的第一等。正一品。彭樂：人名。東魏、北齊大將，高洋即位，封陳留王，不久因謀反被殺。傳見《北史》卷五三。

[7]紇豆陵恭：人名。即竇恭，北魏官至大將軍、亳州刺史。事見《北史》卷六一《竇熾傳》。

　　上覽之大悦，賜物五百段。未幾，劭復上書曰：

　　《易乾鑿度》曰：[1]“隨上六，拘係之，乃從維之，王用享于西山。[2]隨者二月卦，陽德施行，藩決難解，萬物隨陽而出。故上六欲九五拘係之，[3]維持之，明被陽化而陰隨從之也。”《易稽覽圖》：“坤六月，有子女，任政，一年，傳爲復。五月貧之從東北來立，大起土邑，西北地動星墜，陽衛。屯十一月神人從中山出，趙地動。北方三十日，千里馬數至。”謹案：凡此《易》緯所言，皆是大隋符命。隨者二月之卦，明大隋以二月即皇帝位也。陽德施行者，明楊氏之德教施行於天下也。藩決難解者，明當時藩郡皆是通決，險難皆解散也。萬物隨陽而出者，明天地間萬物盡隨楊氏而出見也。上六欲九五拘係之者，五爲王，六爲宗廟，明宗廟神靈欲令登九五之位，帝王拘民以禮，係民以義也。

"拘民以禮","係民以義",此二句亦是《乾鑿度》之言。維持之者,明能以綱維持正天下也。被陽化而欲陰隨之者,明陰類被服楊氏之風化,莫不隨從。陰謂臣下也。王用享于西山者,蓋明至尊常以歲二月幸西山仁壽宮也。[4]凡四稱隨,三稱陽,欲美隋楊,丁寧之至也。坤六月者,坤位在未,六月建未,言至尊以六月生也。有子女任政者,言樂平公主是皇帝子女,[5]而爲周后,任理內政也。一年傳爲復者,復是坤之一世卦,陽氣初起,言周宣帝崩後一年,傳位與楊氏也。五月貧之從東北來立者,"貧之"當爲"真人",字之誤也。言周宣帝以五月崩,真人革命,當在此時。至尊謙讓而逆天意,故逾年乃立。昔爲定州總管,[6]在京師東北,本而言之,故曰真人從東北來立。大起土邑者,大起即大興,言營大興城邑也。[7]西北地動星墜者,蓋天意去周授隋,故變動也。陽衛者,言楊氏得天衛助。屯十一月神人從中山出者,此卦動而大亨作,故至尊以十一月被授亳州總管,將從中山而出也。[8]趙地動者,中山爲趙地,以神人將去,故變動也。北方三十日者,蓋至尊從北方將往亳州之時,停留三十日也。千里馬者,蓋至尊舊所乘騆騮馬也。屯卦震下坎上,[9]震於馬作足,坎於馬爲美脊,是故騆騮馬脊有肉鞍,行則先作弄四足也。數至者,言曆數至也。

　　[1]《易乾鑿度》:亦稱《乾鑿度》或《易緯乾鑿度》,西漢末緯書《易緯》中一篇,有鄭玄注。
　　[2]"隨上六"至"享于西山":語出《易·隨卦》"上六"。

上六，《易》卦在第六位的陰爻叫"上六"。

　[3]九五：《易》卦爻位名。九，謂陽爻；五，第五爻，指卦象自下而上第五位。

　[4]西山：在今陝西麟游縣境内，因在長安西，故名。　仁壽宮：宮殿名。在今陝西麟游縣西天台山上，冠山構殿，絶壑爲池。因其涼爽宜人，故爲消夏離宮。

　[5]樂平公主：隋文帝楊堅長女楊麗華，爲北周宣宗皇后，開皇六年封爲樂平公主。傳見《周書》卷九、《北史》卷一四。

　[6]定州：北周時治所在今河北定州市。

　[7]大興城：城名。在今陝西西安市及南郊。隋文帝即位後所營置的新城。

　[8]中山：郡名。治所在今河北定州市。按，此用南北朝舊郡名，隋開皇初廢。

　[9]震下坎上：語出《易·屯卦》。

　《河圖帝通紀》曰：[1]"形瑞出，變矩衡。赤應隨，協靈皇。"《河圖皇參持》曰：[2]"皇辟出，承元訖。道無爲，治率。被遂矩，戲作術。開皇色，握神日。投輔提，象不絶。立皇後，翼不格。道終始，德優劣。帝任政，河曲出。[3]叶輔嬉，[4]爛可述。"謹案：凡此《河圖》所言，亦是大隋符命。形瑞出、變矩衡者，矩，法也，衡，北斗星名，所謂璿璣玉衡者也。大隋受命，形兆之瑞始出，天象則爲之變動。北斗主天之法度，故曰矩衡。《易》緯"伏戲，矩衡神"，[5]鄭玄注亦以爲法玉衡之神。與此《河圖》矩衡義同。赤應隋者，言赤帝降精，感應而生隋也。故隋以火德爲赤帝天子。叶靈皇者，叶，合也，言大隋德合上靈天皇大帝也。又年號開

皇，與《靈寶經》之開皇年相合，[6]故曰叶靈皇。皇辟
出者，皇，大也，辟，君也，大君出，蓋謂至尊受命出
爲天子也。承元訖者，言承周天元終訖之運也。道無
爲、治率者，治下脱一字，言大道無爲，治定天下率
從。被遂矩、戲作術者，矩，法也。昔遂皇握機矩，伏
戲作八卦之術，[7]言大隋被服三皇之法術也。[8]遂皇機
矩，語見《易》緯。開皇色者，言開皇年易服色也。握
神日者，握持群神，明照如日也。又開皇以來日漸長，
亦其義。投輔提者，言投授政事於輔佐，使之提挈也。
象不絶者，法象不廢絶也。立皇後、翼不格者，格，至
也，言本立太子以爲皇家後嗣，而其輔翼之人不能至於
善也。道終始、德優劣者，言前東宫道終而德劣，今皇
太子道始而德優也。帝任政、河曲出者，言皇帝親任政
事，而邵州河濱得石圖也。叶輔嬉、爛可述者，叶，合
也，嬉，興也，言群臣合心輔佐，以興政治，爛然可紀
述也。所以於《皇參持》《帝通紀》二篇陳大隋符命
者，明皇道帝德，盡在隋也。

[1]《河圖帝通紀》：漢代讖緯之書《河圖》（又稱《河圖
緯》）篇目之一。

[2]《河圖皇參持》：漢代讖緯之書《河圖》篇目之一。

[3]曲：《北史》卷三五《王劭傳》作“典”。下文“河曲出
者”亦作“典”。

[4]叶：宋刻遞修本、汲古閣本、殿本、庫本同，中華本作
“協”。傅雲龍《隋書考證》云：“監本‘叶’作‘協’，按下文
‘叶靈皇者，叶，合也’。又曰：‘與《靈寶經》之開皇年相合，故

曰叶靈皇。'今改叶。"

　　[5]伏戲：即伏羲，傳説中三皇之一。

　　[6]《靈寶經》：道教經書之一。《靈寶經》有古今之別。古之《靈寶經》即《靈寶五符經》，又叫《五符經》；今之《靈寶經》即《靈寶無量度人上品妙經》，也叫《度人經》。

　　[7]八卦：《周易》中乾、坤、震、巽、坎、離、艮、兌八卦，相傳爲伏羲氏所作。

　　[8]三皇：遠古傳説中的三位帝王。所指説法不一。

　　上大悦，以劭爲至誠，寵錫日隆。時有人於黄鳳泉浴，[1]得二白石，頗有文理，遂附致其文以爲字，復言有諸物象而上奏曰："其大玉有日月星辰，八卦五岳，[2]及二麟雙鳳，青龍朱雀，騶驥玄武，各當其方位。又有五行、十日、十二辰之名，[3]凡二十七字，又有'天門地户人門鬼門閉'九字。又有却非及二鳥，[4]其鳥皆人面，則《抱朴子》所謂'千秋萬歲'也。[5]其小玉亦有五嶽、却非、蚪、犀之象。[6]二玉俱有仙人玉女乘雲控鶴之象。別有異狀諸神，不可盡識，盖是風伯、雨師、山精、海若之類。又有天皇大帝、皇帝及四帝坐，鈎陳、北斗、三公、天將軍、土司空、老人、天倉、南河、北河、五星、二十八宿，凡四十五宮。[7]諸字本無行伍，然往往偶對。於大玉則有皇帝姓名，並臨南面，與日字正鼎足。復有老人星，盖明南面象日而長壽也。皇后二字在西，上有月形，盖明象月也。於次玉則皇帝名與九千字次比，兩'揚'字與'萬年'字次比，'隋'與'吉'字正並，盖明長久吉慶也。"劭復迴互其字，作詩二百八十篇奏之。上以爲誠，賜帛千匹。劭於是採民間歌謠，引圖書讖緯，依約符命，捃摭佛經，撰爲《皇隋靈感誌》，[8]合三十卷，奏之。上令宣示天下。劭集諸州朝集使，[9]洗手焚香，閉目而讀之，曲折其聲，有如哥詠。經涉旬朔，遍而後罷。上益喜，賞賜優洽。

[1]黃鳳泉：地名。不詳。

[2]五岳：中國五大名山的總稱。古書中記述略有不同。

[3]五行：指水、火、木、金、土。 十日：指甲、乙、丙、丁、戊、己、庚、辛、壬、癸十干。 十二辰：子、丑、寅、卯、辰、巳、午、未、申、酉、戌、亥十二支。

[4]却非：鳳鳥。

[5]千秋萬歲：典出東晉葛洪《抱朴子·對俗》："千歲之鳥，萬歲之禽，皆人面而鳥身，壽亦如其名。"

[6]蚪：殿本、汲古閣本同，宋刻遞修本、庫本、中華本作"虯"。按，"虯"指古代一種龍，與文意同，"蚪"與"虯"字形相近，底本當誤。

[7]宮：古代天空所劃分的區域，參《史記·天官書》。殿本、庫本及汲古閣本同，宋刻遞修本、中華本及《北史》卷三五《王劭傳》作"官"。

[8]《皇隋靈感誌》：底本原作《開皇隋靈感誌》，據宋刻遞修本、汲古閣本、殿本、中華本及《北史·王劭傳》删。

[9]朝集使：隋天下州郡每年派遣進京報告州郡政務治理狀況之使臣，稱爲朝集使。

仁壽中，[1]文獻皇后崩，[2]劭復上言曰："佛説人應生天上，及上品上生無量壽國之時，天佛放大光明，以香花妓樂來迎之。如來以明星出時入涅槃。[3]伏惟大行皇后聖德仁慈，[4]福善禎符，備諸秘記，皆云是妙善菩薩。臣謹案：八月二十二日，仁壽宮內再雨金銀之花。二十三日，大寶殿後夜有神光。[5]二十四日卯時，永安宮北有自然種種音樂，[6]震滿虛空。至夜五更中，奄然如寐，便即升遐，與經文所說，事皆符驗。臣又以愚意思之，皇后遷化，不在仁壽、大興宮者，蓋避至尊常居正處也。在永安宮者，象京師之永安門，平生所出入也。后升遐後二日，苑內夜有鍾聲三百餘處，此則生天之應顯然也。”上覽而且悲且喜。

[1]仁壽：隋文帝楊堅年號（601—604）。

[2]文獻皇后：隋文帝皇后，名獨孤伽羅。傳見本書卷三六、《北史》卷一四。

[3]如來：梵語意譯，佛的別稱。　明星：指啓明星，即金星。

[4]大行：古指剛死而尚未定謚號的皇帝、皇后。

[5]大寶殿：宮殿名。仁壽宮內寢殿，在今陝西麟游縣西。

[6]永安宮：宮殿名。隋爲皇后居所，此指不詳。

時蜀王秀以罪廢，[1]上顧謂劭曰：“嗟乎！吾有五子，三子不才。”劭進曰：“自古聖帝明王，皆不能移不肖之子。黃帝有二十五子，同姓者二，餘各異德。堯十子，舜九子，皆不肖。夏有五觀，[2]周有三監。”[3]上然其言。其後上夢欲上高山而不能得，崔彭捧脚，[4]李盛扶肘得上，[5]因謂彭曰：“死生當與爾俱。”劭曰：“此夢大吉。上高山者，明高崇大安，永如山也。彭猶彭祖，李猶李老，二人扶侍，實爲長壽之徵。"上聞之，喜見容色。其年，上崩。未幾，崔彭亦卒。

[1] 蜀王秀：隋文帝楊堅第四子楊秀，封蜀王。傳見本書卷四五、《北史》卷七一。

[2] 五觀：夏帝太康有五昆弟，號爲"五觀"。

[3] 三監：指周武王滅商後，以商舊都封給紂子武庚，並以殷都以東爲衛，由武王弟管叔監之；殷都以西爲鄘，由武王弟蔡叔監之；殷都以北爲邶，由武王弟霍叔監之。總稱"三監"。

[4] 崔彭：人名。傳見本書卷五四，《北史》卷三二有附傳。

[5] 李盛：人名。事亦見《北史》卷三五《王劭傳》、《册府元龜》卷四八〇《臺省部·姦邪》，具體事迹不詳。

煬帝嗣位，[1] 漢王諒作亂，[2] 帝不忍加誅。劭上書曰："臣聞黃帝滅炎，[3] 蓋云母弟，周公誅管，[4] 信亦天倫。叔向戮叔魚，[5] 仲尼謂之遺直，石碏殺石厚，[6] 丘明以爲大義。[7] 此皆經籍明文，帝王常法。今陛下置此逆賊，度越前聖，含弘寬大，未有以謝天下。謹案賊諒毒被生民者也。是知古者同德則同姓，異德則異姓，故黃帝有二十五子，其得姓者十有四人，唯青陽、夷鼓，[8] 與黃帝同爲姬姓。諒既自絶，請改其氏。"劭以此求媚，帝依違不從。遷秘書少監，[9] 數載，卒官。

[1] 煬帝：楊廣的謚號。紀見本書卷三、四，《北史》卷一二。

[2] 漢王諒：隋文帝楊堅第五子楊諒。傳見本書卷四五、《北史》卷七一。

[3]炎：指炎帝，傳説中的古帝王，號神農氏。

[4]周公誅管：典出《史記》卷三三《魯周公世家》。周成王年少，周公旦攝行國政，管叔與其弟與武庚叛亂，周公旦伐誅之。

[5]叔向戮叔魚：典出《左傳》昭公十四年。春秋時晉國羊鮒（即羊舌鮒）貪贓枉法爲仇家所殺，其異母胞兄叔向（即羊舌肸）時做大夫，以爲羊鮒之罪當戮屍棄市，以明國法。

[6]石碏殺石厚：典出《左傳》隱公四年。隱公四年秋，石碏殺其子石厚於陳。

[7]丘明：人名。春秋時左丘明，相傳爲《春秋左氏傳》撰者。

[8]青陽、夷鼓：相傳爲黄帝二子，《國語·晋語四》載："黄帝之子二十五人。其同姓者，二人而已，唯青陽與夷鼓，皆爲己姓。"

[9]秘書少監：官名。隋煬帝大業三年於秘書省置少監一人，佐監掌國之圖書典籍。從四品。

劭在著作，將二十年，專典國史，撰《隋書》八十卷。多録口敕，[1]又採迂怪不經之語及委巷之言，以類相從，爲其題目，辭義繁雜，無足稱者，遂使隋代文武名臣列將善惡之迹，堙没無聞。初撰《齊誌》，爲編年體二十卷，[2]復爲《齊書》，紀傳一百卷，及《平賊記》三卷。或文詞鄙野，或不軌不物，駭人視聽，大爲有識所嗤鄙。然其採摘經史謬誤，爲《讀書記》三十卷，時人服其精博。爰自志學，暨乎暮齒，篤好經史，遺落世事。用思既專，性頗怳忽，每至對食，[3]閉目凝思，盤中之肉，輒爲僕從所噉。劭弗之覺，唯責肉少，數罰厨人。厨人以情白劭，劭依前閉目，伺而獲之，厨人方免答辱。其專固如此。

[1]口敕：指帝王的口頭詔令。
[2]二十卷：本書《經籍志二》載有王劭撰《齊誌》十卷。
[3]對食：共同進餐。

袁充

袁充，[1]字德符，本陳郡陽夏人也。[2]其後寓居丹楊。[3]祖昂，[4]父君正，[5]俱爲梁侍中。[6]充少警悟，年十餘歲，其父黨至門，時冬初，充尚衣葛衫。客戲充曰："袁郎子紵兮絺兮，[7]凄其以風。"充應聲答曰："唯絺與綌，服之無斁。"[8]以是大見嗟賞。仕陳，年十七，爲秘書郎。[9]歷太子舍人、晉安王文學、吏部侍郎、散騎常侍。[10]

[1]袁充：人名。傳另見《北史》卷七四。
[2]陳郡：治所在今河南淮陽縣。按，陳郡開皇初廢，此用南北朝舊郡言籍貫。 陽夏：縣名。治所在今河南太康縣。
[3]丹楊：郡名。治所在今江蘇南京市。
[4]昂：人名。即袁昂。南朝梁時位至特進、侍中。傳見《梁書》卷三一，《南史》卷二六有附傳。
[5]君正：人名。即袁君正。卒於侯景之亂時。《梁書》卷三一、《南史》卷二六有附傳。
[6]梁：即南朝梁（502—557），都建康（今江蘇南京市）。侍中：官名。爲門下省長官，置四人，掌侍從贊相，獻納諫正，糾駁制敕，監製御藥，是宰相之職。第十二班。按，《梁書》及《南

史》均未載袁君正任梁侍中事。

　　[7]綌（chī）兮綌（xì）兮：綌綌，葛衣。

　　[8]唯絺與綌，服之無斁：典出《詩·周南·葛覃》：“爲絺爲綌，服之無斁。”斁（yì），厭棄。

　　[9]秘書郎：官名。秘書省屬官，多以貴游子弟爲之。南朝陳品秩不詳。

　　[10]太子舍人：官名。太子東宮屬官，設十六人，掌文記。南朝陳第七品。　晋安王：南朝陳文帝陳蒨第六子陳伯恭。傳見《陳書》卷二八、《南史》卷六五。　文學：官名。王府屬官，掌王府内經籍圖書之事，修撰文章，並奉侍諸王問對。南朝陳皇弟皇子府文學第七品。　吏部侍郎：官名。佐吏部尚書掌選舉事。南朝陳第四品。　散騎常侍：官名。南朝陳集書省長官。掌侍從皇帝左右，獻納得失；省諸奏聞文書，異議者，隨事爲駁；常侍高功者一人爲祭酒，掌糾劾禁令。第三品。

　　及陳滅，歸國，歷蒙、鄘二州司馬。[1]充性好道術，頗解占候，[2]由是領太史令。[3]時上將廢皇太子，正窮治東宮官屬，充見上雅信符應，因希旨進曰：[4]“比觀玄象，皇太子當廢。”上然之。充復表奏，隋興已後，日景漸長，曰：“開皇元年，冬至日影一丈二尺七寸二分，自爾漸短。至十七年，冬至影一丈二尺六寸三分。四年冬至，在洛陽測影，一丈二尺八寸八分。二年，夏至影一尺四寸八分，自爾漸短。至十六年，夏至影一尺四寸五分。《周官》以土圭之法正日至之影，尺有五寸。[5]鄭玄云：‘冬至之影一丈三尺。’今十六年夏至之影，短於舊影五分，十七年冬至之影，短於舊影三寸七分。日去極近則影短而日長，去極遠則影長而日短，行内道則去極近，外道則去極遠。《堯典》云：‘日短，星昴，以正仲冬。’[6]據昴星昏中，則知堯時仲冬，日在須女十度。[7]以曆數推之，開皇已來冬至，日在斗十一度，與唐堯之代去極並近。謹案《春秋元命包》云：[8]‘日月出内道，璇璣得常，天帝崇靈，聖王祖功。’[9]京房《別對》曰：[10]‘太平日行上道，升平行次道，霸世行下道。’[11]伏惟大隋啟運，上感乾元，影短日長，振古未之有也。”上大悦，告天下。將作役功，因加程課，丁匠苦之。

[1]蒙：州名。治所在今河南南召縣東南。 鄜：州名。隋初治所在今陝西黄陵縣西南，大業三年移治今陝西富縣。 司馬：官名。隋州僚屬之一，開皇三年改治中爲司馬，名義上紀綱衆務，通判列曹，實無具體職任。上州正五品，中州從五品，下州正六品。

[2]占候：觀測天象變化以附會人事，預測吉凶。

[3]太史令：官名。隋初於秘書省置太史曹，掌天文曆法之事。煬帝改爲太史監，長官爲令。隋初爲從七品下，大業三年進爲從五品。

[4]希旨：亦稱“希指”，迎合在上者意願。

[5]以土圭之法正日至之影，尺有五寸：語出《周禮·司徒》：“以土圭之法測土深，正日景，以求地中。……日至之景尺有五寸，謂之地中。”按，此句宋刻遞修本、汲古閣本、殿本、中華本作“《周官》以土圭之法正日影，日至之影尺有五寸”。

[6]日短，星昴，以正仲冬：語出《尚書·堯典》。

[7]須女：星宿名。二十八宿之一，北方玄武七宿的第三宿。有星四顆，位於織女星之南。

[8]《春秋元命包》：亦作《春秋元命苞》或《元命苞》，爲西

漢末期《春秋》緯書之一，今已亡佚，衹有幾張殘圖。

　　[9]祖：本書《天文志上》作“初”，《北史》卷七四《袁充傳》作“相”。

　　[10]京房：人名。西漢學者，開創京氏易學。傳見《漢書》卷七五。　《別對》：京房所撰文章之一，今已亡佚。

　　[11]世：本書《天文志上》及《通鑑》卷一七九《隋紀》開皇二十年十二月條作“代”，當爲後人避唐諱改。

　　仁壽初，充言上本命與陰陽律呂合者六十餘條而奏之，因上表曰：“皇帝載誕之初，非止神光瑞氣，嘉祥應感，至於本命行年，生月生日，並與天地日月、陰陽律呂運轉相符，表裏合會。此誕聖之異，寶曆之元。今與物更新，改年仁壽。歲月日子，還共誕聖之時並同，明合天地之心，得仁壽之理。故知洪基長算，永永無窮。”上大悦，賞賜優崇，儕輩莫之比。

　　仁壽四年甲子歲，煬帝初即位，充及太史丞高智寶奏言：[1]“去歲冬至，日景逾長，今歲皇帝即位，與堯受命年合。昔唐堯受命四十九年，到上元第一紀甲子，[2]天正十一月庚戌冬至，[3]陛下即位，其年即當上元第一紀甲子，天正十一月庚戌冬至，正與唐堯同。自放勳以來，[4]凡經八上元，其間縣代，未有仁壽甲子之合。謹案：第一紀甲子，太一在一宮，[5]天目居武德，[6]陰陽曆數並得符同。唐堯丙辰生，丙子年受命，止命三五，[7]未若己丑甲子，支干並當六合。[8]允一元三統之期，[9]合五紀九章之會，[10]共帝堯同其數，與皇唐比其蹤。信所謂皇哉唐哉，唐哉皇哉者矣。”仍諷齊王暕率百官拜表奉賀。[11]其後熒惑守太微者數旬，[12]于時繕治宮室，征役繁重，充上表稱“陛下修德，熒惑退舍”。百僚畢賀。帝大喜，前後賞賜將萬計。時軍國多務，充候帝意欲有所爲，便奏稱天文見象，須有改作，以是取媚於上。

[1]太史丞：官名。隋太史局（煬帝改爲太史監）次官，初置二人，煬帝大業三年減爲一人。正九品。　高智寶：人名。隋任太史丞。事亦見本書卷七八《耿詢傳》、《北史》卷八九《耿詢傳》、《册府元龜》卷九〇八《總録部·工巧》等。

[2]上元第一紀甲子：古以六十年爲一甲子，陰陽五行家以三個甲子共一百八十年爲一周，稱其中的第一個甲子爲“上元”。

[3]天正：西周曆以農曆十一月即冬至所在之月爲歲首，古人以爲得天之正，故稱。

[4]放勳：帝堯。《尚書·堯典》：“曰若稽古，帝堯曰放勳。”

[5]太一：星名。帝星，又名北極二。因離北極星較近，隋唐以前文獻多指北極星。　宮：古代劃分天空之區域，曆法上將周天三百六十度劃分爲十二宮，即三十度爲一宮。

[6]天目：據《晉書·天文志》：“輿鬼五星，天目也。”即二十八宿南方七宿之鬼宿。

[7]合：汲古閣本、殿本、庫本同，宋刻遞修本、中華本及《北史》卷七四《袁充傳》作“合”。

[8]六合：陰陽家以月建與日辰的地支相合爲吉日，即子與丑合，寅與亥合，卯與戌合，辰與酉合，巳與申合，午與未合，總稱六合。

[9]一元：事物起始。　三統：指夏、商、周三代的正朔。一曰天統，謂周十一月建子爲正，天始施之端也。二曰地統，謂殷以十二月建丑爲正，地始化之端也。三曰人統，謂夏以十三月建寅爲

正，人始成立之端也。

[10]五紀九章：典出《尚書·洪範》。五紀，指歲、月、日、星辰、曆數。九章，即九疇，九者各有一章，乃天之常道。

[11]齊王暕：隋煬帝楊廣第二子楊暕，封齊王。傳見本書卷五九、《北史》卷七一。

[12]熒惑守太微：古人認爲“熒惑爲賊，爲亂入宮，宮中不安”（參本書《天文志》）。熒惑，火星別名，因隱現不定，令人迷惑，故名。太微，星官名。即太微垣。在北斗之南，軫宿和翼宿之北。

大業六年，[1]遷內史舍人。[2]從征遼東，[3]拜朝請大夫、秘書少監。[4]其後天下亂，帝初罷雁門之厄，[5]又盜賊益起，帝心不自安。充復假托天文，上表陳嘉瑞，以媚於上曰：

[1]大業：隋煬帝楊廣年號（605—618）。

[2]內史舍人：官名。爲內史省的屬官，掌參議表章，草擬詔敕。隋初置八人，正六品上，開皇三年升爲從五品。煬帝大業三年減置四人，大業末改內史省爲內書省，內史舍人遂改稱爲內書舍人。

[3]遼東：地區名。泛指遼水以東地區。因高麗國位於遼東，故此指隋征伐高麗之事。

[4]朝請大夫：官名。屬散官，隋煬帝大業三年置。正五品。

[5]雁門：郡名。隋大業三年改代州置。治所在今山西代縣。

臣聞皇天輔德，皇天福謙，七政斯齊，[1]三辰告應。[2]伏惟陛下握錄圖而馭黔首，提萬善而化八紘，以百姓爲心，匪以一人受慶，先天罔違所欲，後天必奉其時。是以初膺寶曆，正當上元之紀，乾之初九，又與天命符會。斯則聖人冥契，故能動合天經。謹按去年已來，玄象星瑞，毫釐無爽，謹錄尤異，上天降祥、破突厥等狀七事：[3]

[1]七政：一指日、月及金、木、水、火、土五星；一指春、秋、冬、夏、天文、地理、人文。

[2]三辰：指日、月、星。

[3]突厥：古族名、國名。廣義包括突厥、鐵勒諸部落，狹義專指突厥。公元六世紀時游牧於金山（今阿爾泰山）以南，因金山形似兜鍪，俗稱“突厥”，遂以名部落。西魏廢帝元年，土門自號伊利可汗，建立突厥汗國，樹庭於鬱督軍山（今杭愛山東段，鄂爾渾河左岸）。隋開皇二年西面可汗達頭與大可汗沙鉢略不睦，分裂爲西突厥、東突厥兩個汗國。傳見本書卷八四、《周書》卷五〇、《北史》卷九九、《舊唐書》卷一九四、《新唐書》卷二一五。

其一，去八月二十八日夜，大流星如斗，[1]出王良北，[2]正落突厥營，聲如崩牆。其二，八月二十九日夜，復有大流星如斗，出羽林，[3]向北流，正當北方。依占，頻二夜流星墜賊所，賊必敗散。其三，九月四日夜，頻有兩星大如斗，出北斗魁，[4]向東北流。依占，北斗主殺伐，賊必敗。其四，歲星主福德，[5]頻行京、都二處分野，依占，國家之福。其五，七月內，熒惑守羽林，[6]九月七日已退舍。依占，不出三日，賊必敗散。其六，去年十一月二十日夜，有流星赤如火，從東北向西南，落賊帥盧明月營，[7]破其橦車。[8]其七，十二月十五日夜，汧漢鎮北有赤氣亘北方，[9]突厥將亡之應也。

依勘《城録》，河南洛陽並當甲子，與乾元初九爻及上元甲子符合。此是福地，永無所慮。旋觀往政，側聞前古，彼則異時間出，今則一朝總萃。豈非天贊有道，助殲凶孽，方清九夷於東狄，[10]沉五狄於北溟，[11]告成岱岳，[12]無爲汾水。[13]

[1]流星：古代認爲流星出現是變亂的徵兆。

[2]王良：星名。《史記·天官書》：“漢中四星，曰天駟，旁一星，曰王良。”

[3]羽林：星名。《史記·天官書》：“北宮玄武，虚、危……其南有衆星，曰羽林天軍。”

[4]斗魁：指北斗七星之第一至第四星，即樞、璿、璣、權。《史記·天官書》：“在斗魁中，貴人之牢。”

[5]歲星：木星。古人以木星約十二年運行一周天，其軌道與黄道相近，因將周天分爲十二分，稱十二次。木星每年行經一次，即以其所在星次來紀年，故稱歲星。

[6]熒惑守羽林：古人以爲預示“衛兵反”（參本書《天文志》）。

[7]盧明月：人名。隋末農民起義軍領導者，大業十三年隊伍一度發展至四十萬人，自稱“無上王”，後爲南陽通守王世充斬殺。事見《舊唐書》卷六八《秦叔寶傳》，《新唐書》卷八五《王世充傳》，《通鑑》卷一八二、一八三等。另參見漆俠《隋末農民起義》，上海人民出版社1954年版；王永興《隋末農民戰争史料彙編》，中華書局1980年版。

[8]橦車：古代戰争中的衝鋒車。按，中華書局新修訂本校勘記云：“‘橦’，至順本作‘撞’。本書卷四《煬帝紀下》：‘有大流星如斛，墜明月營，破其衝車。’卷二一《天文志下》：‘大流星如斛，墜賊盧明月營，破其衝軸，壓殺十餘人。’”

[9]通漢鎮：隋於北部邊境所置的軍事據點。具體地址待考。

[10]九夷：古代稱東方九種少數民族，亦代指其地。《後漢書》卷八五《東夷傳》：“夷有九種。曰：畎夷、于夷、方夷、黄夷、白夷、赤夷、玄夷、風夷、陽夷。” 東獩（huì）：指東方雜草叢生、無人煙之地。

[11]五狄：古代對北方五種少數民族的合稱。 北溟：亦作“北冥”，古人意識中北方最遠的大海。

[12]岱岳：指泰山。在今山東泰安市。

[13]汾水：汾河，源出山西寧武縣管涔山，至河津市西入黄河。

書奏，帝大悦，超拜秘書令，[1]親待逾昵。帝每欲征討，充皆預知之，乃假託星象，獎成帝意，在位者皆切患之。宇文化及殺逆之際，[2]并誅充，時年七十五。

[1]秘書令：官名。隋初秘書省長官爲監，煬帝改爲令，掌國之圖書典籍。隋初爲正三品，大業三年降爲從三品。

[2]宇文化及：人名。傳見本書卷八五，《北史》卷七九有附傳。

史臣曰：王劭爰自幼童，迄乎白首，好學不倦，究極群書。搢紳洽聞之士，無不推其博物。雅好著述，久在史官，既撰《齊書》，兼修隋典。好詭怪之説，尚委巷之談，文詞鄙穢，體統繁雜。直愧南、董，[1]才無遷、固，[2]徒煩翰墨，不足觀採。袁充少在江左，[3]初以警晤見稱，[4]委質隋朝，更以玄象自命。並要求時幸，干進務入。劭經營符瑞，雜以妖訛，充變動星占，謬增晷景。厚誣天道，亂常侮衆，刑兹勿捨，其在斯乎！且劭爲河朔清流，[5]充乃江南望族，乾没榮利，得不以道，頹其家聲，良可歎息。

　　[1]南、董：指春秋時期齊國史官南史與晋國史官董狐。二人皆以直筆不諱著稱。

　　[2]遷、固：遷，指史家司馬遷。詳見《史記》卷一三〇《太史公自序》，傳見《漢書》卷六二。固，指史家班固。傳見《後漢書》卷四〇。

　　[3]江左：地區名。亦稱江東，泛指長江下游以東地區。

　　[4]晤：宋刻遞修本、汲古閣本同，殿本、庫本、中華本作"悟"。

　　[5]河朔：泛指黄河以北地區。　清流：指德行高潔負有名望的士人。

隋書　卷七〇

列傳第三十五

楊玄感

　　楊玄感，[1]司徒素之子也。[2]體貌雄偉，美鬚髯。少時晚成，人多謂之癡，其父每謂所親曰：“此兒不癡也。”及長，好讀書，便騎射。以父軍功，位至柱國，[3]與其父俱爲第二品，朝會則齊列。[4]其後高祖命玄感降一等，[5]玄感拜謝曰：“不意陛下寵臣之甚，許以公廷獲展私敬。”初拜郢州刺史，[6]到官，潛布耳目，察長吏能不。其有善政及贓污者，纖介必知之，往往發其事，莫敢欺隱。吏民敬服，皆稱其能。後轉宋州刺史，[7]父憂去職。[8]歲餘，起拜鴻臚卿，[9]襲爵楚國公，[10]遷禮部尚書。[11]性雖驕倨，而愛重文學，四海知名之士多趨其門。[12]

　　[1]楊玄感：人名。《北史》卷四一有附傳。
　　[2]司徒：官名。隋三公之一，隋初依舊制，各置府僚，參議

國家大事。但不久就省去府及僚佐，置三公則坐於尚書都省，從而失去實權。正一品。　素：人名。即楊素。傳見本書卷四八，《北史》卷四一有附傳。

[3]柱國：官名。隋文帝因改北周之制形成十一等散實官，以酬勤勞。柱國是第二等，開府置府佐。正二品。

[4]朝會：諸侯或丞屬參見天子。

[5]高祖：隋文帝楊堅廟號。紀見本書卷一、二，《北史》卷一一。

[6]郢州：治所在今湖北武漢市。

[7]宋州：隋時有兩宋州，一是開皇十六年（596）置，治所在今河南商丘市，大業初改爲梁郡；一是北周以潼州改名，開皇十八年廢，治所在今安徽泗縣。此時間不明，不知所指。

[8]父憂：遭逢父親喪事，亦稱“丁父艱”。古代喪服禮制規定，父母死後，子女須守喪，三年內不得做官、婚娶、赴宴、應考、舉樂，等等。

[9]鴻臚卿：官名。鴻臚寺長官，掌册封諸藩、接待外使及凶儀等事。開皇三年曾廢鴻臚寺，將其職能歸入太常寺；開皇十二年又恢復。卿置一員，隋初爲正三品，煬帝降爲從三品。

[10]楚國公：爵名。隋九等爵的第三等。從一品。

[11]禮部尚書：官名。尚書省所轄六部之一禮部的長官，掌禮儀、祭祀、宴享等政令，總判禮部、祠部、主客、膳部四曹。置一員，正三品。

[12]趍：宋刻遞修本、汲古閣本、殿本、庫本、中華本作“趨”。下同。

自以累世尊顯，有盛名於天下，在朝文武多是父之將吏，復見朝綱漸紊，帝又猜忌日甚，[1]內不自安，遂與諸弟潛謀廢帝，立秦王浩。[2]及從征吐谷渾，[3]還至大斗拔谷，[4]時從官狼狽，玄感欲襲擊行宮。其叔慎謂玄感曰：「士心尚一，國未有釁，[5]不可圖也。」玄感乃止。時帝好征伐，玄感欲立威名，陰求將領。謂兵部尚書段文振曰：[6]「玄感世荷國恩，寵踰涯分，自非立效邊裔，何以塞責！若方隅有風塵之警，庶得執鞭行陣，少展絲髮之功。明公兵革是司，敢布心腹。」文振因言於帝，帝嘉之，顧謂群臣曰：「將門必有將，相門必有相，故不虛也。」於是賚物千段，禮遇益隆，頗預朝政。

[1]帝：此指隋煬帝楊廣。紀見本書卷三、四，《北史》卷一二。

[2]秦王：爵名。隋九等爵的第一等。從一品。　浩：人名。即楊浩。隋文帝第三子秦孝王楊俊長子。本書卷四五、《北史》卷七一有附傳。

[3]吐谷（yù）渾：古族名。本遼東鮮卑之種，姓慕容氏，西晉時西遷至群羌故地，北朝至隋唐時期游牧於今青海北部和新疆東南部地區。傳見本書卷八三、《晉書》卷九七、《魏書》卷一〇一、《周書》卷五〇、《北史》卷九六、《舊唐書》卷一九八、《新唐書》卷二二一上。

[4]大斗拔谷：地名。又作「達斗拔谷」「大斗谷」。即今甘肅民樂縣東南扁都口。因位祁連山東段，自古爲青海湟中和甘肅河西走廊間交通捷徑。

[5]釁：過失、罪過。

[6]兵部尚書：官名。隋尚書省下轄六部之一兵部的長官。掌全國軍衛武官選授之政令，統兵部、職方、駕部、庫部四曹。置一員，正三品。　段文振：人名。傳見本書卷六〇、《北史》卷七六。

帝征遼東，[1]命玄感於黎陽督運。[2]于時百姓苦役，天下思亂，玄感遂與武賁郎將王仲伯、汲郡贊治趙懷義等謀議，[3]欲令帝所軍眾飢餒，每爲逗遛，不時進發。帝遲之，遣使者逼促，玄感揚言曰："水路多盜賊，不可前後而發。"其弟武賁郎將玄縱、鷹揚郎將萬碩並從幸遼東，[4]玄感潛遣人召之。時將軍來護兒以舟師自東萊將入海，[5]趣平壤城，[6]軍未發。玄感無以動眾，乃遣家奴僞爲使者，從東方來，謬稱護兒失軍期而反。玄感遂入黎陽縣，閉城，大索男夫。於是取帆布爲牟甲，署官屬，皆準開皇之舊。移書傍郡，以討護兒爲名，各令發兵，會於倉所。以東光縣尉元務本爲黎州刺史，[7]趙懷義爲衛州刺史，[8]河內郡主簿唐禕爲懷州刺史。[9]有眾且一萬，將襲雒陽。[10]唐禕至河內，馳往東都告之。越王侗、民部尚書樊子蓋等大懼，[11]勒兵備禦。脩武縣民相率守臨清關，[12]玄感不得濟，遂於汲郡南渡河，從亂者如市。數日，屯兵上春門，[13]眾至十餘萬。子蓋令河南贊治裴弘策拒之，[14]弘策戰敗。瀍、洛父老競致牛酒。[15]玄感屯兵尚書省，[16]每誓眾曰："我身爲上柱國，[17]家累鉅萬金，至於富貴，無所求也。今者不顧破家滅族者，但爲天下解倒懸之急，救黎元之命耳。"眾皆悦，詣轅門請自效者，[18]日有數千。與樊子蓋書曰：

[1]遼東：地區名。泛指遼水以東地區。因高麗國位於遼東，故此指隋征伐高麗之事。

[2]黎陽：此指黎陽倉。在今河南浚縣西南。

[3]武賁郎將：官名。隋煬帝大業三年（607）改革官制，於

十二衛每衛置護軍四人，掌副貳將軍，尋又改護軍爲武賁郎將。正四品。　　王仲伯：人名。隋光禄大夫王仁恭兄子，參與楊玄感起兵反隋，楊玄感失敗後與李密投奔郝孝德，未得重用，潛歸天水，後不知所終。事亦見《通鑑》卷一八二《隋紀》大業九年條、《册府元龜》卷九四九《總録部·亡命》。　　汲郡：大業初改衛州置，治所在今河南淇縣東。　　贊治：官名。據本書《百官志下》，煬帝改州爲郡，郡置太守；罷長史、司馬，置贊治一人以貳之，協助郡守處理一郡事務。品級隨郡等級不同，從從四品至正六品不等。　　趙懷義：人名。曾參與謀議事亦見《北史》卷四一《楊玄感傳》、《通鑑》卷一八二《隋紀》大業九年條，其他事迹不詳。

[4]玄縱：人名。即楊玄縱。楊素之子、楊玄感之弟，隋文帝時封淮南郡公。隋煬帝征遼東，隸屬於盧龍道軍副梁文謙麾下，玄感起兵，逃歸玄感，後兵敗被殺。　　鷹揚郎將：官名。隋文帝初，置左右衛等衛府，各領軍坊、鄉團，以統軍卒。後改置驃騎將軍府，每府置驃騎、車騎二將軍，上轄於衛府大將軍，下設大都督、帥都督、都督領兵。煬帝大業三年改驃騎府爲鷹揚府，改驃騎將軍爲鷹揚郎將，職能依舊。正五品。　　萬碩：人名。即楊萬碩。楊素之子、楊玄感之弟，從隋煬帝征遼東。玄感起兵逃歸，至高陽傳舍，爲監事許華所執，斬於涿郡。事亦見本書卷四八、《北史》卷四一《楊素傳》。按，萬碩，諸本均同，然本書《楊素傳》、《北史·楊玄感傳》及《通鑑》均作“萬石”，唯此作“萬碩”，恐誤。

[5]來護兒：人名。傳見本書卷六四、《北史》卷七六。　　東萊：郡名。治所在今山東龍口市東。

[6]平壤城：地名。爲隋時古高句麗國都城，舊址在今朝鮮平壤市大同江南岸。

[7]東光：縣名。治所在今河北東光縣。　　縣尉：官名。隋縣佐官之一，總判縣曹事務。從九品。　　元務本：人名。具體事迹不詳，後爲陳稜所斬。事亦見本書卷六四《陳稜傳》。　　黎州：黎陽縣舊治黎州，此恢復開皇州制。

[8]衛州：大業初改爲汲郡，此復故名。

[9]河内：郡名。治所在今河南沁陽市。　郡主簿：官名。隋初沿舊制地方設郡，郡置主簿，掌本官署監印，檢核文書簿籍，勾稽缺失等事。京兆郡主簿爲流内視正九品，其餘諸郡主簿爲流内視從九品。開皇三年廢郡，郡主簿亦罷。隋煬帝大業三年又廢州置郡，改州主簿爲郡主簿，掌同隋初之制。京兆、河南二郡主簿爲流内視正八品，其餘諸郡主簿爲流内視從八品。　唐禕：人名。事亦見《北史·楊玄感傳》、《通鑑》卷一八二《隋紀》，具體事迹不詳。　懷州：大業初改爲河内郡，此復故名。

[10]雒陽：地名。在今河南洛陽市。

[11]越王侗：隋煬帝之孫，元德太子楊昭次子楊侗，封越王。傳見本書卷五九、《北史》卷七一。　民部尚書：官名。隋沿北魏、北齊置度支尚書，開皇三年改稱民部尚書，是尚書省下轄六部之一民部的長官。職掌全國土地、户口、賦税、錢糧之政令。置一員，正三品。　樊子盖：人名。傳見本書卷六三、《北史》卷七六。按，盖，殿本、庫本與底本同，宋刻遞修本、汲古閣本、中華本作“蓋”。下同。

[12]脩武縣：治所在今河南脩武縣。　臨清關：地名。在今河南新鄉市東北古黄河北岸。

[13]上春門：東都洛陽城東面三門，北曰上春門。

[14]河南：郡名。此爲煬帝改豫州所置，治所在今河南洛陽市。　裴弘策：人名。大業九年擔任河南贊治，兵敗楊玄感，被樊子盖處死。

[15]瀍（chán）、洛：瀍，即瀍河。源出洛陽西北，東南流入洛河。洛，即洛河。

[16]尚書省：官署名。隋三省之一，掌政令執行。按，《通鑑》卷一八二《隋紀》大業九年六月“玄感屯上春門”條《考異》曰：“《玄感傳》云：‘屯兵上春門。’……又，尚書省在宣仁門内，玄感不容至此。”所言有理。

[17]上柱國：官名。隋文帝因改北周十一等勳官之制形成十一等散實官，用以酬勤勞，無實際職掌。上柱國爲第一等，可開府置僚佐。從一品。

[18]轅門：領軍將帥的營門。

夫建忠立義，事有多途，見機而作，盖非一揆。昔伊尹放太甲於桐宮，[1]霍光廢劉賀於昌邑，[2]此並公度內，不能一二披陳。

[1]昔伊尹放太甲於桐宮：典出《左傳》襄公二十一年。伊尹，商初名臣，輔助商湯滅夏。詳見《史記》卷三《殷本紀》。太甲，商湯之孫。詳見《史記·殷本紀》。

[2]霍光廢劉賀於昌邑：典出《漢書》卷六八《霍光傳》。霍光，人名。西漢權臣，歷漢武帝、漢昭帝、漢宣帝三朝，官至大司馬、大將軍。執政期間，曾輔政漢昭帝，主持廢立荒淫無道的昌邑王劉賀，擁立漢宣帝，功勳卓著。傳見《漢書》卷六八。劉賀，人名。事略見《漢書》卷六三《昌邑哀王劉髆傳》。

高祖文皇帝誕膺天命，[1]造兹區宇，在琁璣以齊七政，[2]握金鏡以馭六龍，[3]無爲而至化流，垂拱而天下治。今上纂承寶曆，宜固洪基，乃自絕於天，殄民敗德。頻年肆眚，盜賊於是滋多，所在脩治，民力爲之凋盡。荒淫酒色，子女必被其侵，躭玩鷹犬，禽獸皆離其毒。朋黨相扇，貨賄公行，納邪佞之言，杜正直之口。加以轉輸不息，徭役無期，士卒填溝壑，骸骨蔽原野。黃河之北，則千里無煙，江淮之間，[4]則鞠爲茂草。

[1]高祖文皇帝：即隋文帝楊堅。

[2]琁璣：即璇璣，此喻指權柄、帝位。按，殿本、庫本作“旋璣”，宋刻遞修本、汲古閣本、中華本同底本。　七政：一指日、月及金、木、水、火、土五星；一指春、秋、冬、夏、天文、地理、人文。

[3]金鏡：原指銅鏡，此喻指顯明的正道。　六龍：指《易・乾卦》之六爻。《易・乾卦》云：“時乘六龍以御天。”孔穎達疏：“乾元乃統天之義，言乾之爲德，以依時乘駕六爻之陽氣，以控御於天體。”

[4]江淮：指長江和淮河流域地區。

　　玄感世荷國恩，位居上將，先公奉遺詔曰：“好子孫爲我輔弼之，惡子孫爲我屏黜之。”所以上禀先旨，下順民心，廢此淫昏，更立明哲。四海同心，九州響應，士卒用命，如赴私讎，民庶相趍，義形公道。天意人事，較然可知。公獨守孤城，勢何支久！願以黔黎在念，社稷爲心，勿拘小禮，自貽伊戚。[1]誰謂國家，一旦至此，執筆潸泫，言無所具。

　　遂進逼都城。

[1]自貽伊戚：語出《詩・小雅・小明》：“心之憂矣，自詒伊戚。”後遂以“伊戚”指煩惱、憂患。

　　刑部尚書衛玄，[1]率衆數萬，自關中來援東都。[2]以步騎二萬渡瀍、澗挑戰，[3]玄感僞北。玄逐之，伏兵發，前軍盡没。後數日，玄復與玄感戰，兵始合，玄感詐令人大呼曰：“官軍已得玄感矣。”玄軍稍怠，玄感與數千騎乘之，於是大潰，擁八千人而去。玄感驍勇多力，每戰親運長矛，身先士卒，喑嗚叱咤，所當者莫不震慴。論者方之項羽。[4]又善撫馭，士樂致死，由是戰無不捷。玄軍日蹙，糧又盡，乃悉衆決戰，陣於北邙，[5]一日之間，戰十餘合。玄感弟玄挺中流矢而斃，[6]玄感稍却。樊子蓋復遣兵攻尚書省，又殺數百人。

[1]刑部尚書：官名。尚書省刑部長官。職掌刑法、徒隷、勾覆及關禁之政，總判刑部、都官、比部、司門四司之事。置一員，正三品。　衛玄：人名。傳見本書卷六三、《北史》卷七六。

[2]關中：地區名。與“關內”意同。秦至唐時稱函谷或潼關以西、隴坂以東、終南山以北爲關中。

[3]澗：水名。源出河南新安縣南白石山，匯洛水入於黃河。

[4]項羽：人名。紀見《史記》卷七，傳見《漢書》卷三一。

[5]北邙：即北邙山，亦稱北芒山或邙山，在今河南洛陽市北。按，本書《衛玄傳》及《北史·衛玄傳》均作“北芒”。

[6]玄挺：人名。即楊玄挺。本楊素之子，出嗣楊素之弟楊約，隋文帝時拜儀同三司，與楊玄感一起起兵，卒於流矢。

帝遣武賁郎將陳稜攻元務本於黎陽，[1]武衛將軍屈突通屯河陽，[2]左翊衛大將軍宇文述發兵繼進，[3]右驍衛大將軍來護兒復來赴援。[4]玄感請計於前民部尚書李子雄，[5]子雄曰：“屈突通曉習兵事，若一渡河，則勝負難決，不如分兵拒之。通不能濟，則樊、衛失援。”玄感然之，將拒通。子蓋知其謀，數擊其營，玄感不果進。通遂濟河，軍於破陵。[6]玄感爲兩軍，西抗衛玄，東拒屈突通。子蓋復出兵，於是大戰，玄感軍頻北。復請計於子雄，子雄曰：“東都援軍益至，我師屢敗，不可久留。不如直入關中，開永豐倉以賑貧乏，[7]三輔可指麾而定。[8]據有府庫，東面而爭天下，此亦霸王之業。”會華陰諸楊請爲鄉導，[9]玄感遂釋洛陽，西圖關中，宣言曰：“我已破東都，取關西矣。”

[1]陳稜：人名。傳見本書卷六四、《北史》卷七八。

[2]武衛將軍：本書卷六一及《北史》卷七九《宇文述傳》同。然本書卷四《煬帝紀下》及《北史》卷一二《隋煬帝紀》大業九年作“左候衛將軍”。《通鑑》卷一八二《隋紀》大業九年六月條作“右候衛將軍”。三者所記各不相同。又檢《舊唐書》卷五九《屈突通傳》：開皇中，“擢爲右武候車騎將軍……大業中，累轉左驍衛大將軍”。《新唐書》卷八九《屈突通傳》：開皇中，“擢左武衛將軍……大業中，與宇文述共破楊玄感，以功遷左驍衛大將軍”。《北史》卷七一《庶人諒傳》：“會文帝崩，使車騎屈突通徵之。”本書《百官志》有“左右武衛將軍”，無“武衛將軍”，此誤。但各書所記各不同，何者爲是，尚不能定論。　屈突通：人名。隋唐名將，參與鎮壓楊玄感叛亂及隋末農民起義，後降唐，爲貞觀時凌煙閣二十四功臣之一。傳見《舊唐書》卷五九、《新唐書》卷八九。　河陽：地名。在今河南孟州市西。

[3]左翊衛大將軍：官名。隋初中央軍事機關十二衛有左右衛，大業三年改爲左右翊衛，各置大將軍一人，掌宮掖禁禦，督攝仗衛。正三品。　宇文述：人名。傳見本書卷六一、《北史》卷七九。

[4]右驍衛大將軍：官名。右驍騎衛府最高長官，職掌宿衛。正三品。

[5]李子雄：人名。傳見本卷及《北史》卷七四。按，《北史·李雄傳》作“李雄”。

[6]破陵：地名。在今河南孟津縣東。

[7]永豐倉：倉名。在今陝西華陰市東北渭河入黃河口。

[8]三輔：泛指京畿附近地區。

[9]華陰：縣名。隋時治所在今陝西華陰市。　諸楊：指楊玄感宗黨。

　　宇文述等諸軍躡之。至弘農宮，[1]父老遮説玄感曰："宮城空虚，又多積粟，攻之易下。進可絶敵人之食，退可割宜陽之地。"[2]玄感以爲然，留攻之。三日城不下，追兵遂至。玄感西至閿鄉，[3]上槃豆，[4]布陣亘五十里，與官軍且戰且行，一日三敗。復陣於董杜原，[5]諸軍擊之，玄感大敗，獨與十餘騎竄林木間，將奔上洛。[6]追騎至，玄感叱之，皆懼而反走。至葭蘆戍，[7]玄感窘迫，獨與弟積善步行。[8]自知不免，謂積善曰："事敗矣。我不能受人戮辱，汝可殺我。"積善抽刀斫殺之，因自刺，不死，爲追兵所執，與玄感首俱送行在所，磔其屍於東都市三日，復臠而焚之。餘黨悉平。其弟玄獎爲義陽太守，[9]將歸玄感，爲郡丞周琁玉所殺。[10]玄蹤弟萬碩，自帝所逃歸，至高陽，[11]止傳舍，監事許華與郡兵執之，[12]斬於涿郡。[13]萬碩弟民行，[14]官至朝請大夫，[15]斬於長安。並具梟磔。公卿請改玄感姓爲梟氏，詔可之。

[1]弘農宮：宮名。隋大業初置，在今河南陝縣城内。

[2]宜陽：縣名。治所在今河南宜陽縣。

[3]閿鄉：地名，亦作"閺鄉"。治所在今河南靈寶市西北。按，《通鑑》卷一八二《隋紀》大業九年七月條作"閿"。

[4]槃豆：《通鑑》卷一八二《隋紀》大業九年七月條胡三省注云“即西魏將于謹所攻拔盤豆也”，檢《通鑑》卷一五七《梁紀》大同元年八月條胡三省注“恒農湖城、閿鄉之西有皇天原，原西有盤豆城”，故此槃豆約在今河南靈寶市西。

[5]董杜原：地名。在今河南靈寶市西北。

[6]上洛：縣名。治所在今陝西商洛市。

[7]莨蘆戍：地名。在今河南盧氏縣西。

[8]積善：人名。即楊積善。楊素之子、楊玄感之弟，隋文帝朝爲上儀同，煬帝朝任朝散大夫。從楊玄感起兵，兵敗被執，大業九年十二月車裂於東都洛陽。事亦見本書卷四《煬帝紀下》。

[9]玄獎：人名。即楊玄獎。楊素之子、楊玄感之弟，隋文帝朝封清河郡公、上儀同。事亦見本書卷四八、《北史》卷四一《楊素傳》。　義陽：郡名。隋煬帝改義州置，治所在今河南信陽市。

[10]郡丞：官名。煬帝大業三年復改州爲郡，併州長史、司馬之職，置贊治（唐人諱稱贊務）一人，爲郡太守之副貳，尋又改贊治稱爲郡丞，爲郡屬官之首，通判郡事。上郡從七品，中郡正八品，下郡從八品。　周琁玉：人名。其他事迹不詳。《通鑑》卷一八二《隋紀》大業九年七月條作“周旋玉”。

[11]高陽：縣名。治所在今河北高陽縣東舊城。

[12]監事：官名。此爲管理傳舍低級官員。　許華：人名。其他事迹不詳。

[13]涿郡：治所在今北京城西南。

[14]民行：人名。即楊民行。楊素之子、楊玄感之弟。按，本書《楊素傳》、《北史》卷四一《楊玄感傳》及《通鑑》卷一八二《隋紀》大業九年八月條作“仁行”。此當後人避唐諱所改。

[15]朝請大夫：官名。屬散官，隋煬帝大業三年置。正五品。

初，玄感圍東都也，梁郡人韓相國舉兵應之，[1]玄感以爲河南道元帥。[2]旬月間，衆十餘萬，攻剽郡縣。
至于襄城，[3]遇玄感敗，兵漸潰散，爲吏所執，傳首
東都。

　　[1]梁郡：隋煬帝改宋州置，治所在今河南商丘市。　　韓相國：
人名。事亦見《通鑑》卷一八二《隋紀》大業九年七月條。
　　[2]河南道：特區名。即在黃河中下游以南設置的特區。隋朝
在戰爭中於地方置特區，範圍可包括若干州，稱“道”。　　元帥：
使職名。隋於戰爭時期所設一道之最高統帥，此爲楊玄感所置。
　　[3]襄城：縣名。治所在今河南襄城縣。

李子雄

　　李子雄，渤海蓨人也。[1]祖伯貴，[2]魏諫議大夫。[3]
父桃枝，[4]東平太守，[5]與鄉人高仲密同歸於周，[6]官至
冀州刺史。[7]子雄少慷慨，有壯志，弱冠從周武帝平
齊，[8]以功授帥都督。[9]

　　[1]渤海：郡名。治所在今山東陽信縣西南。　　蓨（tiáo）：縣
名。治所在今河北景縣南。
　　[2]伯貴：《北史》卷七四《李雄傳》載子雄父爲“李棠”，又
《周書》卷四六、《北史》卷八五《李棠傳》云：棠父元冑，祖伯
貴。與此傳所記不符。
　　[3]諫議大夫：官名。掌顧問應對。北魏初爲正四品，後降爲
從四品。
　　[4]桃枝：人名。《北史·李雄傳》載其父爲“李棠”。
　　[5]東平：郡名。治所在今河南范縣東南。

　　[6]高仲密：人名。即高慎。《北齊書》卷二一、《北史》卷三一有附傳。　周：即北周（557—581），都長安（今陝西西安市西北）。

　　[7]冀州：治所在今河北冀州市。

　　[8]周武帝：北周皇帝宇文邕諡號。紀見《周書》卷五、六，《北史》卷一〇。　齊：即北齊（550—577），或稱高齊，都鄴（今河北臨漳縣西南鄴鎮東）。

　　[9]帥都督：官名。屬勳官。北周府兵制中每隊的長官均加此勳官名。七命。

　　高祖作相，從韋孝寬破尉迥於相州，[1]拜上開府，[2]賜爵建昌縣公。[3]高祖受禪，爲驃騎將軍。[4]伐陳之役，[5]以功進位大將軍，[6]歷郴、汀二州刺史，[7]並有能名。仁壽中，[8]坐事免。

　　[1]韋孝寬：人名。北朝名將，歷北魏、西魏、北周。傳見《周書》卷三一、《北史》卷六四。　尉迥：人名。即尉遲迥，北周太祖宇文泰之甥，周宣帝時任大前疑、相州總管。傳見《周書》卷二一、《北史》卷六二。　相州：治所在今河北臨漳縣西南。

　　[2]上開府：官名。全稱是上開府儀同大將軍。北周建德四年（575）改開府儀同三司爲開府儀同大將軍，仍增置上開府儀同大將軍。用以酬勤勞，無實際職權。爲十一等勳官的第五等，可開府置官屬。九命。

　　[3]建昌縣公：爵名。北周命數不詳，王仲犖認爲“非正九命則當是九命爾”（參見王仲犖《北周六典》卷八《封爵第十九》，中華書局1979年版，第548頁）。

　　[4]驃騎將軍：官名。隋文帝初置左右衛等衛府，各領軍坊、鄉團，以統軍卒。後改置驃騎將軍府，每府置驃騎、車騎二將軍，

上轄於衛府大將軍。正四品上。煬帝大業三年改驃騎府爲鷹揚府，改驃騎將軍爲鷹揚郎將，職能依舊。降爲正五品。

〔5〕陳：即南朝陳（557—589），都建康（今江蘇南京市）。

〔6〕大將軍：官名。隋文帝因改北周十一等勳官之制形成十一等散實官，用以酬勤勞，無實際職掌。大將軍爲第四等，可開府置僚佐。正三品。

〔7〕郴：州名。治所在今湖南郴州市。　江：州名。治所在今江西九江市。

〔8〕仁壽：隋文帝楊堅年號（601—604）。

漢王諒之作亂也，[1]煬帝將發幽州兵以討之。[2]時竇抗爲幽州總管，[3]帝恐其有二心，問可任者於楊素。素進子雄，授大將軍，[4]拜廣州刺史，[5]馳至幽州，止傳舍，召募得千餘人。抗恃素貴，不時相見。子雄遣人諭之。後二日，抗從鐵騎二千，來詣子雄所。子雄伏甲，請與相見，因禽抗。[6]遂發幽州兵步騎三萬，自井陘以討諒。[7]時諒遣大將軍劉建略地燕、趙，[8]正攻井陘，相遇於抱犢山下，[9]力戰，破之。遷幽州總管，尋徵拜民部尚書。

〔1〕漢王諒：即隋文帝楊堅第五子楊諒。開皇元年封漢王。傳見本書卷四五、《北史》卷七一。

〔2〕幽州：治所在今北京城西南。

〔3〕竇抗：人名。隋文帝朝襲爵陳國公，任幽州總管，煬帝即位，被免去官爵。與唐高祖李淵爲姻親，入唐位列宰相。《舊唐書》卷六一、《新唐書》卷九五有附傳。　總管：官名。全稱是總管刺史加使持節。總管的統轄範圍可達數州至十餘州，成一軍政管轄

區。隋文帝在并、益、荆、揚四州置大總管，其餘州置總管。總管分上、中、下三等，品秩爲流内視從二品、正三品、從三品。

[4]大將軍：殿本、庫本、中華本同，宋刻遞修本、汲古閣本及《北史》卷七四《李雄傳》均作“上大將軍”。按，本卷前文已云李子雄因伐陳之功，進位大將軍，則此進授“上大將軍”更合理。

[5]廣州：宋刻遞修本、汲古閣本、殿本、庫本同，中華本作“廉州”，其校勘記云：“原作‘廣州’，據《北史·李雄傳》改。按：本書《地理志》中趙郡稾城縣條：‘〔開皇〕十年置廉州，十八年改爲稾城縣，大業初州廢。’廉州距幽州較近，而廣州則距幽州甚遠。作廉州，是。”所考甚確，《北史·李雄傳》亦作廉州。當改作廉州。廉州，治所在今河北藁城市西南。

[6]禽：通“擒”。

[7]井陘：關名。又名土門關。在今河北井陘縣西北井陘山上。

[8]劉建：人名。漢王楊諒部將，隨楊諒反，後爲周羅睺周羅睺擊敗梟首。事亦略見本書卷七〇《裴仁基傳》及《劉德墓誌》（載王其禕、周曉薇《隋代墓誌銘彙考》三四九，綫裝書局 2007 年版）。　燕、趙：此指戰國時期燕國和趙國地區，約在今河北北部及山西西部一帶。

[9]抱犢山：隋時有兩抱犢山，一在今山西壺關縣東南，一在今河北鹿泉市西。據文意此應爲後者。

　　子雄明辯有器幹，帝甚任之。新羅嘗遣使朝貢，[1]子雄至朝堂與語，因問其冠制所由。其使者曰：“皮弁遺象。[2]安有大國君子而不識皮弁也！”子雄因曰：“中國無禮，求諸四夷。”[3]使者曰：“自至已來，此言之外，未見無禮。”憲司以子雄失詞，[4]奏劾其事，竟坐免。

[1]新羅：朝鮮半島古國。傳見本書卷八一。　　朝貢：古時藩屬國或外國使臣入朝，貢獻方物。

[2]皮弁遺象：皮弁遺留之形狀。皮弁，古冠名。《周禮·夏官·弁師》："王之皮弁，會五采玉璂，象邸，玉笄。"

[3]中國無禮，求諸四夷：意出《漢書·藝文志》："仲尼有言：'禮失而求諸野。'"

[4]憲司：魏晉以來對御史的通稱。

俄而復職，從幸江都。[1]帝以仗衛不整，顧子雄部伍之。子雄立指麾，六軍肅然。帝大悦曰："公真武候才也。"[2]尋轉右武候大將軍，[3]後坐事除名。遼東之役，帝令從軍自效，因從來護兒自東平將指滄海。[4]會楊玄感反於黎陽，帝疑之，詔鎖子雄送行在所。子雄殺使者，亡歸玄感。玄感每請計於子雄，語在《玄感傳》。及玄感敗，伏誅，籍没其家。[5]

[1]江都：郡名。治所在今江蘇揚州市。

[2]武候：此爲武候大將軍的省稱。主掌皇帝出巡負責保衛。

[3]右武候大將軍：官名。隋初置左右武候府，掌皇帝出宫巡狩時的先驅後殿、晝夜警備等軍務。右武候大將軍是右武候府的長官。置一員，正三品。煬帝大業三年改左右武候府爲左右候衛，右武候大將軍遂改稱右候衛大將軍。

[4]東平：中華書局新修訂本本書校勘記云："'東平'，本卷上文《楊玄感傳》、本書卷六四《來護兒傳》、《北史》卷七四《李雄傳》作'東萊'。按，東萊臨海，故自東萊能'將指滄海'，疑作'東平'誤。"

[5]籍没：古代刑罰之一，没收財物人口入官。

趙元淑

趙元淑，[1]父世模，[2]初事高寶寧，[3]後以衆歸周，授上開府，寓居京兆之雲陽。[4]高祖踐阼，恒典宿衛。後從晋王伐陳，[5]先鋒遇賊，力戰而死。朝廷以其身死王事，以元淑襲父本官，賜物二千段。[6]

[1]趙元淑：人名。《北史》卷四一有附傳。按，宋刻遞修本、中華本前有“博陵”二字，底本、汲古閣本、殿本、庫本均無。檢《北史‧趙元淑傳》載其爲“博陵人”，其父趙世摸（模）墓誌載爲“金城郡人”。又《册府元龜》卷一三〇《帝王部‧延賞》“趙元淑”條亦未載籍貫。

[2]世模：人名。即趙世模。高寶寧親信大將之一。事見本書卷三九《陰壽傳》、《册府元龜》卷四二五《將帥部‧死事》。生平亦見《趙世摸（模）墓誌》（載王其禕、周曉薇《隋代墓誌銘彙考》一〇八）。

[3]高寶寧：人名。亦作“高保寧”。高寶寧本北齊大將，鎮守營州。北齊滅亡後，依附突厥，爲北周、隋初邊疆主要威脅之一。傳見《北齊書》卷四一，《北史》卷五三有附傳。

[4]京兆：郡名。治所在今陝西西安市西北。　雲陽：縣名。治所在今陝西涇陽縣西北。

[5]後從：殿本、庫本作“迫同”，宋刻遞修本、汲古閣本、中華本及《册府元龜》卷一三〇《帝王部‧延賞》“趙元淑”條亦作“後從”。　晋王：此指楊廣。

[6]二千：諸本均作“二千”，唯《北史‧趙元淑傳》作“三千”。

元淑性疏誕，[1]不治産業，家徒壁立。後數歲，授驃騎將軍，將之官，無以自給。時長安富人宗連，[2]家累千金，仕周爲三原令。[3]有季女，慧而有色，連獨奇之，每求賢夫，聞元淑如是，請與相見。連有風儀，美談笑，元淑亦異之。及至其家，服玩居處擬於將相。酒酣，奏女樂，元淑所未見也。元淑辭出，連曰：“公子有暇，可復來也。”後數日，復造之，宴樂更侈。如此者再三，因謂元淑曰：“知公子素貧，老夫當相濟。”因問元淑所須，盡買與之。臨別，元淑再拜致謝，連復拜曰：“鄙人竊不自量，敬慕公子。今有一女，願爲箕帚妾，[4]公子意何如?”元淑感愧，遂娉爲妻。連復送奴婢二十口、良馬十餘匹，加以縑帛錦綺及金寶珍玩。元淑遂爲富人。

[1]誕：宋刻遞修本、汲古閣本、中華本同，殿本、庫本作“宕”。

[2]宗連：人名。事亦見《北史·趙元淑傳》、《册府元龜》卷八五三《總錄部·姻好》。其他事迹不詳。

[3]三原：縣名。治所在今陝西三原縣北。

[4]箕帚：本意爲以箕帚掃除，操持家務。此喻指妻妾。

及煬帝嗣位，漢王諒作亂，元淑從楊素擊平之。以功進位柱國，[1]拜德州刺史，[2]尋轉潁川太守，[3]並有威惠。因入朝，會司農不時納諸郡租穀，[4]元淑奏之。帝謂元淑曰：“如卿意者，幾日當了?”元淑曰：“如臣意不過十日。”帝即日拜元淑爲司農卿，[5]納天下租，如言而了。帝悦焉。

　　[1]柱國：官名。隋文帝因改北周十一等勳官之制形成十一等散實官，用以酬勤勞，無實際職掌。柱國爲第二等，可開府置僚佐。正二品。

　　[2]德州：治所在今山東陵縣。

　　[3]潁川：郡名。治所在今河南許昌市。

　　[4]司農：官署名。指司農寺。掌倉儲委積，供給京都百官禄廩及朝會、祭祀供御所需之事務。

　　[5]司農卿：官名。爲司農寺長官。掌倉儲委積之政，統領太倉等署。隋初爲正三品，煬帝降爲從三品。

　　禮部尚書楊玄感潛有異志，以元淑可與共亂，遂與結交，多遺金寶。遼東之役，領將軍、典宿衛，加授光禄大夫，[1]封葛公。[2]明年，帝復征高麗，以元淑鎮臨渝。[3]及玄感作亂，其弟玄縱自帝所逃歸，路經臨渝。元淑出其小妻魏氏見玄縱，對宴極歡，因與通謀，並授玄縱賂遺。及玄感敗，人有告其事者，帝以屬吏。元淑言與玄感結婚，所得金寶則爲財娉，實無他故。魏氏復言初不受金。帝親臨問，卒無異辭。帝大怒，謂侍臣曰：“此則反狀，何勞重問！”元淑及魏氏俱斬於涿郡，籍没其家。

　　[1]光禄大夫：官名。屬散實官。煬帝大業三年廢特進，改置光禄大夫等九大夫。從一品。

　　[2]葛公：汲古閣本、殿本、庫本、中華本同，宋刻遞修本、本書卷四《煬帝紀下》、《北史》卷四一《楊玄感附趙元淑傳》均作“葛國公”。中華書局新修訂本亦作“葛國公”並出校勘記。

[3]臨渝：此指臨渝關。一説在今河北撫寧縣東榆關站，一説在今河北山海關。

斛斯政

河南斛斯政，[1]祖椿，[2]魏太保、尚書令、常山文宣王。[3]父恢，[4]散騎常侍、新蔡郡公。[5]政明悟有器幹，初爲親衛，[6]後以軍功授儀同，[7]甚爲楊素所禮。大業中，爲尚書兵曹郎。[8]政有風神，每奏事，未嘗不稱旨。煬帝悦之，漸見委信。楊玄感兄弟俱與之交。

[1]斛斯政：人名。《北史》卷四九有附傳。

[2]椿：人名。即斛斯椿，北魏大臣。傳見《魏書》卷八〇、《北史》卷四九。

[3]太保：官名。三公之一，位高無實權。正一品。　尚書令：官名。北魏初不常置，亦不掌實際政務。孝文帝改制後，尚書省權任頗重，以録尚書爲長官，尚書令爲副貳。兼掌監察百官，皆爲宰相。北魏初爲從一品上，太和中爲二品。　常山文宣王：《北史·斛斯椿傳》載其封“常山郡王”，謚號“文宣”。

[4]恢：人名。即斛斯恢，斛斯椿第二子。事見《北史·斛斯春傳》。

[5]散騎常侍：官名。爲門下省屬官，置四員，掌陪從朝直，獻納得失，實則爲閑散虛職，多用作加官。從三品。煬帝大業三年罷廢。　新蔡郡公：爵名。隋九等爵的第四等。從一品。

[6]親衛：官名。隋中央左右衛各統親衛，掌從侍衛。

[7]儀同：官名。全稱是儀同三司。隋文帝因改北周十一等勳官之制形成十一等散實官，用以酬勤勞，無實際職掌。儀同三司是

第八等，可開府置僚佐。正五品上。

　　[8]尚書兵曹郎：官名。隋煬帝改尚書省兵曹侍郎爲兵曹郎，輔兵部尚書掌全國軍衞武官選授之政令。正六品。

　　遼東之役，兵部尚書段文振卒，侍郎明雅復以罪廢，[1]帝彌屬意。尋遷兵部侍郎。于時外事四夷，軍國多務，政處斷辯速，稱爲幹理。玄感之反也，政與通謀。及玄縱等亡歸，亦政之計也。帝在遼東，將班師，窮治玄縱黨與。内不自安，遂亡奔高麗。明年，帝復東征，高麗請降，求執送政。帝許之，遂鎖政而還。至京師，以政告廟，左翊衞大將軍宇文述奏曰：“斛斯政之罪，天地所不容，人神所同忿。若同常刑，賊臣逆子何以懲肅？請變常法。”帝許之。於是將政出金光門，[2]縛政於柱，公卿百僚並親擊射，臠割其肉，多有噉者。噉後烹煮，收其餘骨，焚而揚之。

　　[1]侍郎：官名。此指兵部侍郎，隋文帝時於兵部四曹之一兵部曹置兵部侍郎一員，爲該曹長官。正六品。煬帝大業三年諸曹侍郎並改稱“郎”，又始置“侍郎”，爲尚書省下轄六部之副長官。此後，兵部侍郎纔成爲兵部副長官。協助長官兵部尚書掌全國軍衞武官選授之政令等。正四品。　　明雅：人名。事略見本書卷六五《趙才傳》、卷六八《何稠傳》。
　　[2]金光門：隋大興城西面三門之中門。

劉元進

　　餘杭劉元進，[1]少好任俠，[2]爲州里所宗。兩手各長尺餘，臂垂過膝。

　　[1]餘杭：郡名。治所在今浙江杭州市。　劉元進：人名。《北史》卷四一有附傳。

　　[2]任俠：以權威、武力、財務等幫扶弱小之士。

　　煬帝興遼東之役，百姓騷動，元進自以相表非常，陰有異志，遂聚衆，合亡命。會帝復征遼東，徵兵吳、會，[1]士卒皆相謂曰：“去年吾輩父兄從帝征者，當全盛之時，猶死亡太半，骸骨不歸；今天下已罷敝，是行也，吾屬其無遺類矣。”於是多有亡散，郡縣捕之急。既而楊玄感起於黎陽，元進知天下思亂，於是舉兵應之。三吳苦役者莫不響至，旬月衆至數萬。將渡江，而玄感敗。吳郡朱燮、晉陵管崇亦舉兵，[2]有衆七萬，共迎元進，奉以爲主。據吳郡，稱天子，燮、崇俱爲僕射，[3]署置百官。毗陵、東陽、會稽、建安豪傑多執長吏以應之。[4]

　　[1]吳、會：指吳郡和會稽郡所在地區，大約在今太湖流域、錢塘江以東地區，以及福建部分地區。

　　[2]吳郡：治所在今江蘇蘇州市。　朱燮：人名。大業九年八月聚衆起兵反隋，有衆十餘萬。後爲王世充所敗，戰死。事略見本書卷四《煬帝紀下》、卷六四《魚俱羅傳》、卷六五《吐萬緒傳》。

　　晉陵：郡名。煬帝改常州置，治所在今江蘇常州市。　管崇：人名。大業九年八月聚衆起兵反隋，有衆十餘萬。後爲王世充所敗，戰死。事略見本書《煬帝紀下》《魚俱羅傳》《吐萬緒傳》。

　　[3]僕射：官名。此爲劉元進仿隋官制所設之官。

　　〔4〕毗陵：郡名。治所在今江蘇常州市。　東陽：郡名。治所在今浙江金華市。　會稽：郡名。治所在今浙江紹興市。　建安：郡名。治所在今福建福州市。

　　帝令將軍吐萬緒、光禄大夫魚俱羅率兵討焉。[1]元進西屯茅浦，[2]以抗官軍，頻戰互有勝負。元進保曲阿，[3]與朱燮、管崇合軍，衆至十萬。緒進軍逼之。相持百餘日，爲緒所敗，保於黄山。[4]緒復破之，燮戰死，元進引趣建安，休兵養士。二將亦以師老，頓軍自守。俄而二將俱得罪，帝令江都郡丞王世充發淮南兵擊之。[5]

　　〔1〕吐萬緒：人名。傳見本書卷六五、《北史》卷七八。　魚俱羅：人名。傳見本書卷六四、《北史》卷七八。
　　〔2〕茅浦：地名。在今江蘇丹陽市東北。
　　〔3〕元進保曲阿：殿本、庫本同，宋刻遞修本、汲古閣本、中華本"保"前有"退"字。曲阿，縣名。治所在今江蘇丹陽市。
　　〔4〕黄山：一名筆格山，在今江蘇蘇州市西南。
　　〔5〕王世充：人名。傳見本書卷八五、《北史》卷七九、《舊唐書》卷五四、《新唐書》卷八五。

　　有大流星墜於江都，[1]未及地而南逝，磨拂竹木皆有聲，至吳郡而落于地。元進惡之，令掘地，入二丈，得一石，徑丈餘。後數日，失石所在。世充既渡江，元進將兵拒戰，殺千餘人，世充窘急，退保延陵柵。[2]元進遣兵，人各持茅，因風縱火。世充大懼，將棄營而遁。遇反風，火轉，元進之衆懼燒而退。世充簡銳卒掩擊，大破之，殺傷太半，自是頻戰輒敗。元進謂管崇曰：“事急矣，當以死決之。”於是出挑戰，俱爲世充所殺。其衆悉降，世充坑之於黄亭澗，[3]死者三萬人。[4]其餘黨往往保險爲盗。其後董道冲、沈法興、李子通等乘此而起，[5]戰争不息，逮於隋亡。

[1]流星：古代認爲流星出現是變亂的徵兆。

[2]延陵栅：指在延陵所結之栅。延陵，縣名。治所在今江蘇鎮江市。

[3]黄亭澗：地名。在今江蘇蘇州市附近。

[4]死者三萬人：《通鑑》卷一八二《隋紀》大業九年十二月條《考異》曰：“《略記》：‘阬其衆二十餘萬於黄亭澗，澗長數里，深闊數丈，積屍與之平。’《雜記》：‘世充貪而無信，利在子女資財，並阬所首八千餘人於黄山之下。’今從《隋書》。”

[5]董道冲：人名。隋末農民起義軍領導者。事亦見《北史》卷四一《楊玄感傳》、《太平寰宇記》卷一一二《鄂州》、《册府元龜》卷三五七《將帥部·立功》、釋道世《法苑珠林》卷二一《敬佛篇·觀佛部》。 沈法興：人名。隋任吴興郡守，義寧二年（618）起兵，自稱梁王，唐武德三年（620）爲李子通擊敗，投江而死。傳見《舊唐書》卷五六、《新唐書》卷八七。 李子通：人名。隋末農民起義軍領導者之一，大業十一年自稱楚王，主要活動於江淮地區，武德五年兵敗被殺。傳見《舊唐書》卷五六、《新唐書》卷八七。

李密

李密，[1]字法主，真鄉公衍之從孫也。[2]祖耀，[3]周邢國公。[4]父寬,[5]驍勇善戰,幹略過人,自周及隋,數經將領,至柱國、蒲山郡公,[6]號爲名將。密多籌算,才兼文武,志氣雄遠,常以濟物爲己任。

[1]李密:人名。傳另見《舊唐書》卷五三、《新唐書》卷八四,《北史》卷六〇有附傳。生平亦可見《李密墓誌》(載孫蘭風、胡海帆主編《隋唐五代墓誌匯編》河南卷第一册,天津古籍出版社1992年版)。

[2]真鄉公:爵名。全稱爲真鄉郡公,北周十一等爵的第五等。正九命。　衍:人名。即李衍。北周封真鄉公,開皇初爲安州總管。傳見本書卷五四。

[3]耀:人名。即李耀。事略見《周書》卷一五、《北史》卷六〇《李弼傳》。按,"耀"字各本及《周書·李弼傳》均同,然《北史·李弼傳》作"曜"。中華本《周書》疑"耀"當作"曜",其校勘記云:"李曜見《舊唐書》卷五三、《新唐書》卷八四《李密傳》,《文苑英華》卷九四八魏徵撰《李密墓誌銘》。祇有本書卷七〇《李密傳》、《唐書》卷七二上《宰相世系表》作'耀'。疑作'曜''暉'是。"又新出其女李麗儀墓誌亦載"父曜"(參見《崔仲方妻李麗儀誌》,載王其禕、周曉薇《隋代墓誌銘彙考》〇三五)。則作"曜"可能性更大。

[4]邢國公:《新唐書·李密傳》同,然《舊唐書·李密傳》及《李密墓誌》均作"魏國公"。

[5]寬:人名。即李寬。襲爵蒲山公。事略見《周書》卷一五、《北史》卷六〇《李弼傳》。

[6]蒲山郡公:爵名。隋九等爵的第四等。從一品。

開皇中,襲父爵蒲山公,乃散家產,賙贍親故,養客禮賢,無所愛恡。與楊玄感爲刎頸之交。後更折節,

下帷耽學，尤好兵書，誦皆在口。師事國子助教包
愷，[1]受《史記》《漢書》，勵精忘倦，愷門徒皆出其
下。大業初，授親衛大都督，[2]非其所好，稱疾而歸。

[1]國子助教：官名。隋國子學設助教，初爲五人，後改爲一
人，講授五經等課業。從七品。　包愷：人名。傳見本書卷七五、
《北史》卷八二。

[2]親衛大都督：《新唐書》卷八四《李密傳》作“左親衛府
大都督”，然《舊唐書》卷五三《李密傳》、《通鑑》卷一八六《隋
紀》大業九年四月條、《李密墓誌》均作“左親侍”。此恐爲“左
親侍”之誤。左親侍，官署名。爲翊衛所轄三侍之一，統内軍鷹揚
府宿衛。

及楊玄感在黎陽，有逆謀，陰遣家僮至京師召密，
令與弟玄挺等同赴黎陽。玄感舉兵而密至，玄感大喜，
以爲謀主。玄感謀計於密，密曰：“愚有三計，惟公所
擇。今天子出征，遠在遼外，地去幽州，懸隔千里。南
有巨海之限，北有胡戎之患，中間一道，理極艱危。今
公擁兵，出其不意，長驅入薊，[1]直扼其喉。前有高麗，
退無歸路，不過旬月，齎糧必盡。舉麾一召，其衆自
降，不戰而禽，此計之上也。又關中四塞，天府之國，
有衛文昇，[2]不足爲意。今宜率衆，經城勿攻，輕齎鼓
行，務早西入。天子雖還，失其襟帶，據險臨之，故當
必剋，萬全之勢，此計之中也。若隨近逐便，先向東
都，唐褘告之，理當固守。引兵攻戰，必延歲月，勝負
殊未可知，此計之下也。”玄感曰：“不然。公之下計，

乃上策矣。今百官家口並在東都，若不取之，安能動物？且經城不拔，何以示威？”密計遂不行。

[1]薊：地名。指今北京城西南地區。
[2]衛文昇：人名。即衛玄，字文昇。傳見本書卷六三、《北史》卷七六。

　　玄感既至東都，皆捷，自謂天下響應，功在朝夕。及獲韋福嗣，[1]又委以腹心，是以軍旅之事，不專歸密。福嗣既非同謀，因戰被執，每設籌畫，皆持兩端。後使作檄文，福嗣固辭不肯。密揣知其情，因謂玄感曰：“福嗣元非同盟，實懷觀望。明公初起大事，[2]而姦人在側，聽其是非，必爲所誤矣。請斬謝衆，方可安輯。”玄感曰：“何至於此！”密知言之不用，退謂所親曰：“楚公好反而不欲勝，如何？吾屬今爲虜矣！”後玄感將西入，福嗣竟亡歸東都。

[1]韋福嗣：人名。韋世康次子，官至內史舍人，楊玄感之亂，從衛玄戰於洛陽城北，兵敗被擒。後因爲楊玄感作檄文，被隋煬帝車裂而死。事見《北史》卷六四《韋世康傳》。
[2]明公：對有地位者的尊稱。

　　時李子雄勸玄感速稱尊號，玄感以問於密。密曰：“昔陳勝自欲稱王，[1]張耳諫而被外，[2]魏武將求九錫，[3]苟彧止而見疏。[4]今者密欲正言，還恐追蹤二子，阿諛順意，又非密之本圖。何者？兵起已來，雖復頻捷，至於郡縣，未有從者。東都守禦尚強，天下救兵益至，公當身先士衆，早定關中。乃欲急自尊崇，何示不廣也！”玄感笑而止。

　　[1]陳勝：人名。即陳涉，秦末農民起義領導者之一。《史記》卷四八有《陳涉世家》，傳見《漢書》卷三一。

　　[2]張耳：人名。西漢開國功臣之一，封趙王。傳見《史記》卷八九、《漢書》卷三二。

　　[3]魏武：指魏武帝曹操。紀見《三國志》卷一。　九錫（cì）：傳說古代帝王尊禮大臣所給的九種器物。不同典籍記九錫名目大同小異，包括車馬、衣服、樂則、朱户、納陛、虎賁、宫矢、鈇鉞、秬鬯等。王莽代漢建新前，先加九錫，此後掌政大臣奪取政權、建立新王朝前，都加九錫，成爲例行公事。

　　[4]荀彧：人名。東漢末著名謀臣，輔佐曹操統一北方。傳見《後漢書》卷七〇、《三國志》卷一〇。

　　及宇文述、來護兒等軍且至，玄感謂密曰：“計將安出？”密曰：“元弘嗣統強兵於隴右，[1]今可揚言其反，遣使迎公，因此入關，可得紿衆。”玄感遂以密謀，號令其衆，因引西入。至陝縣，[2]欲圍弘農宫，密諫之曰：“公今詐衆入西，軍事在速，況乃追兵將至，安可稽留！若前不得據關，退無所守，大衆一散，何以自全？”玄感不從，遂圍之，三日攻不能拔，方引而西。至於閿鄉，追兵遂及。

　　[1]元弘嗣：人名。傳見本書卷七四、《北史》卷八七。
　　[2]陝縣：治所在今河南陝縣。

　　玄感敗，密間行入關，與玄感從叔詢相隨，[1]匿於馮翊詢妻之舍。[2]尋爲鄰人所告，遂捕獲，囚於京兆獄。是時煬帝在高陽，與其黨俱送帝所。在途謂其徒曰："吾等之命，同於朝露，若至高陽，必爲菹醢。今道中猶可爲計，安得行就鼎鑊，不規逃避也?"衆咸然之。其徒多有金，密令出示使者曰："吾等死日，此金並留付公，幸用相瘞。其餘即皆報德。"使者利其金，遂相然許。及出關外，防禁漸弛，密請通市酒食，每謔飲喧嘩竟夕，使者不以爲意。行次邯鄲，[3]夜宿村中，密等七人皆穿牆而遁，與王仲伯亡抵平原賊帥郝孝德。[4]孝德不甚禮之，備遭饑餒，至削樹皮而食。仲伯潛歸天水，[5]密詣淮陽，[6]舍於村中，變姓名稱劉智遠，聚徒教授。經數月，密鬱鬱不得志，爲五言詩曰："金風蕩初節，玉露凋晚林。此夕窮塗士，空軫鬱陶心。眺聽良多感，慷慨獨霑襟。霑襟何所爲? 悵然懷古意。秦俗猶未平，漢道將何冀! 樊噲市井徒，[7]蕭何刀筆吏。[8]一朝時運合，萬古傳名器。寄言世上雄，虛生真可愧。"詩成而泣下數行。時人有怪之者，以告太守趙他。[9]縣捕之，密乃亡去，抵其妹夫雍丘令丘君明。[10]後君明從子懷義以告，[11]帝令捕密，密得遁去，君明竟坐死。

　　[1]詢：人名。即楊詢。事亦見《北史》卷六〇《李密傳》、《册府元龜》卷九四九《總録部·亡命》。具體事迹不詳。

　　[2]馮翊：縣名。治所在今陝西大荔縣。

　　[3]邯鄲：縣名。治所在今河北邯鄲市西南。

[4]平原：郡名。治所在今山東平原縣西南。　郝孝德：人名。隋末農民起義軍領導者之一，大業九年聚衆反隋，後投靠瓦崗軍，封平原公。事亦見本書卷七一《張須陁傳》、《舊唐書》卷五五《劉黑闥傳》、《新唐書》卷九三《李勣傳》。

[5]天水：郡名。治所在今甘肅天水市。

[6]淮陽：郡名。治所在今河南淮陽縣。

[7]樊噲市井徒：典出《史記》卷九五、《漢書》卷四一《樊噲傳》。樊噲與劉邦起義前，在市井屠狗爲生。

[8]蕭何刀筆吏：典出《史記》卷五三、《漢書》卷三九《蕭何傳》。蕭何與劉邦起義前，曾任沛縣功曹掾。

[9]趙他：人名。隋末任淮陽郡太守，其他事迹不詳。事亦見《北史·李密傳》、《新唐書》卷八四《李密傳》、《通鑑》卷一八三《隋紀》大業十二年十月條、《册府元龜》卷九四九《總録部·亡命》。按，“他”字新、舊《唐書·李密傳》作“佗”。

[10]雍丘：縣名。治所在今河南杞縣。　丘君明：人名。隋末任雍丘縣令，其他事迹不詳。事亦見《北史·李密傳》、《新唐書·李密傳》、《通鑑》卷一八三《隋紀》大業十二年十月條、《册府元龜》卷九四九《總録部·亡命》。

[11]懷義：人名。事迹不詳。事亦見《北史·李密傳》、《通鑑》卷一八三《隋紀》大業十二年十月條、《册府元龜》卷九四九《總録部·亡命》。

會東郡賊帥翟讓聚黨萬餘人，[1]密歸之，其中有知密是玄感亡將，潛勸讓害之。密大懼，乃因王伯當以策干讓。[2]讓遣説諸小賊，所至輒降下，讓始敬焉，召與計事。密謂讓曰：“今兵衆既多，糧無所出，若曠日持久，則人馬困敝，大敵一臨，死亡無日。未若直趣滎陽，[3]休兵館穀，待士馬肥充，然可與人争利。”讓從之，於是破金堤關，[4]掠滎陽諸縣，城堡多下之。滎陽太守郇王慶及通守張須陁以兵討讓。[5]讓數爲須陁所敗，聞其來，大懼，將遠避之。密曰："須陁勇而無謀，兵又驟勝，既驕且狠，可一戰而禽。公但列陣以待，保爲公破之。"讓不得已，勒兵將戰，密分兵千餘人於林木間設伏。讓與戰不利，軍稍却，密發伏自後掩之，須陁衆潰。與讓合擊，大破之，遂斬須陁於陣。讓於是令密建牙，[6]別統所部。

[1]東郡：治所在今河南滑縣東。　翟讓：人名。隋末瓦崗軍早期領導人之一，大業十三年被李密殺害。事亦見本書卷四《煬帝紀下》、卷七一《馮慈明傳》《張須陁傳》，《新唐書》卷九三《李勣傳》。

[2]王伯當：人名。隋末瓦崗軍早期領導者翟讓之學生，李密殺翟讓後，與徐世勣分領翟讓舊部。李密敗後，隨密入關，不久反唐被殺。事亦見《北史》卷六〇、《舊唐書》卷五三、《新唐書》卷八四《李密傳》。

[3]滎陽：郡名。煬帝改鄭州置，治所在今河南鄭州市。

[4]金堤關：地名。亦作金隄關。在今河南滎陽市東北古黄河南岸。按，堤，新、舊《唐書·李密傳》及《通鑑》卷一八三《隋紀》大業十二年十月條均作"隄"，《通鑑》胡三省注云："金隄關，當在滎陽界，以漢金隄名之。"

[5]郇王慶：即楊慶，襲父爵爲郇王。本書卷四三、《北史》卷七一有附傳。　通守：官名。煬帝於郡守下置通守一人，地位僅次於郡守，協掌本郡政務。品秩不詳。　張須陁：人名。傳見本書卷七一、《北史》卷八五。按，"陁"底本與汲古閣本、殿本、庫本原作"陀"，宋刻遞修本、中華本作"陁"。檢《北史·李密

傳》，新、舊《唐書・李密傳》，本書《張須陁傳》及《北史・張
須陁傳》均作“陁”。今據改。

[6]建牙：即樹立軍旗，此意指別置軍幕。牙指軍旗。

密復說讓曰：“昏主蒙塵，播揚吳、越，蝟毛競起，
海內飢荒。明公以英桀之才，而統驍雄之旅，宜當廓清
天下，誅剪群凶，豈可求食草間，常爲小盜而已！今東
都士庶，中外離心，留守諸官，政令不一，明公親率大
衆，直掩興洛倉，[1]發粟以賑窮乏，遠近孰不歸附！百
萬之衆，一朝可集，先發制人，此機不可失也。”讓曰：
“僕起隴畝之間，望不至此。必如所圖，請君先發，僕
領諸軍，便爲後殿。得倉之日，當別議之。”密與讓領
精兵七千人，以大業十三年春，出陽城，[2]北踰方山，[3]
自羅口襲興洛倉，[4]破之。開倉恣民所取，老弱繈負，
道路不絶。

[1]興洛倉：倉廩名。因其地處洛水入黃口，又名洛口倉。在
今河南鞏義市東南。隋大業二年置，倉城周圍二十餘里，有窖三千
個，每窖儲糧八百石。
[2]陽城：縣名。治所在今河南登封市東南。
[3]方山：在今河南登封市東北。
[4]羅口：長羅川口。在今河南鞏義市西南。

越王侗武賁郎將劉長恭率步騎二萬五千討密，[1]密
一戰破之，長恭僅以身免。讓於是推密爲主。密城洛口
周迴四十里以居之。房彥藻說下豫州，[2]東都大懼。讓
上密號爲魏公。密初辭不受，諸將等固請，乃從之。設

壇場，即位，稱元年，置官屬，以房彥藻爲左長史，邴元真右長史，[3]楊德方左司馬，[4]鄭德韜右司馬。[5]拜讓司徒，[6]封東郡公。[7]其將帥封拜各有差。長白山賊孟讓掠東郡，[8]燒豐都市而歸。[9]密攻下鞏縣，[10]獲縣長柴孝和，[11]拜爲護軍。[12]武賁郎將裴仁基以武牢歸密，[13]因遣仁基與孟讓率兵二萬餘人襲迴洛倉，[14]破之，燒天津橋，[15]遂縱兵大掠。東都出兵乘之，仁基等大敗，僅以身免。密復親率兵三萬逼東都，將軍段達、武賁郎將高毗、劉長恭等出兵七萬拒之，[16]戰於故都，官軍敗走，密復下迴洛倉而據之。俄而德韜、德方俱死，復以鄭頲爲左司馬，[17]鄭虔象爲右司馬。[18]

[1]劉長恭：人名。隋朝將領，隋末爲武賁郎將，義寧二年正月，隨王世充攻打李密，戰死。事亦見本書卷四《煬帝紀下》、卷五《恭帝紀》，《北史》卷一二《隋煬帝紀》、卷六〇《李密傳》，《舊唐書》卷五三《李密傳》，《新唐書》卷八四《李密傳》。

[2]房彥藻：人名。隋時人，曾任宋城縣尉，參加過楊玄感反隋，隨李密一起加入瓦崗軍。李密稱魏公，以房彥藻爲元帥左長史。武德元年被殺於衛州。事亦見《北史·李密傳》，新、舊《唐書·李密傳》。　豫州：治所在今河南洛陽市。按，大業三年煬帝改豫州爲河南郡，此時當未回改。

[3]邴元真：人名。隋時人，曾爲縣吏，與翟讓一起參加瓦崗軍，擔任掌書記。李密爲魏公，翟讓推薦爲長史。事略見《通鑑》卷一八六《唐紀》武德元年。　右長史：官名。此爲李密所置官職。

[4]楊德方：人名。具體事迹不詳，大業十三年四月戰死於洛陽。事亦見《北史·李密傳》、《新唐書·李密傳》、《通鑑》卷一

八三《隋紀》大業十二年。 左司馬：官名。此爲李密所置官職。

[5]鄭德韜：人名。具體事迹不詳，大業十三年四月戰死於洛陽。事亦見《北史·李密傳》，新、舊《唐書·李密傳》，《通鑑》卷一八三《隋紀》大業十二年。

[6]司徒：官名。此爲李密所置官職。

[7]東郡公：爵名。此爲李密所封爵名。

[8]長白山：在今山東鄒平縣西南會仙山。 孟讓：人名。隋末山東農民起義軍領導者之一。曾任隋齊郡主簿，大業九年起兵反隋，後爲隋將王世充擊敗，投奔瓦崗軍，被封齊郡公。瓦崗軍爲王世充所敗，孟讓去向不明。（參見漆俠《隋末農民起義》，上海人民出版社1954年版；王永興《隋末農民戰爭史料彙編》，中華書局1980年版） 東郡：中華本作“東都”，其校勘記云：“原作‘東郡’，據本書《煬帝紀》下、《御覽》一〇七改。”是。另據《通鑑》卷一八三《隋紀》義寧元年三月條，此當改爲“東都”。

[9]豐都市：洛陽城東市。在今河南洛陽市東。

[10]鞏縣：治所在今河南鞏義市。

[11]柴孝和：人名。隋末任鞏縣縣令，大業十三年二月投降李密，得到重用，曾勸李密先攻取長安。事亦見《北史·李密傳》，新、舊《唐書·李密傳》。

[12]護軍：官名。煬帝改護軍爲武賁郎將。

[13]裴仁基：人名。傳見本卷、《北史》卷三八。 武牢：即虎牢關。在今河南滎陽市西北。武，唐避“虎”諱改。

[14]迴洛倉：倉名。隋大業二年置，在今河南洛陽市隋洛陽故城北七里。

[15]天津橋：指隋洛陽城皇城正南洛水上之橋，在今河南洛陽市舊城西南。

[16]段達：人名。傳見本書卷八五、《北史》卷七九。 高毗：人名。隋朝將領，隨王世充鎮壓農民起義，具體事迹不詳。事略見本書卷四《煬帝紀下》、《北史》卷一二《隋煬帝紀》、《舊唐

書·李密傳》、《通鑑》卷一八七《唐紀》武德二年等。

　　[17]鄭頲：人名。隋末任監察御史，大業十三年投降李密，後又以偃師降王世充，王世充稱帝，任御史大夫。事亦見《北史·李密傳》，新、舊《唐書·李密傳》，《舊唐書》卷七一《魏徵傳》。

　　[18]鄭虔象：人名。隋末爲李密右司馬，後以偃師城降王世充。事亦見《北史》卷七九《王世充傳》，《舊唐書》卷五三《李密傳》、卷五四《王世充傳》，《新唐書》卷八四《李密傳》、卷八五《王世充傳》。按，《通鑑》卷一八三《考異》云："《隋》《唐書》皆作'虔象'，唯《壺關録》作'乾象'。"

　　柴孝和説密曰："秦地阻山帶河，西楚背之而亡，[1]漢高都之而霸。[2]如愚意者，令仁基守迴洛，翟讓守洛口，明公親簡精鋭，西襲長安，百姓孰不郊迎，必當有征無戰。既剋京邑，業固兵強，方更長驅崤、函，[3]掃蕩京、洛，傳檄指撝，天下可定。但今英雄競起，實恐他人我先，一朝失之，噬臍何及！"[4]密曰："君之所圖，僕亦思之久矣，誠爲上策。但昏主尚在，從兵猶衆，我之所部，並山東人，[5]既見未下洛陽，何肯相隨西入！諸將出於群盜，留之各競雌雄。若然者，殆將敗矣。"孝和曰："誠如公言，非所及也。大軍既未可西出，請間行觀隙。"密從之。孝和與數十騎至陝縣，山賊歸之者萬餘人。密時兵鋒甚鋭，每入苑，與官軍連戰。會密爲流矢所中，卧於營内，後數日，東都出兵擊之，密衆大潰，棄迴洛倉，歸洛口。孝和之衆聞密退，各分散而去。孝和輕騎歸密。

　　[1]西楚：此指西楚霸王項羽。紀見《史記》卷七。

[2]漢高：指漢高祖劉邦。紀見《史記》卷八、《漢書》卷一。

[3]崤、函：崤山和函谷並稱。

[4]噬臍：自嚙腹臍，喻指追悔莫及。

[5]山東：地區名。戰國、秦、漢時代，通稱華山或崤山以東爲山東。函括今河北、河南、山東等省。魏晋南北朝隋唐時期亦稱太行山以東地區爲山東。

帝遣王世充率江淮勁卒五萬來討密，密逆拒之，戰不利。柴孝和溺死於洛水，密甚傷之。世充營於洛西，與密相拒百餘日。武陽郡丞元寶藏、黎陽賊帥李文相、洹水賊帥張昇、清河賊帥趙君德、平原賊帥郝孝德並歸於密，[1]共襲破黎陽倉，據之。周法明舉江、黄之地以附密，[2]齊郡賊帥徐圓朗、任城大俠徐師仁、淮陽太守趙他等前後款附，[3]以千百數。

[1]武陽郡：煬帝改魏州置，治所在今河北大名縣。　元寶藏：人名。隋武陽郡丞，大業十三年九月投降李密，李密封以上柱國、武陽公、魏州總管，武德二年降唐。事亦見本書卷七三《魏德深傳》、卷八五《宇文化及傳》。　李文相：人名。號李商胡，隋末農民起義領導者之一，聚衆五千餘人，活動範圍以河陽中潬城爲中心。事亦見《通鑑》卷一八八。　洹水：縣名。治所在今河北魏縣西南。　張昇：人名。隋末農民起義軍領導者之一，具體事迹不詳。　清河：郡名。煬帝改貝州置，治所在今河北清河縣西北。趙君德：人名。隋末農民起義軍領導者之一，具體事迹不詳。事亦見《舊唐書》卷五三、《新唐書》卷八四《李密傳》。

[2]周法明：人名。隋任真定縣令，隋末襲據黄州，先降李密，武德四年以所據四州降唐，封黄州總管。事略見《通鑑》卷一八九、一九〇等。正史無傳。

[3]齊郡：煬帝改齊州置，治所在今山東濟南市。　徐圓朗：人名。隋大業十三年，徐圓朗以兗州爲中心聚衆反隋，擁兵二萬餘人。同年依附李密瓦崗軍，武德元年李密敗，又降王世充。傳見《舊唐書》卷五五、《新唐書》卷八六。　任城：縣名。治所在今山東濟寧市。　徐師仁：人名。隋末農民起義軍領導者，具體事迹不詳。事亦見《北史》卷六〇《李密傳》，新、舊《唐書·李密傳》。

　　翟讓所部王儒信勸讓爲大冢宰，[1]總統衆務，以奪密權。讓兄寬復謂讓曰：[2]“天子止可自作，安得與人？汝若不能作，我當爲之。”密聞其言，有圖讓之計。會世充列陣而至，讓出拒之，爲世充所擊退者數百步。密與單雄信等率精銳赴之，[3]世充敗走。讓欲乘勝進破其營，會日暮，密固止之。明日，讓與數百人至密所，欲爲宴樂。密具饌以待之，其所將左右，各分令就食。諸門並設備，讓不之覺也。密引讓入坐，有好弓，出示讓，遂令讓射。讓引滿將發，密遣壯士蔡建自後斬之，[4]殞於床下。遂殺其兄寬及王儒信，并其從者亦有死焉。讓所部將徐世勣，[5]爲亂兵所斫中，重瘡，密遽止之，僅而得免。單雄信等皆叩頭求哀，密並釋而慰諭之。於是率左右數百人詣讓本營。王伯當、邴元真、單雄信等入營，告以殺讓之意，衆無敢動者。乃令徐世勣、單雄信、王伯當分統其衆。

　　[1]王儒信：人名。翟讓之司馬，被李密殺害，其他事迹不詳。事亦見《北史》卷六〇、《舊唐書》卷五三、《新唐書》卷八四《李密傳》。　大冢宰：官名。本爲《周禮》所置天官府長官，此

爲農民起義軍所設。

[2]寬：人名。即翟寬。瓦崗軍早期領導者翟讓之兄，李密封
其爲柱國、滎陽公，後爲李密所殺。事亦見《北史·李密傳》，新、
舊《唐書·李密傳》。按，新、舊《唐書·李密傳》亦作“寬”。
然《通鑑》卷一八四《隋紀》義寧元年十一月條載“讓兄柱國滎
陽公弘”，其《考異》云：“《河洛記》作‘洪’。今從《蒲山公
傳》。”

[3]單雄信：人名。隋末唐初人，瓦崗軍著名將領，後降王世
充。王世充被李世民擊敗，單雄信亦被殺。事見新、舊《唐書·李
密傳》。

[4]蔡建：人名。事迹不詳。按，中華本校勘記云：“《通鑑》
隋義寧二年作‘蔡建德’。”檢《通鑑》卷一八四《隋紀》義寧元
年十一月戊午條有“蔡建德”。

[5]徐世勣：人名。亦稱李勣或李世勣，隋末唐初名將。傳見
《舊唐書》卷六七、《新唐書》卷九三。

未幾，世充夜襲倉城，密逆拒破之，斬武賁郎將費
青奴。[1]世充復移營洛北，南對鞏縣，其後遂於洛水造
浮橋，悉衆以擊密。密與千騎拒之，不利而退。世充因
薄其城下，[2]密簡銳卒數百人，分爲三隊出擊之。官軍
稍却，自相陷溺，死者數萬人，武賁郎將楊威、王辨、
霍世舉、劉長恭、梁德重、董智通等諸將率皆没于
陣。[3]世充僅而獲免，不敢還東都，遂走河陽。其夜雨
雪尺餘，衆隨之者，死亡殆盡。密於是修金墉故城居
之，[4]衆三十餘萬。復來攻上春門，留守韋津出拒戰，[5]
密擊敗之，執津於陣。其黨勸密即尊號，密不許。及義
師圍東都，[6]密出軍爭之，交綏而退。

　　[1]費青奴：人名。隋末任武賁郎將，曾鎮壓呂明星農民起義，義寧元年十二月戰死。事亦見本書卷四、《北史》卷一二《隋煬帝紀》。

　　[2]薄：逼近、靠近。

　　[3]楊威：人名。隋朝將領，隋末爲武賁郎將，義寧二年正月，隨王世充攻打李密，戰死。事亦見本書卷五《恭帝紀》、《北史》卷一二《隋恭帝紀》、《舊唐書》卷五三《李密傳》。　王辯：人名。隋朝將領，隋末爲武賁郎將，義寧二年正月，隨王世充攻打李密，戰死。事亦見本書《恭帝紀》、《北史・隋恭帝紀》、《舊唐書・李密傳》。按，“辯”字底本原作“辨”，其他史料均作“辯”。　霍世舉：人名。隋朝將領，隋末爲武賁郎將，義寧二年正月，隨王世充攻打李密，戰死。事亦見《北史》卷六〇《李密傳》、卷七九《王世充傳》，《舊唐書・李密傳》。按，《舊唐書・李密傳》作“霍舉”，當避唐諱所改。　梁德重：人名。隋朝將領，隋末爲武賁郎將，義寧二年正月，隨王世充攻打李密，戰死。事亦見本書《恭帝紀》、《北史・隋恭帝紀》、《北史・李密傳》、《舊唐書・李密傳》。按，本書《恭帝紀》《北史・隋恭帝紀》《舊唐書・李密傳》《冊府元龜》作“梁德”。　董智通：人名。隋朝將領，隋末爲武賁郎將，義寧二年正月，隨王世充攻打李密，戰死。事亦見本書《恭帝紀》、《北史・隋恭帝紀》、《舊唐書・李密傳》。

　　[4]金墉故城：三國魏明帝時建，在今河南洛陽市東北。

　　[5]留守：使職名。古代帝王出巡或出征時，常在京師、陪都設留守，以親王或重丞爲之。　韋津：人名。事見《北史》卷六四《韋孝寬傳》。

　　[6]義師：指唐高祖李淵的部隊。

　　俄而宇文化及殺逆，[1]率衆自江都北指黎陽，兵十餘萬。密乃自率步騎二萬拒之。會越王侗稱尊號，遣使者授密太尉、尚書令、東南道大行臺、行軍元帥、魏國公，[2]令先平化及，然後入朝輔政。密遣使報謝焉。化及與密相遇，密知其軍少食，利在急戰，故不與交鋒，又遏其歸路，使不得西。密遣徐世勣守倉城，化及攻之，不能下。密與化及隔水而語，密數之曰："卿本匈奴皂隸破野頭耳，[3]父兄子弟並受隋室厚恩，富貴累世，至妻公主，光榮隆顯，舉朝莫二。荷國士之遇者，當須國士報之，豈容主上失德，不能死諫，反因衆叛，躬行殺虐，誅及子孫，傍立支庶，擅自尊崇，欲規篡奪，污辱妃后，枉害無辜？不追諸葛瞻之忠誠，[4]乃爲霍禹之惡逆。[5]天地所不容，人神所莫祐。擁逼良善，將欲何之！今若速來歸我，尚可得全後嗣。"化及默然，俯視良久，乃瞋目大言曰："共你論相殺事，何須作書語邪？"[6]密謂從者曰："化及庸懦如此，忽欲圖爲帝王，斯乃趙高、聖公之流，[7]吾當折杖驅之耳。"

[1]宇文化及：人名。傳見本書卷八五，《北史》卷七九有附傳。

[2]太尉：官名。隋三公之一。此爲越王侗所授官職。　東南道大行臺：官名。此指東南道行臺尚書令，隋朝在道設行臺尚書省，簡稱行臺，是中央最高行政機關尚書省的派出機構。長官稱行臺尚書令，執掌道區域的大權。流內視正二品。此爲越王侗所封之官。　行軍元帥：出征軍的統帥名。根據需要臨時任命，事罷則廢。此爲越王侗所授官職。

[3]匈奴：中國古代北方少數民族之一。　破野頭：古鮮卑族

三字姓，宇文氏本姓破野頭，後改。

[4]諸葛瞻：人名。三國時諸葛亮之子，蜀國亡，瞻死之。事略見《三國志》卷三五《蜀書·諸葛亮傳》。

[5]霍禹：人名。霍光之子，漢宣帝親政，禹謀爲大逆，遂以滅族。事見《漢書》卷六八《霍光傳》。

[6]書語：書傳中之語，常含有引經據典、咬文嚼字之意。

[7]趙高：人名。趙高殺秦二世立子嬰爲秦王。事見《史記》卷六《秦始皇本紀》。　聖公：指漢末劉玄，字聖公，亦稱更始皇帝。傳見《後漢書》卷一一。

化及盛修攻具，以逼黎陽倉城，密領輕騎五百馳赴之。倉城兵又出相應，焚其攻具，經夜火不滅。密知化及糧且盡，因僞與和，以敝其衆。化及不之悟，大喜，恣其兵食，冀密饋之。會密下有人獲罪，亡投化及，具言密情，化及大怒。其食又盡，乃度永濟渠，[1]與密戰于童山之下，[2]自辰達酉。密爲流矢所中，頓於汲縣。[3]化及掠汲郡，北趣魏縣，[4]其將陳智略、張童仁等所部兵歸于密者，[5]前後相繼。初，化及以輜重留於東郡，遣其所署刑部尚書王軌守之。[6]至是，軌舉郡降密，以軌爲滑州總管。[7]密引兵而西，遣記室參軍李儉朝於東都，[8]執殺煬帝人于弘達以獻越王侗。[9]侗以儉爲司農少卿，[10]使之反命，召密入朝。密至溫縣，[11]聞世充已殺元文都、盧楚等，[12]乃歸金墉。

[1]永濟渠：隋大業四年開鑿，從今河南武陟縣南，經河南、河北、山東、天津等地至北京，長一千多公里。

[2]童山：在今河南浚縣西南。

[3]汲縣：治所在今河南衛輝市。

[4]魏縣：治所在今河北大名縣西南。

[5]陳智略：人名。本嶺南豪族，應募爲隋煬帝驍果軍將領，宇文化及弒殺隋煬帝北上途中，陳智略投降瓦崗軍。瓦崗軍敗時又投降王世充，武德三年降唐。　張童仁：人名。隋煬帝驍果軍將領，宇文化及弒殺隋煬帝北上途中投降瓦崗軍，後又降王世充。武德三年兵敗被斬於洛陽。按，本書卷八五及《北史》卷七九《宇文化及傳》與《王世充傳》作“張童兒”。

[6]王軌：人名。傳見《北史》卷六二。

[7]滑州：治所在今河南滑縣東。按，據本書《地理志》開皇十六年改杞州置，大業三年改爲東郡，此或沿用舊名。

[8]記室參軍：官名。隋王府、總管府均設有記室，掌章表書記文檄。此爲李密元帥府所置官職。　李儉：人名。隋末任李密元帥府記室參軍，其他事迹不詳。按，《全隋文》卷一九《爲越王侗別與李密書》作“司農卿”。

[9]于弘達：人名。隋末任將軍，參與宇文化及將軍宮變，其他事迹不詳。

[10]司農少卿：官名。此爲越王侗所授官職。

[11]温縣：治所在今河南温縣西南。

[12]元文都：人名。傳見本書卷七一。　盧楚：人名。傳見本書卷七一、《北史》卷八五。

世充既得擅權，乃厚賜將士，繕治器械，人心漸銳。然密兵少衣，世充乏食，乃請交易。密初難之，邴元真等各求私利，遞來勸密，密遂許焉。初，東都絶糧，人歸密者，日有數百。至此，得食，而降人益少，密方悔而止。密雖據倉，無府庫，兵數戰不獲賞，又厚撫初附之兵，於是衆心漸怨。時遣邴元真守興洛倉。元真起自微賤，性又貪鄙，宇文溫疾之，[1]每謂密曰："不殺元真，公難未已。"密不答，而元真知之，陰謀叛密。揚慶聞而告密，[2]密固疑焉。會世充悉衆來決戰，密留王伯當守金墉，自引精兵就偃師，[3]北阻邙山以待之。[4]世充軍至，令數百騎度御河，密遣裴行儼率衆逆之。[5]會日暮，暫交而退，行儼、孫長樂、程饒金等驍將十數人皆遇重瘡，[6]密甚惡之。世充夜潛濟師，詰朝而陣，密方覺之，狼狽出戰，於是敗績，與萬餘人馳向洛口。世充夜圍偃師，守將鄭頲爲其部下所翻，以城降世充。密將入洛口倉城，元真已遣人潛引世充矣。密陰知之而不發其事，因與衆謀，待世充之兵半濟洛水，然後擊之。及世充軍至，密候騎不時覺，比將出戰，世充軍悉已濟矣。密自度不能支，引騎而遁。元真竟以城降於世充。

[1]宇文溫：人名。事迹不詳。

[2]揚慶：人名。事迹不詳。

[3]偃師：縣名。治所在今河南偃師市東。

[4]邙山：亦稱北芒山，在今河南洛陽市北。按，汲古閣本、殿本、庫本作"邙山"，宋刻遞修本、中華本與底本同。

[5]裴行儼：人名。裴仁基之子，驍勇善戰，李密封爲上柱國、絳國公。事略見本卷《裴仁基傳》。

[6]孫長樂：人名。隋末瓦崗軍將領，具體事迹不詳。　程饒金：人名。即程知節，隋末瓦崗軍將領，後降唐，唐太宗李世民凌煙閣二十四功臣之一。傳見《舊唐書》卷六八、《新唐書》卷九〇。

密衆漸離，將如黎陽。人或謂密曰："殺翟讓之際，徐世勣幾至於死。今瘡猶未復，其心安可保乎？"密乃止。時王伯當棄金墉，保河陽，密以輕騎自武牢度河以歸之，謂伯當曰："兵敗矣！久苦諸君，我今自刎，請以謝衆。"衆皆泣，莫能仰視。密復曰："諸君幸不相棄，當共歸關中。密身雖愧無功，諸君必保富貴。"其府掾柳燮對曰：[1]"昔盆子歸漢，[2]尚食均輸，明公與長安宗族有疇昔之遇，雖不陪起義，然而阻東都，斷隋歸路，使唐國不戰而據京師，此亦公之功也。"衆咸曰："然。"密遂歸大唐，封邢國公，[3]拜光祿卿。[4]

[1]府掾：王公府之僚屬。　柳燮：人名。具體事迹不詳。按，《新唐書》卷八四《李密傳》作"柳奭"，誤。

[2]盆子：人名。即劉盆子，西漢末年赤眉軍領袖。傳見《後漢書》卷一一。

[3]邢國公：爵名。唐九等爵的第三等。從一品。

[4]光祿卿：官名。隋唐光祿寺長官，掌祭祀及朝會宴享酒食等供設。從三品。

裴仁基

河東裴仁基，[1]字德本。祖伯鳳，[2]周汾州刺史。[3]父定，[4]上儀同。[5]仁基少驍武，便弓馬。開皇初，爲親衛。平陳之役，先登陷陣，拜儀同，賜物千段。以本官領漢王諒府親信。煬帝嗣位，諒舉兵作亂，仁基苦諫。諒大怒，囚之於獄。及諒敗，帝嘉之，超拜護軍。數歲，改授武賁郎將，從將軍李景討叛蠻向思多於黔安，[6]以功進位銀青光禄大夫，[7]賜奴婢百口，絹五百匹。擊吐谷渾於張掖，[8]破之，加授金紫光禄大夫。[9]斬獲寇掠靺鞨，[10]拜左光禄大夫。[11]從征高麗，進位光禄大夫。[12]

[1]河東：郡名。治所在今山西永濟市西南

[2]伯鳳：人名。即裴伯鳳。具體事迹不詳。

[3]汾州：治所在今山西隰縣。

[4]定：人名。即裴定。具體事迹不詳。

[5]上儀同：勳官名。全稱爲上儀同大將軍。北周武帝置。位在儀同大將軍上，授予有軍勳的功臣及其子弟，無具體職掌。九命。

[6]李景：人名。傳見本書卷六五、《北史》卷七六。 向思多：人名。黔安夷酋帥，隋煬帝大業五年反，被隋將周法尚擊破。 黔安：郡名。煬帝改黔州置，治所在今重慶彭水苗族土家族自治縣。

[7]銀青光禄大夫：官名。屬散實官。隋文帝置特進、左右光禄大夫等，以加文武官之有德聲者，並不理事。隋初爲正三品，煬帝大業三年降爲從三品。

[8]張掖：郡名。隋大業三年改甘州置。治所大約在今甘肅張掖市。

[9]金紫光禄大夫：官名。屬散實官。隋文帝置特進、左右光禄大夫等，以加文武官之有德聲者，並不理事。因其金印紫綬，故名。隋初爲從二品，煬帝大業三年降爲正三品。

[10]靺鞨：古族名。西漢以前稱肅慎，東漢稱挹婁，南北朝以來稱勿吉，隋唐稱靺鞨。所處東至日本海，西接突厥，南界高麗，北臨室韋。大體以今吉林松花江流域爲中心，分布在東至俄羅斯濱

海邊疆區，北至黑龍江、烏蘇里江的廣大地區。分數十部，互不統一，社會發展不平衡。傳見本書卷八一、《北史》卷九四、《舊唐書》卷一九九下、《新唐書》卷二一九。

[11]左光禄大夫：官名。屬散實官。隋文帝置特進、左右光禄大夫等，以加文武官之有德聲者，並不理事。隋文帝時左、右光禄大夫皆正二品，煬帝大業三年定令，"左"爲正二品，"右"爲從二品。

[12]光禄大夫：官名。屬散實官。煬帝大業三年廢特進，改置光禄大夫等九大夫。從一品。

帝幸江都，李密據洛口，令仁基爲河南道討捕大使，[1]據武牢以拒密。及滎陽通守張須陁爲密所殺，仁基悉收其衆，每與密戰，多所斬獲。時隋大亂，有功者不録。仁基見强寇在前，士卒勞敝，所得軍資，即用分賞。監軍御史蕭懷静每抑止之，[2]衆咸怨怒。懷静又陰持仁基長短，欲有所奏劾。仁基懼，遂殺懷静，以其衆歸密。密以爲河東郡公。其子行儼，驍勇善戰，密復以爲絳郡公，甚相委昵。

[1]河南道：地區名。即在黃河中下游以南設置的特區。隋朝在戰爭中於地方置特區，範圍可包括若干州，稱"道"。 討捕大使：使職名。爲臨時差遣追捕盜賊之使職，事後即廢。

[2]監軍御史：使職名。監督軍隊將帥官員，爲臨時性差遣，隋多以御史爲之。 蕭懷静：人名。具體事迹不詳。

王世充以東都食盡，悉衆詣偃師與密決戰。密問計於諸將，仁基對曰："世充盡鋭而至，洛下必虚，可分兵守其要路，令不得東。簡精兵三萬，傍河西出，以逼東都。世充却還，我且按甲，世充重出，我又逼之。如此則此有餘力，彼勞奔命，兵法所謂‘彼出我歸，彼歸我出，數戰以疲之，多方以誤之’者也。"[1]密曰："公知其一，不知其二。東都兵馬有三不可當：器械精，一也；決計而來，二也；食盡求鬬，三也。我按甲蓄力，以觀其敝，彼求鬬不得，欲走無路，不過十日，世充之首可懸於麾下。"

[1]"彼出我歸"至"多方以誤之"：語出《左傳》昭公三十年，原文爲："彼出則歸，彼歸則出，楚必道敝。亟肆以罷之，多方以誤之。"

單雄信等諸將輕世充，皆請戰，仁基苦争不得。密難違諸將之言，戰遂大敗，仁基爲世充所虜。世充以其父子並驍鋭，深禮之，以兄女妻行儼。及僭尊號，署仁基爲禮部尚書，行儼爲左輔大將軍。[1]行儼每有攻戰，所當皆披靡，號爲"萬人敵"。世充憚其威名，頗加猜防。仁基知其意，不自安，遂與世充所署尚書左丞宇文儒童、尚食直長陳謙、秘書丞崔德本等謀反。[2]令陳謙於上食之際，持匕首以劫世充，行儼以兵應於階下，指麾事定，然後出越王侗以輔之。事臨發，將軍張童仁知其謀而告之，俱爲世充所殺。

[1]左輔大將軍：官名。此爲王世充所授之僞官，統兵將領。
[2]尚書左丞：官名。職掌佐尚書令、尚書僕射理尚書省政事。

從四品。此爲王世充所授之僞官。　宇文儒童：人名。宇文愷之子。事見本書卷六八、《北史》卷六〇《宇文愷傳》。　尚食直長：官名。隋初，門下省設尚食局，煬帝以之隸殿内省，佐長官爲奉御，掌帝王膳食等事務。正七品。此爲王世充所授之僞官。　陳謙：人名。具體事迹不詳。　秘書丞：官名。秘書省副長官，置一員，佐秘書監掌圖書經籍、天文曆法之事。正五品。此爲王世充所授之僞官。　崔德本：人名。王世充屬爲散騎常侍，謀反被殺。

　　史臣曰：古先帝王之興也，非夫至德深仁格於天地，有豐功博利，弘濟艱難，不然，則其道無由矣。自周邦不競，隋運將隆，武元、高祖並著大功於王室，[1]平南國，摧東夏，總百揆，定三方，然後變謳歌，遷寶鼎。于時匈奴驕倨，[2]勾吳不朝，[3]既争長於黄池，[4]亦飲馬於清渭。[5]高祖内綏外禦，日不暇給，委心膂於俊傑，寄折衝於爪牙，文武争馳，群策畢舉。服獫夏之虜，掃黄旗之寇，峻五岳以作鎮，環四海以爲池，厚澤被於域中，餘威震於殊俗。

　　[1]武元：指隋文帝父楊忠，開皇元年追尊爲武元皇帝，廟號太祖。傳見《周書》卷一九。

　　[2]匈奴：北方古民族，此指北方突厥族。

　　[3]勾吳：指勾踐之越國與吳國，此喻指南方政權。

　　[4]争長於黄池：典出公元前482年吳王夫差與晋定公、魯哀公等會盟於黄池，史稱“黄池之會”。黄池，一名黄亭，在今河南封丘縣西南。

　　[5]飲馬於清渭：因渭水靠近長安，此以飲馬於渭喻指威脅中央政權。渭，指渭水，今黄河中游支流渭河。

　　煬帝蒙故業，踐丕基，阻伊、洛而固嵩、函，[1]跨
兩都而總萬國。矜曆數之在己，忽王業之艱難，不務以
道恤人，將以申威海外。運拒諫之智，騁飾非之辯，耻
轍迹之未遠，忘德義之不修。於是鑿通渠，開馳道，樹
以柳杞，隱以金槌。[2]西出玉門，[3]東踰碣石，[4]塹山堙
谷，[5]浮河達海。民力凋盡，徭戍無期，率土之心，鳥
驚魚潰。方西規奄蔡，[6]南討流求，[7]親總八狄之師，屢
踐三韓之域。自以威行萬物，顧指無違，又躬爲長君，
功高曩列，寵不假於外戚，權不逮於群下，足以轠轢
軒、唐，[8]奄吞周、漢，子孫萬代，人莫能窺，振古以
來，一君而已。遂乃外疏猛士，内忌忠良，耻有盗竊之
聲，惡聞喪亂之事。出師命將，不料衆寡，兵少力屈
者，以畏懦受顯誅，竭誠克勝者，以功高蒙隱戮。或斃
鋒刃之下，或殞鴆毒之中。賞不可以有功求，刑不可以
無罪免，畏首畏尾，進退維谷。彼山東之群盗，多出厮
役之中，無尺土之資，十家之産，豈有陳涉亡秦之志，
張角亂漢之謀哉！[9]皆苦於上欲無厭，下不堪命，飢寒
交切，救死蘿蒲。[10]莫識旌旗什伍之容，安知行師用兵
之勢！但人自爲戰，衆怒難犯，故攻無完城，野無橫
陣，星離棋布，以千百數。豪傑因其機以動之，乘其勢
而用之，雖有勇敢之士，明智之將，連踵覆没，莫之能
禦。煬帝魂褫氣慴，望絶兩京，謀竄身於江湖，襲永嘉
之舊迹。[11]既而禍生轂下，釁起舟中，思早告而莫追，
唯請死而獲可。身棄南巢之野，首懸白旗之上，子孫剿
絶，宗廟爲墟。

[1]伊、洛：指伊河與洛河。

[2]金槌：鐵鑄捶擊具，此意指武力。

[3]玉門：指玉門關，在今甘肅敦煌市西北。

[4]碣石：山名。在今河北昌黎縣北。

[5]潭：挖掘。

[6]奄蔡：古族名。一作闔蘇。東漢時部分西遷至今伏爾加河、頓河下游。

[7]流求：今臺灣。按，宋刻遞修本同，汲古閣本、殿本、庫本作“琉球”。

[8]轥（lìn）轢（lì）：超過。

[9]張角：人名。漢末黄巾起義軍領袖。

[10]萑（huán）蒲：蘆葦與蒲草。按，“萑”字宋刻遞修本同，汲古閣本、殿本、庫本、中華本作“萑”。

[11]永嘉之舊迹：指西晉懷帝永嘉年間發生永嘉之亂，導致西晉滅亡。

夫以開皇之初，比於大業之盛，度土地之廣狹，料户口之衆寡，算甲兵之多少，校倉廪之虚實，九鼎之譬鴻毛，未喻輕重，培塿之方嵩岱，曾何等級！論地險則遼隧未擬於長江，語人謀則勾麗不侔於陳國。[1]高祖掃江南以清六合，煬帝事遼東而喪天下。其故何哉？所爲之迹同，所用之心異也。高祖北却强胡，南并百越，十有餘載，戎車屢動，民亦勞止，不爲無事。然其動也，思以安之；其勞也，思以逸之。是以民致時雍，師無怨讟，誠在於愛利，故其興也勃焉。煬帝嗣承平之基，守已安之業，[2]肆其淫放，虐用其民，視億兆如草芥，顧群臣如寇讎，勞近以事遠，求名而喪實。兵纏魏闕，[3]

阽危弗圖，圍解雁門，慢游不息。天奪之魄，人益其災，群盜並興，百殃俱起，自絕民神之望，故其亡也忽焉。訊之古老，考其行事，此高祖之所由興，而煬帝之所以滅者也。可不謂然乎！其隋之得失存亡，大較與秦相類。始皇并吞六國，[4]高祖統一九州，二世虐用威刑，[5]煬帝肆行猜毒，皆禍起於群盜，而身殞於匹夫。原始要終，若合符契矣。

[1]勾麗：高句麗或高麗。

[2]守：汲古閣本、殿本、庫本作“席”，宋刻遞修本、中華本與底本同。

[3]魏闕：古代宮門外兩邊高聳的樓觀，此意指朝廷。

[4]始皇：即秦始皇嬴政。紀見《史記》卷六。　六國：指戰國時期齊、楚、燕、韓、趙、魏六國。

[5]二世：秦二世胡亥。事略見《史記·始皇本紀》。

玄感宰相之子，荷國重恩，君之失得，[1]當竭股肱。未議致身，先圖問鼎，遂假伊、霍之事，[2]將肆莽、卓之心。[3]人神同疾，敗不旋踵，兄弟就菹醢之誅，先人受焚如之酷，不亦甚乎！李密遭會風雲，奪其鱗翼，思封函谷，將割鴻溝。期月之間，衆數十萬，破化及，摧世充，聲動四方，威行萬里。雖運乖天眷，事屈興王，而義協人謀，雄名克振，壯矣！然志性輕狡，終致顛覆，其度長挈大，抑陳、項之季孟歟？[4]

[1]得：宋刻遞修本、中華本作“德”，汲古閣本、殿本、庫

本與底本同。

　　［2］伊、霍：指商代伊尹與漢代霍光。

　　［3］莽、卓：西漢末王莽與東漢末董卓。

　　［4］陳、項：指秦末陳勝與項羽。

隋書　卷七一

列傳第三十六

誠節

《易》稱："聖人大寶曰位，何以守位？曰仁。"[1]又云："立人之道曰仁與義。"[2]然則士之立身成名，在乎仁義而已。故仁道不遠，則殺身以成仁；義重於生，則捐生而取義。是以龍逢投軀於夏癸，[3]比干竭節於商辛，[4]申蒯斷臂於齊莊，[5]弘演納肝於衛懿。[6]爰逮漢之紀信、欒布，[7]晋之向雄、嵇紹，[8]凡在立名之士，莫不庶幾焉。至於臨難忘身，見危授命，雖斯文不墜，而行之蓋寡，固知士之所重，信在兹乎！非夫内懷鐵石之心，外負凌霜之節，孰能安之若命，赴蹈如歸者也。皇甫誕等，[9]當擾攘之際，踐必死之機，白刃臨頸，確乎不拔，可謂歲寒貞柏，疾風勁草，千載之後，懍懍如生。豈獨聞彼伯夷，[10]愜夫立志，亦冀將來君子，有所庶幾。故掇採所聞，爲《誠節傳》。

[1]"聖人大寶"至"曰仁"：語出《易·繫辭下》。

[2]立人之道曰仁與義：語出《易·説卦》。立人，立身做人。

[3]龍逢：人名。即關龍逢，因諫爲夏桀所殺。　夏癸：即夏桀。名履癸，夏末代君王。詳見《史記》卷二《夏本紀》。

[4]比干：商紂王叔父，因屢次勸諫，被商紂王剖心而死。商辛：即商紂王，號帝辛。詳見《史記》卷三《殷本紀》。

[5]申蒯：人名。春秋時崔杼弑齊莊公，申蒯斷臂入崔杼宅爲之報仇。事見《劉向新序》。　齊莊：春秋時期齊莊公。事略見《左傳》襄公十九年至襄公二十五年。

[6]弘演：人名。春秋時，衛國爲狄所滅，衛懿公爲狄所食，惟有肝在。衛國大夫弘演前往收尸，遂剖腹納衛懿公肝而死，後以之爲忠臣典範。　衛懿：即春秋時期衛懿公。

[7]紀信：人名。因貌似劉邦，代劉邦向西楚詐降，爲項羽所殺。事見《史記》卷七《項羽本紀》、《漢書》卷三一《項籍傳》。　欒布：人名。漢初任梁國大夫，梁王彭越謀反被誅，欒布冒死哭祭，爲漢高祖所重。傳見《史記》卷一〇〇、《漢書》卷三七。

[8]向雄：人名。向雄曾入獄，鍾會從獄中辟其爲都官從事，後鍾會叛逆被誅，向雄將其殯殮。傳見《晉書》卷四八。　嵇紹：人名。晉八王之亂時，嵇紹保護晉惠帝而死。傳見《晉書》卷八九。

[9]皇甫誕：人名。傳見本卷及《北史》卷七〇。生平亦可見《皇甫誕墓碑》〔北京圖書館金石組編《北京圖書館藏中國歷代石刻拓本匯編》(11)，中州古籍出版社1989年版，第117頁〕。

[10]伯夷：人名。商臣，周滅商，因耻食周粟，餓死首陽山。傳見《史記》卷六一。

劉弘

劉弘，[1]字仲遠，彭城叢亭里人，[2]魏太常卿芳之孫也。^[3]少好學，有行檢，重節概。仕齊行臺郎中，^[4]襄城、沛郡、穀陽三郡太守，^[5]西楚州刺史。^[6]及齊亡，周武帝以爲本郡太守。^[7]尉迥之亂也，^[8]遣其將席毗掠徐、兗。^[9]弘勒兵拒之，以功授儀同、永昌太守、齊州長史。^[10]志在立功，不安佐職。平陳之役，表請從軍，以行軍長史從總管吐萬緒度江。^[11]以功加上儀同，^[12]封濩澤縣公，^[13]拜泉州刺史。^[14]

［1］劉弘：人名。傳另見《北史》卷八五。

［2］彭城：郡名。治所在今江蘇徐州市。　叢亭里：地名。相傳爲劉氏宗族故里。

［3］魏：即北魏（386—557）。初都平城（今山西大同市東北），公元494年遷都洛陽（今河南洛陽市東北白馬寺東）。公元534年分裂爲東魏和西魏兩個政權。東魏（534—550）都於鄴（今河北臨漳縣西南鄴鎮東），西魏（535—557）都於長安（今陝西西安市西北郊）。　太常卿：官名。掌邦國禮樂，郊廟祭祀等。北魏官品第三品。　芳：人名。即劉芳，北魏大臣。傳見《魏書》卷五五、《北史》卷四二。

［4］齊：即北齊（550—577），或稱高齊，都鄴（今河北臨漳縣西南鄴鎮東）。　行臺：魏晉南北朝時期尚書臺（省）臨時在外所設的分支機構。“臺”指中央尚書省，出征時於其駐地設立代表中央的臨時機構稱行臺，又稱行尚書臺或行臺省。若任職者權位特重，稱大行臺。北魏、北齊時設置漸多，成爲地方最高行政機構。

郎中：官名。行臺郎中隨權制而置員，職掌同尚書省列曹郎中。北齊品秩不詳。

［5］襄城：郡名。治所在今河南襄城市。　沛郡：治所在今江蘇沛縣。　穀陽：郡名。治所在今安徽固鎮縣西北。

［6］西楚州：郡名。治所在今安徽鳳陽縣東北。

[7]周武帝：北周皇帝宇文邕謚號。紀見《周書》卷五、六，《北史》卷一〇。

[8]尉迴：人名。即尉遲迴，北周太祖宇文泰之甥，周宣帝時任大前疑、相州總管。傳見《周書》卷二一、《北史》卷六二。

[9]席毗：人名。亦稱席毗羅，原爲北齊將領後降北周，任北周徐州總管司録，據充州，響應尉遲迴起兵反楊堅。兵敗後被于仲文斬殺。事略見本書卷五〇、《北史》卷一〇〇《李禮成傳》，《通鑑》卷一七四《陳紀》太建十二年。　徐、充：地區名。大約在今江蘇北部、山東南部地區。

[10]儀同：官名。全稱是儀同三司。隋文帝因改北周十一等勳官之制形成十一等散實官，用以酬勤勞，無實際職掌。儀同三司是第八等，可開府置僚佐。正五品上。　永昌：郡名。治所在今四川宜漢縣東北。　齊州：治所在今山東濟南市。　長史：官名。此爲州府上佐之一，佐理一州事務，開皇三年（583）改別駕爲長史。上州正五品，中州從五品、下州正六品。

[11]行軍長史：北周至隋時出征軍統帥屬下的幕府僚佐官，位居幕府内衆幕僚之首，掌領幕府行政事務。屬臨時差遣任命之職，事罷則廢。　總管：官名。全稱爲行軍總管。北周至隋時所置的統領某部或某路出征軍隊的軍事長官。根據需要其上還可置行軍元帥以統轄全局。屬臨時差遣任命之職，事罷則廢。　吐萬緒：人名。傳見本書卷六五、《北史》卷七八。

[12]上儀同：官名。全稱爲上儀同三司。隋文帝因改北周十一等勳官之制形成十一等散實官，用以酬勤勞，無實際職掌。上儀同三司是第七等，可開府置僚佐。從四品上。

[13]濩澤縣公：爵名。隋九等爵的第五等。從一品。

[14]泉州：治所在今福建福州市。

會高智慧作亂，[1]以兵攻州，弘城守百餘日，救兵不至。前後出戰，死亡太半，糧盡無所食，與士卒數百人煮犀甲腰帶，及剝樹皮而食之，一無離叛。賊知其飢餓，欲降之，弘抗節彌厲。賊悉衆來攻，城陷，爲賊所害。上聞而嘉歎者久之，賜物二千段。子長信，[2]襲其官爵。

[1]高智慧：人名。越州會稽人，隋開皇十年十一月舉兵反，後被鎮壓遭誅。事略見據本書卷二《高祖紀下》、卷三八《劉昉傳》，《通鑑》卷一七七《隋紀》開皇十年十一月條。

[2]長信：人名。即劉長信。具體事迹不詳。

皇甫誕 子無逸

皇甫誕，字玄慮，[1]安定烏氏人也。[2]祖和，[3]魏膠州刺史。[4]父璠，[5]周隋州刺史。[6]誕少剛毅，有器局。周畢王引爲倉曹參軍。[7]高祖受禪，[8]爲兵部侍郎。[9]數年，出爲魯州長史。[10]開皇中，[11]復入爲比部、刑部二曹侍郎，[12]俱有能名。遷治書侍御史，[13]朝臣無不肅憚。上以百姓多流亡，令誕爲河南道大使以檢括之。[14]及還，奏事稱旨，上甚悦，令判大理少卿。[15]明年，遷尚書右丞，[16]俄以母憂去職。[17]未期，起令視事。尋轉尚書左丞。

[1]玄慮：中華本校勘記云："洪頤煊《諸史考異》：《皇甫誕碑》作'字玄憲'。"

[2]安定：郡名。治所在今甘肅涇川縣北。　烏氏：縣名。治

所在今甘肅涇川縣北。

[3]和：人名。即皇甫和。事略見《周書》卷三九、《北史》卷七〇《皇甫璠傳》。

[4]膠州：治所在今山東諸城市。

[5]璠：人名。即皇甫璠。傳見《周書》卷三九、《北史》卷七〇。

[6]周：即北周（557—581），都長安（今陝西西安市西北）。

隋州：北周時治所在今河北隨州市。按，《周書》及《北史·皇甫璠傳》作"隨州"。考魏本隨州，因北周、北齊動蕩不安，隋文帝去"辶"作"隋"，以"辶"訓"走"故。

[7]周畢王：即北周畢剌王宇文賢。傳見《周書》卷一三、《北史》卷五八。 倉曹參軍：官名。王府屬官，爲諸曹參軍之一，掌倉儲事。其品秩依府主地位不同而異，從五品至九品不等。

[8]高祖：隋文帝楊堅的廟號。紀見本書卷一、二，《北史》卷一一。

[9]兵部侍郎：官名。隋文帝時於兵部四曹之一兵部曹置兵部侍郎一員，爲該曹長官。正六品上。煬帝大業三年（607）諸曹侍郎並改稱"郎"，又始置"侍郎"，爲尚書省下轄六部之副長官。此後，兵部侍郎纔成爲兵部副長官。協助長官兵部尚書掌全國軍衛武官選授之政令等。正四品。

[10]魯州：治所在今河南魯山縣。

[11]開皇：隋文帝楊堅年號（581—600）。

[12]比部：官名。即比部侍郎。隋尚書省都官曹（後改刑部）比部的長官，置一員，掌中央財務審計。隋初爲正六品上，開皇三年升爲從五品。煬帝大業三年改諸曹侍郎爲郎，比部侍郎遂改稱比部郎。 刑部：官名。即刑部侍郎。隋尚書省都官曹（後改刑部）刑部的長官，置一員，掌刑法、獄訟之事。隋初爲正六品上，開皇三年升爲從五品。煬帝大業三年改諸曹侍郎爲郎，刑部侍郎改爲憲部郎。

[13]治書侍御史：官名。隋御史臺副長官，實主臺務，並佐御史大夫掌彈劾百官。初爲從五品下，煬帝大業三年升爲正五品，五年又降爲從五品。

[14]河南道：特區名。在黃河中下游以南設置的特區。隋朝在戰爭中於地方置特區，範圍可包括若干州，稱"道"。 大使：使職名。爲臨時差遣巡察地方政刑苛弊之使職，事後即罷。

[15]大理少卿：官名。隋大理寺副長官，協助大理卿掌刑獄之事。正四品。

[16]尚書右丞：官名。爲尚書省屬官，與尚書左丞對置，各一人，分掌尚書都省事務，糾駁諸司文案，總判兵、刑、工三部之事。隋初爲從四品下，煬帝大業三年升爲正四品。

[17]母憂：遭逢母親喪事。古代喪服禮制規定，父母死後，子女須守喪，三年內不得做官、婚娶、赴宴、應考、舉樂，等等。

　　時漢王諒爲并州總管，[1]朝廷盛選僚佐，前後長史、司馬，[2]皆一時名士。上以誕公方著稱，拜并州總管司馬，總府政事，一以諮之，諒甚敬焉。及煬帝即位，徵諒入朝，諒用諮議王頠之謀，[3]發兵作亂。誕數諫止，諒不納。誕因流涕曰："竊料大王兵資，無敵京師者，加以君臣位定，逆順勢殊，士馬雖精，難以取勝。願王奉詔入朝，守臣子之節，必有松、喬之壽，[4]累代之榮。如更遷延，陷身叛逆，一掛刑書，爲布衣黔首不可得也。[5]願察區區之心，思萬全之計，敢以死請。"諒怒而囚之。及楊素將至，[6]諒屯清源以拒之。[7]諒主簿豆盧毓出誕於獄，[8]相與協謀，閉城拒諒。諒襲擊破之，並抗節而遇害。帝以誕亡身徇國，嘉悼者久之，下詔曰："褒顯名節，有國通規，加等飾終，抑惟令典。并州總管司馬皇甫誕，性理淹通，志懷審正，效官贊務，聲績克宣。值狂悖構禍，凶威孔熾，碓殉單誠，不從妖逆。雖幽縶寇手，而雅志彌厲，遂潛與義徒據城抗拒。衆寡不敵，奄致非命。可贈柱國，[9] 封弘義公，[10] 謚曰明。"子無逸嗣。[11]

[1]漢王諒：即隋文帝楊堅第五子楊諒，開皇元年封漢王。傳見本書卷四五、《北史》卷七一。　并州：治所在今山西太原市西南。　總管：官名。全稱是總管刺史加使持節。北周置諸州總管，隋承繼，又有增置。總管的統轄範圍可達數州至十餘州，成一軍政管轄區。隋文帝在并、益、荆、揚四州置大總管，其餘州置總管。總管分上、中、下三等，品秩爲流内視從二品、正三品、從三品。

[2]長史：官名。全稱爲并州大總管府長史。爲諸州總管府的上佐官，位居府中總管之下衆屬官之首，輔助總管統領府中政務。其品階史無明載，但隋代諸州總管府和諸州府均分爲上、中、下三等，三等州長史的品階分別爲正五品上、從五品上、正六品上，故三等總管府長史的品階亦當與三等州長史略同。而益州爲大總管府，其長史更應高於上州長史，當在正五品上以上。　司馬：官名。全稱爲并州大總管府司馬。爲諸州總管府的上佐官，協助總管統領府中軍務。其品階史無明載，但隋代諸州總管府和諸州府均分爲上、中、下三等，三等州司馬的品階分別爲正五品下、從五品下、正六品下，故三等總管府司馬的品階亦當與三等州司馬略同。而并州爲大總管府，其司馬更應高於上州司馬，當在正五品下以上。

[3]諮議：官名。即諮議參軍，王公軍府屬官。掌顧問詔對。從六品。　王頍：宋刻遞修本、汲古閣本、殿本、庫本與底本同，中華本作"王頍"。中華本校勘記云："'頍'原作'頍'，據本書《王頍傳》及《北史·皇甫誕傳》改。"檢本書卷七六《王頍傳》、

《北史》卷八四《王頍傳》及卷七〇《皇甫誕傳》，此當改作“王頍”。

〔4〕松、喬：傳説中仙人赤松子與王子喬。

〔5〕布衣黔首：指平民、普通人。

〔6〕楊素：人名。傳見本書卷四八，《北史》卷四一有附傳。

〔7〕清源：縣名。治所在今山西清徐縣。

〔8〕主簿：官名。中央及地方行政系統中均置，掌勾檢稽失，檢核文書等。此指并州總管府主簿。　豆盧毓：人名。隋初大將豆盧勣次子。本書卷三九、《北史》卷六八有附傳。

〔9〕柱國：官名。贈官。正二品。

〔10〕弘義公：爵名。全稱爲弘義郡公。隋九等爵的第四等。從一品。

〔11〕無逸：人名。即皇甫無逸。本卷、《北史》卷七〇有附傳。

　　無逸尋爲淯陽太守，[1]政甚有聲。《大業令》行，[2]舊爵例除，以無逸誠義之後，賜爵平輿侯。[3]入爲刑部侍郎，守右武衛將軍。[4]

〔1〕淯陽：郡名。治所在今河南南召縣東南。

〔2〕《大業令》：指大業三年所頒布的律令。　大業：隋煬帝楊廣年號（605—618）。

〔3〕平輿侯：爵名。隋九等爵的第六等。正二品。

〔4〕守：官制用語。指低官階署理高官階官職。　右武衛將軍：官名。左右武衛府的軍官，輔助長官左右武衛大將軍領外軍宿衛。從三品。

　　初，漢王諒之反也，州縣莫不響應，有嵐州司馬陶模、繁時令敬釗，[1]並抗節不從。

[1]嵐州：隋時治所不清，唐時治所在今山西嵐縣北嵐城。按，嵐州，屬樓煩之地。本書《地理志》載，大業四年方置樓煩郡，管下秀容縣舊置肆州，開皇十八年置忻州，大業初廢。未載嵐州建置。　陶模：人名。傳見本卷。　繁時：縣名。治所在今山西繁峙縣東北。　敬釗：人名。傳見本卷。

陶模

陶模，京兆人也。[1]性明敏，有器幹。仁壽初，[2]爲嵐州司馬。諒既作亂，刺史喬鐘葵發兵將赴逆，[3]模拒之曰：“漢王所圖不軌，公荷國厚恩，致位方伯，[4]謂當竭誠效命以答慈造，豈有大行皇帝梓宮未掩，[5]翻爲厲階！”鍾葵失色曰：“司馬反邪？”臨之以兵，辭氣不撓，葵義而釋之。軍吏進曰：“若不斬模，何以壓衆心？”於是囚之於獄，悉掠取資財，分賜黨與。及諒平，煬帝嘉之，拜開府，[6]授大興令。[7]楊玄感之反也，[8]率兵從衛玄擊之，[9]以攻進位銀青光禄大夫，[10]卒官。

[1]京兆：郡名。治所在今陝西西安市西北。

[2]仁壽：隋文帝楊堅年號（601—604）。

[3]喬鍾葵：人名。仁壽年間爲嵐州刺史，隨楊諒起兵反。事略見本書卷四五《庶人諒傳》、《北史》卷七〇《陶世模傳》。

[4]方伯：喻指商周時期一方諸侯之長，後泛指地方長官。

[5]大行皇帝：指剛死尚未定謚號的皇帝。　梓宮：皇帝所用梓木製的棺材。

[6]開府：官名。全稱是開府儀同三司。隋文帝因改北周十一等勳官之制形成十一等散實官，用以酬勤勞，無實際職掌。開府是第六等，可開府置僚佐。正四品。

[7]大興：縣名。治所在今陝西西安市。

[8]楊玄感：人名。傳見本書卷七〇、《北史》卷四一。

[9]衛玄：人名。傳見本書卷六三、《北史》卷七六。

[10]銀青光禄大夫：官名。屬散實官。隋文帝置特進、左右光禄大夫等，以加文武官之有德聲者，並不理事。隋初爲正三品，煬帝大業三年降爲從三品。

敬釗

敬釗字積善，河東蒲坂人也。[1]父元約，[2]周布憲中大夫。[3]釗仁壽中爲繁時令，甚有能名。及賊至，力戰城陷。賊帥墨弼掠其資産而臨之以兵，[4]釗辭氣不撓。弼義而止之，執送於僞將喬鍾葵所。鍾葵釋之，署爲代州總管司馬，[5]釗正色拒之，至於再三。鍾葵忿然曰："受官則可，不然當斬！"釗答曰："忝爲縣宰，遭逢逆亂，進不能保境，退不能死節，爲辱已多，何乃復以僞官相迫也？死生唯命，餘非所聞。"鍾葵怒甚，熟視釗曰："卿不畏死邪？"復將殺之。會楊義臣軍至，[6]鍾葵遽出戰，因而大敗，釗遂得免。大業三年，[7]煬帝避暑汾陽宮，[8]代州長史柳銓、司馬崔寶山上其狀，[9]付有司將加褒賞，會世基奏格而止。[10]後遷朝邑令，[11]未幾，終。

[1]河東：郡名。治所在今山西永濟市西南。　蒲坂：縣名。治所在今山西永濟市西南蒲州鎮。

[2]元約：人名。即敬元約。事略見《周書》卷三五《敬珍傳》。

[3]布憲中大夫：官名。佐秋官府大小司寇，掌憲邦之刑禁。北周正五命。

[4]墨弼：人名。僅此一見，事迹不詳。

[5]代州：治所在今山西代縣。

[6]楊義臣：人名。即尉遲義臣。傳見本書卷六三、《北史》卷七三。

[7]大業三年：諸本皆同。然本書卷三《煬帝紀上》載：大業四年夏四月丙午“起汾陽宮”，此“大業三年”恐有誤。

[8]汾陽宮：宮名。煬帝大業四年建，舊址在今山西寧武縣西南管涔山上。

[9]柳銓：人名。僅此一見，事迹不詳。　崔寶山：人名。僅此一見，事迹不詳。

[10]世基：人名。即虞世基。傳見本書卷六七、《北史》卷八三。按，殿本、庫本同，宋刻遞修本、汲古閣本、中華本即作“虞世基”。

[11]朝邑：縣名。治所在今陝西大荔縣東南朝邑鎮。

游元

游元，[1]字楚客，廣平任人，[2]魏五更明根之玄孫也。[3]父寶藏，[4]位至太守。元少聰敏，年十六，齊司徒徐顯秀引爲參軍事。[5]周武帝平齊之後，歷壽春令、譙州司馬，[6]俱有能名。開皇中，爲殿內侍御史。[7]晉王廣爲揚州總管，[8]以元爲法曹參軍，[9]父憂去職。[10]後爲内直監。[11]

[1]游元：人名。傳另見《北史》卷八五。

[2]廣平：郡名。治所在今河北鷄澤縣東南。　任：中華本校勘記云："'任'下原衍'城'字。按：《漢書·地理志下》，廣平國有任縣。至北魏，仍設此縣。《魏書·游明根傳》（元是明根代玄孫）也作'廣平任人'。今據删。"今從改。任，縣名。治所在今河北任縣東北。

[3]五更：古鄉官名。用以安置年老致仕官員，天子以父兄之禮養之。　明根：人名。即游明根。北魏孝文帝時游明根年邁表請致仕，孝文帝以爲五更，行禮辟雍。傳見《魏書》卷五五，《北史》卷三四有附傳。

[4]寶藏：人名。即游寶藏。事迹不詳。

[5]司徒：官名。三公之一。北齊正一品。　徐顯秀：人名。名穎，北齊任太尉、尚書令，封武安王。（參見山西省考古研究所、太原市文物考古研究所《太原北齊徐顯秀墓發掘簡報》，《文物》2003年第10期）

[6]壽春：縣名。治所在今安徽壽縣東南。　譙州：北周有二譙州，一是東魏武定七年（549）以西徐州改名，治所在今安徽蒙城縣，隋大業初廢；一是東魏以南譙州改名，治所在今安徽滁州市，隋開皇初改爲滁州。

[7]殿內侍御史：官名。掌糾彈殿廷儀式與百官朝班。正八品下。

[8]晋王廣：即楊廣，時爲晋王。紀見本書卷三、四，《北史》卷一二。　揚州：治所在今江蘇揚州市。

[9]法曹參軍：官名。隋公王府、總管府皆置法曹，主刑法事，長官爲參軍事。正七品上。

[10]父憂：遭逢父親喪事。亦稱"丁父艱"，參前"母

憂"條。

[11]內直監：官名。即太子內直監。東宮內直局長官，掌符璽、傘扇、几案、衣服之事。正六品下。

煬帝嗣位，遷尚書度支郎。[1]遼東之役，[2]領左驍衛長史，[3]爲蓋牟道監軍，[4]拜朝請大夫，[5]兼治書侍御史。[6]宇文述等九軍敗績，[7]帝令元按其獄。述時貴倖，其子士及又尚南陽公主，[8]勢傾朝廷。遣家僮造元，有所請屬。元不之見。他日，數述曰："公地屬親賢，腹心是寄，當咎身責己，以勸事君，乃遣人相造，欲何所道？"按之愈急，仍以狀劾之。帝嘉其公正，賜朝服一襲。

[1]尚書度支郎：官名。隋尚書度支曹有度支侍郎一人，煬帝改爲郎，掌判天下租賦多寡、物產豐約及收支出納之事。正六品。

[2]遼東：地區名。泛指遼水以東地區。因高麗國位於遼東，故此"遼東之役"指隋征伐高麗之事。

[3]左驍衛長史：官名。左驍衛府佐官之首，掌判府事。正七品。

[4]蓋牟道：特區名。以蓋牟城爲中心設置的特區。蓋牟城爲古高句麗所屬一城池。舊址一說在遼寧撫順市賓館山上，一說在瀋陽南相屯塔山上。隋朝在戰爭中於地方置特區，範圍可包括若干州，稱"道"。 監軍：使職名。監督軍隊將帥官員，爲臨時性差遣，隋多以御史爲之。

[5]朝請大夫：官名。屬散官，隋煬帝大業三年置。正五品。

[6]兼：官制用語。假職未真授之稱。

[7]宇文述：人名。傳見本書卷六一、《北史》卷七九。

[8]士及：人名。即宇文士及，隋任鴻臚少卿，後入唐，貞觀中官至中書令。傳見《舊唐書》卷六三、《新唐書》卷一〇〇。南陽公主：隋煬帝長女。傳見本書卷八〇、《北史》卷九一。

九年，奉使於黎陽督運，[1]楊玄感作逆，乃謂元曰："獨夫肆虐，天下士大夫肝腦塗地，加以陷身絕域之所，軍糧斷絕，此亦天亡之時也。我今親率義兵，以誅無道，卿意如何？"元正色答曰："尊公荷國寵靈，功參佐命，高官重禄，近古莫儔，公之弟兄，青紫交映，當謂竭誠盡節，上答鴻恩。豈意墳土未乾，親圖反噬，深爲明公不取，願思禍福之端。僕有死而已，不敢聞命。"玄感怒而囚之，屢脅以兵，竟不屈節，於是害之。帝甚嘉歎，贈銀青光禄大夫，賜縑五百匹。拜其子仁宗爲正議大夫、弋陽郡通守。[2]

[1]黎陽：此指黎陽倉。在今河南浚縣西南。

[2]仁宗：人名。即游仁宗。事亦見《北史》卷八五《游元傳》，具體事迹不詳。 正議大夫：官名。屬散官，隋煬帝大業三年置。正四品。 弋陽：郡名。治所在今河南潢川縣。 通守：官名。煬帝於郡守下置通守一人，地位僅次於郡守，協掌本郡政務。品秩不詳。

馮慈明

馮慈明，[1]字無佚，信都長樂人也。[2]父子琮，[3]仕齊官至尚書右僕射。[4]慈明在齊，以戚屬之故，年十四，

爲淮陽王開府參軍事。[5]尋補司州主簿,[6]進除中書舍
人。[7]周武平齊,授帥都督。[8]高祖受禪,開三府官,[9]
除司空司倉參軍事。[10]累遷行臺禮部侍郎。[11]晋王廣爲
并州總管,盛選僚屬,以慈明爲司士。[12]後歷吏部員外
郎,[13]兼内史舍人。[14]

[1]馮慈明:人名。《北史》卷五五有附傳。

[2]信都長樂:《北齊書》卷四〇及《北史》卷五五《馮子琮
傳》載其父馮子琮爲“長樂信都人”。檢《魏書·地形志上》:長
樂郡漢高帝置,爲信都郡,晋改。魏時長樂郡領信都縣。又本書
《地理志中》:信都郡,舊置冀州,開皇初長樂郡廢,信都郡領長樂
縣。故二者所指實爲一地,無論信都、長樂治所都在今河北冀
州市。

[3]子琮:人名。即馮子琮。北齊時人。傳見《北齊書》卷四
〇、《北史》卷五五。

[4]尚書右僕射:官名。尚書省副長官,與長官尚書令同爲宰
相。北齊從二品。

[5]淮陽王:即和士開。傳見《北齊書》卷五〇、《北史》卷
九二。 開府參軍事:官名。北齊官制加開府者置長史以下官,諸
開府列曹參軍。北齊從六品。

[6]補:官制用語。調選官吏補充某職官之缺位。 司州主簿:
官名。北齊都城鄴所在地稱司州(治所在今河北臨漳縣西南),此
爲司州府的屬官,掌本州府監印,檢核文書簿籍,勾稽缺失等事。
北齊流内視從七品。

[7]除:官制用語。拜官、授職。 中書舍人:官名。爲中書
省之舍人省屬官。置十人,掌署敕行下,宣旨勞問。北齊正六
品上。

[8]帥都督:官名。屬勳官。北周府兵制中每隊的長官均加此

勳官名。七命。

　[9]三府：即太尉、司徒、司空府。

　[10]司空司倉參軍事：官名。即司空府司倉參軍事，掌府財政、經濟事務。從六品。

　[11]行臺禮部侍郎：官名。隋朝在“道”設“行臺尚書省”，簡稱行臺，是中央最高行政機關尚書省的派出機構。禮部侍郎掌禮儀、祭祀、宴享等事務。視正六品。

　[12]司士：官名。全稱爲并州總管府司士參軍，爲州士曹行參軍。隋開皇三年改稱司士行參軍，煬帝大業三年改爲司士行書佐。掌津梁、舟車、舍宅、百工衆藝之事。上州士曹行參軍正八品上，中州從八品上，下州正九品上。

　[13]吏部員外郎：官名。開皇六年，尚書省二十四司各置員外郎一人，掌曹之籍帳，侍郎闕，則理其曹事。煬帝大業三年廢，後各司置承務郎一員行其職。品秩不詳。

　[14]内史舍人：官名。爲内史省的屬官，掌參議表章，草擬詔敕。隋初置八人，正六品上，開皇三年升爲從五品。煬帝大業三年減置四人，大業末改内史省爲内書省，内史舍人遂改稱爲内書舍人。

　　煬帝即位，以母憂去職。帝以慈明始事藩邸，後更在臺，意甚銜之，至是謫爲伊吾鎮副。[1]未之官，轉交阯郡丞。[2]大業九年，被徵入朝。時兵部侍郎斛斯政亡奔高麗，[3]帝見慈明，深慰勉之。俄拜尚書兵曹郎，[4]加位朝請大夫。十三年，攝江都郡丞事。[5]

　[1]伊吾：地名。在今新疆哈密市。　鎮副：官名。隋於軍事據點設置鎮，分上、中、下三等，長官爲鎮將，副官稱鎮副，掌捍禦防守。上鎮從五品，中鎮正六品，下鎮從六品。

　　[2]交阯：郡名。亦稱“交趾”。治所在今越南河内市。　郡
丞：官名。隋煬帝大業三年復改州爲郡，併州長史、司馬之職，置
贊治（唐諱稱贊務）一人，爲郡太守之副貳，尋又改贊治爲郡丞。
郡丞爲郡屬官之首，通判郡事。上郡從七品，中郡正八品，下郡從
八品。

　　[3]斛斯政：人名。傳見本書卷七〇，《北史》卷四九有附傳。
高麗：古國名。此時亦稱高句麗。故地在今朝鮮半島北部。傳見
本書卷八一、《北史》卷九四、《舊唐書》卷一九九上、《新唐書》
卷二二〇。

　　[4]尚書兵曹郎：官名。隋煬帝改尚書省兵曹侍郎爲兵曹郎，
輔兵部尚書掌全國軍衛武官選授之政令。正六品。

　　[5]江都：郡名。治所在今江蘇揚州市。

　　李密之逼東都也，[1]詔令慈明安集瀍、洛，[2]追兵擊
密。至鄢陵，[3]爲密黨崔樞所執。[4]密延慈明於坐，勞苦
之，因而謂曰：“隋祚已盡，區宇沸騰，吾躬率義兵，
所向無敵，東都危急，計日將下。今欲率四方之衆，問
罪於江都，卿以爲何如？”慈明答曰：“慈明直道事人，
有死而已，不義之言，非所敢對。”密不悅，冀其後改，
厚加禮焉。慈明潛使人奉表江都，及致書東都留守，論
賊形勢。密知其狀，又義而釋之。出至營門，賊帥翟讓
怒曰：[5]“爾爲使人，爲我所執，魏公相待至厚，[6]曾無
感戴，寧有畏乎？”慈明勃然曰：“天子使我來，正欲除
爾輩，不圖爲賊黨所獲。我豈從汝求活耶？欲殺但殺，
何須罵詈！”因謂群賊曰：“汝等本無惡心，因飢饉逐食
至此。官軍且至，早爲身計。”讓益怒，於是亂刀斬之。
時年六十八。梁郡通守楊汪上狀，[7]帝歎惜之，贈銀青

光禄大夫。拜其二子惇、怦俱爲尚書承務郎。[8] 王充推越王侗爲主,[9] 重贈柱國、户部尚書、昌黎郡公,[10] 謚曰壯武。

　　[1]李密：人名。傳見本書卷七〇、《舊唐書》卷五三、《新唐書》卷八四,《北史》卷六〇有附傳。　東都：此指洛陽,舊址在今河南洛陽市。

　　[2]瀍(chán)、洛：瀍河和洛河。

　　[3]鄢陵：縣名。治所在今河南鄢陵縣西北。

　　[4]崔樞：人名。隋末唐初人,後降王世充任洧州刺史,武德元年(618)降唐。

　　[5]翟讓：人名。隋末農民起義瓦崗軍早期領導人之一,大業十三年被李密殺害。事亦見本書卷四《煬帝紀下》、卷七一《馮慈明傳》《張須陁傳》,《新唐書》卷九三《李勣傳》。

　　[6]魏公：指李密。

　　[7]梁郡：煬帝大業三年改宋州置,治所在今河南商丘市。楊汪：人名。傳見本書卷五六、《北史》卷七四。

　　[8]惇、怦：皆人名。事俱不詳。　尚書承務郎：官名。煬帝大業三年廢尚書員外郎,置承務郎,掌同員外之職,即掌曹之籍帳。品秩不詳。

　　[9]王充：人名。即王世充,避唐諱省“世”字。傳見本書卷八五、《北史》卷七九、《舊唐書》卷五四、《新唐書》卷八五。越王侗：隋煬帝之孫、元德太子楊昭次子楊侗,封越王。本書卷五九、《北史》卷七一有附傳。

　　[10]户部尚書：官名。贈官。正三品。　昌黎郡公：爵名。隋九等爵的第三等。從一品。

　　　長子忱,[1] 先在東都,王充破李密,忱亦在軍中,遂遣奴負父屍柩詣東都，身不自送。未幾，又盛花燭納室。時論醜之。

[1]忱：人名。即馮忱。事見《北史》卷五五《馮慈明傳》。另據其妻墓誌，馮忱在隋官司儀丞。參《隋司儀丞馮丞故夫人叱李墓誌銘》（載王其禕、周曉薇《隋代墓誌銘彙考》四九三，綫裝書局 2007 年版）。

張須陁

張須陁，[1]弘農閿鄉人也。[2]性剛烈，有勇略。弱冠從史萬歲討西爨，[3]以功授儀同，賜物三百段。煬帝嗣位，漢王諒作亂并州，從楊素擊平之，加開府。大業中，爲齊郡丞。[4]會興遼東之役，百姓失業，又屬歲餓，穀米踴貴，須陁將開倉賑給，官屬咸曰：“須待詔敕，不可擅與。”須陁曰：“今帝在遠，遣使往來，必淹歲序。百姓有倒懸之急，如待報至，當委溝壑矣。吾若以此獲罪，死無所恨。”先開倉而後上狀，帝知之而不責也。

[1]張須陁：人名。傳另見《北史》卷八五。
[2]弘農：郡名。治所在今河南靈寶市。　閿鄉：縣名。治所在今河南靈寶市西北。
[3]史萬歲：人名。傳見本書卷五三、《北史》卷七三。　西爨：古族名。生活在今雲南東部地區。
[4]齊郡：隋煬帝改齊州置，治所在今山東濟南市。

明年，賊帥王薄聚結亡命數萬人，[1]寇掠郡境。官軍擊之，多不利。須陁發兵拒之，薄遂引軍南，轉掠魯郡。[2]須陁躡之，及于岱山之下。[3]薄恃驟勝，不設備。須陁選精銳，出其不意擊之，薄眾大潰，因乘勝斬首數千級。薄收合亡散，得萬餘人，將北度河。須陁追之，至臨邑，[4]復破之，斬五千餘級，獲六畜萬計。時天下承平日久，多不習兵，須陁獨勇決善戰。又長於撫馭，得士卒心，論者號爲名將。薄復北戰，連豆子䖫賊孫宣雅、石秪闍、郝孝德等眾十餘萬攻章丘。[5]須陁遣舟師斷其津濟，[6]親率馬步二萬襲擊，大破之，賊徒散走。既至津梁，復爲舟師所拒，前後狼狽，獲其家累輜重不可勝計，露布以聞。[7]帝大悅，優詔褒揚，[8]令使者圖畫其形容而奏之。

[1]王薄：人名。隋末山東農民起義軍領導者之一，大業七年以長白山（今山東鄒平縣南）爲據點起兵反隋，活動於今山東中部一帶。後爲隋將張須陁所敗，武德二年降唐任齊州總管。（參見漆俠《隋末農民起義》，上海人民出版社 1954 年版；王永興《隋末農民戰爭史料彙編》，中華書局 1980 年版；陶懋炳《王薄事迹考》，《湖南師院學報》1981 年第 2 期）

[2]魯郡：隋煬帝改魯州置，治所在今山東兗州市。

[3]岱山：一作岱岳，即今山東泰山。

[4]臨邑：縣名。治所在今山東濟陽縣西南。

[5]豆子䖫（gǎng）：地名。在今山東商河縣、惠民縣北。孫宣雅：人名。隋末渤海人，大業九年於豆子䖫起兵反隋，一度有眾十餘萬，主要活動於河北地區，後不知所終。　石秪闍：人名。隋末農民起義軍領導者之一，具體事迹不詳。　郝孝德：人名。隋

末農民起義軍領導者之一，大業九年聚衆反隋，後投靠瓦崗軍，封平原公。事亦見《舊唐書》卷五五《劉黑闥傳》、《新唐書》卷九三《李勣傳》。　章丘：縣名。治所在今山東章丘市西北。

［6］津濟：渡口。

［7］露布：用以告捷的軍旅文書。

［8］優詔：古代帝王用於獎掖慰勉臣下的文書。

　　其年，賊裴長才、石子河等衆二萬，[1]奄至城下，縱兵大掠。須陁未暇集兵，親率五騎與戰。賊競赴之，圍百餘重，身中數瘡，[2]勇氣彌厲。會城中兵至，賊稍却，須陁督軍復戰，長才敗走。後數旬，賊帥秦君弘、郭方預等合軍圍北海，[3]兵鋒甚銳，須陁謂官屬曰：“賊自恃强，謂我不能救，吾今速去，破之必矣。”於是簡精兵，倍道而進，賊果無備，擊大破之，斬數萬級，獲輜重三千兩。司隸刺史裴操之上狀，[4]帝遣使勞問之。

　　［1］裴長才：人名。隋末農民起義軍領導者，具體事迹不詳。石子河：人名。隋末農民起義軍領導者，具體事迹不詳。

　　［2］瘡：宋刻遞修本、汲古閣本、殿本、庫本與底本同，中華本作“創”。

　　［3］秦君弘：人名。隋末農民起義軍領導者，具體事迹不詳。郭方預：人名。隋末農民起義軍領導者，具體事迹不詳。　北海：縣名。治所在今山東濰坊市。

　　［4］司隸刺史：官名。隋煬帝大業三年始置，爲司隸臺的屬官，置十四人，掌巡察畿外。正六品。　裴操之：人名。隋末任司隸刺史，具體事迹不詳。

　　十年，賊左孝友衆將十萬，[1]屯於蹲狗山。[2]須陁列八風營以逼之，[3]復分兵扼其要害。孝友窘迫，面縛來降。其黨解象、王良、鄭大彪、李晼等衆各萬計，[4]須陁悉討平之，威振東夏。[5]以功遷齊郡通守，領河南道十二郡黜陟討捕大使。[6]俄而，賊盧明月衆十餘萬，[7]將寇河北，[8]次祝阿，[9]須陁邀擊，殺數千人。賊呂明星、帥仁泰、霍小漢等衆各萬餘，[10]擾濟北，[11]須陁進軍擊走之。

　　[1]左孝友：人名。隋末齊郡農民起義領導者，爲隋將張須陁討平。

　　[2]蹲狗山：地名。在今山東濟南附近，確址不詳。

　　[3]八風營：八風指東、東南、南、西南、西、西北、北、東北八個不同方嚮之風，此或指八個不同方嚮設營圍之。

　　[4]解象：人名。隋末齊郡農民起義領導者，具體事迹不詳。　王良：人名。隋末齊郡農民起義領導者，具體事迹不詳。　鄭大彪：人名。隋末齊郡農民起義領導者，具體事迹不詳。　李晼：人名。隋末齊郡農民起義領導者，具體事迹不詳。按，晼，宋刻遞修本、《北史》卷八五《張須陁傳》作“睆”。

　　[5]東夏：泛指古代中國東部。

　　[6]黜陟討捕大使：使職名。兼黜陟使、討捕使職權於一身，爲臨時差遣巡察地方政刑苛弊及追捕盗賊之使職，事後即罷。

　　[7]盧明月：人名。隋末農民起義軍領導者，大業十三年隊伍一度發展至四十萬人，自稱“無上王”，後爲南陽通守王世充斬殺。事略見《舊唐書》卷六八《秦叔寶傳》，《新唐書》卷八五《王世充傳》，《通鑑》卷一八二、一八三等。另參見漆俠《隋末農民起義》、王永興《隋末農民戰爭史料彙編》。

[8]河北：泛指黄河以北。

[9]祝阿：縣名。治所在今山東禹城市西南。

[10]吕明星：人名。隋末農民起義軍領導者。按，本書卷四《煬帝紀下》、《北史》卷一二《隋煬帝紀》均載：大業九年冬十月丁丑"賊帥吕明星率衆數千圍東郡，武賁朗將費青奴擊斬之"。若此，此處"大業十年"記載或有誤。故《通鑑》卷一八二《隋紀》大業九年十月丁丑條改爲"擊破之"。不知何者爲確。　帥仁泰：人名。隋末農民起義軍領導者，具體事迹不詳。　霍小漢：人名。隋末農民起義軍領導者，具體事迹不詳。

[11]濟北：泛指濟水以北。

　　尋將兵拒東郡賊翟讓，[1]前後三十餘戰，每破走之。轉滎陽通守。[2]時李密説讓取洛口倉，[3]讓憚須陁，不敢進。密勸之，讓遂與密率兵逼滎陽，須陁拒之。讓懼而退，須陁乘之，逐北十餘里。時李密先伏數千人於林木間，邀擊須陁軍，遂敗績。密與讓合軍圍之，須陁潰圍輒出，左右不能盡出，須陁躍馬入救之。來往數四，衆皆敗散，乃仰天曰："兵敗如此，何面見天子乎？"乃下馬戰死。時年五十二。其所部兵，晝夜號哭，數日不止。越王侗遣左光禄大夫裴仁基，[4]招撫其衆，移鎮武牢。[5]帝令其子元備總父兵，[6]元備時在齊郡，遇賊，竟不果行。

[1]東郡：治所在今河南滑縣東。

[2]滎陽：郡名。煬帝改鄭州置，治所在今河南鄭州市。

[3]洛口倉：倉廩名。因其地處洛水入黄口故名，又名興洛倉。在今河南鞏義市東南。隋大業二年置，倉城周圍二十餘里，有窖三

千個，每窖儲糧八百石。

　　[4]左光禄大夫：官名。屬散實官。隋文帝置特進、左右光禄大夫等，以加文武官之有德聲者，並不理事。隋文帝時左、右光禄大夫皆正二品，煬帝大業三年定令，“左”爲正二品，“右”爲從二品。　裴仁基：人名。傳見本書卷七〇、《北史》卷三八。

　　[5]武牢：虎牢關，唐避“虎”諱改。在今河南滎陽市西北。

　　[6]元備：人名。即張元備，張須陁之子。具體事迹不詳。

楊善會

　　楊善會，[1]字敬仁，弘農華陰人也。[2]父初，[3]官至毗陵太守。[4]善會，大業中爲鄃令，[5]以清正聞。俄而山東飢饉，百姓相聚爲盜，善會以左右數百人逐捕之，往皆克捷。其後賊帥張金稱衆數萬，[6]屯于縣界，屠城剽邑，郡縣莫能禦。善會率勵所領，[7]與賊搏戰，或日有數合，每挫其鋒。煬帝遣將軍段達來討金稱，[8]善會進計於達，達不能用，軍竟敗焉。達深謝善會。後復與賊戰，進止一以謀之，於是大克。金稱復引渤海賊孫宣雅、高士達等衆數十萬，[9]破黎陽而還，軍鋒甚盛。善會以勁兵千人邀擊，破之，擢拜朝請大夫、清河郡丞。[10]金稱稍更屯聚，以輕兵掠冠氏。[11]善會與平原通守楊元弘步騎數萬衆，[12]襲其本營。武賁郎將王辯軍亦至，[13]金稱釋冠氏來援，因與辯戰，不利，善會選精鋭五百赴之，所當皆靡，辯軍復振。賊退守本營，諸軍各還。

[1]楊善會：人名。傳另見《北史》卷八五。

[2]華陰：縣名。隋時治所在今陝西華陰市。

[3]初：人名。即楊初。隋時人，具體事迹不詳。

[4]毗陵：郡名。隋煬帝大業三年改常州置，治所在今江蘇常州市。

[5]鄃：縣名。治所在今山東夏津縣。

[6]張金稱：人名。隋末山東農民起義軍領導者之一，大業七年聚衆起義，十三年爲隋將楊義臣擊敗。事見本書卷四《煬帝紀下》，《新唐書》卷八五《竇建德傳》，《通鑑》卷一八一、一八二、一八三等。另參見漆俠《隋末農民起義》、王永興《隋末農民戰爭史料彙編》。

[7]率勵：亦作“率厲”，率領督促。

[8]段達：人名。傳見本書卷八五、《北史》卷七九。

[9]渤海：古郡名。治所在今山東陽信縣西南。　孫宣雅：人名。隋末渤海人，大業九年於豆子䓶起兵反隋，一度有衆十餘萬，主要活動於河北地區，後不知所終。　高士達：人名。隋末渤海人，大業七年於清河境內起義，有衆數萬人，自稱東海公，大業十二年爲隋將楊義臣擊敗被殺。

[10]清河：郡名。隋煬帝大業三年改貝州置，治所在今河北清河縣西北。

[11]冠氏：縣名。治所在今山東冠縣。

[12]平原：縣名。治所在今山東平原縣西南。　楊元弘：人名。隋末任平原通守，具體事迹不詳。

[13]武賁郎將：官名。隋煬帝大業三年改革官制，於十二衛每衛置護軍四人，掌貳將軍，尋又改護軍爲武賁郎將。正四品。　王辯：人名。傳見本書卷六四、《北史》卷七八。

于時山東思亂，從盜如市，郡縣微弱，陷没相繼。

能抗賊者，唯善會而已。前後七百餘陣，未嘗負敗，每恨衆寡懸殊，未能滅賊。會太僕楊義臣討金稱，[1]復爲賊所敗，退保臨清。[2]取善會之策，頻與決戰，賊乃退走。乘勝遂破其營，盡俘其衆。金稱將數百人遁逃，後歸漳南，[3]招集餘黨。善會追捕斬之，傳首行在所。帝賜以尚方甲矟弓劍，進拜清河通守。其年，從楊義臣斬漳南賊帥高士達，傳首江都宮，[4]帝下詔褒揚之。

[1]太僕：官名。據本書卷六三《楊義臣傳》即太僕卿。隋太僕寺長官，置一員，掌國家厩牧、車輿等事務。隋初爲正三品，煬帝大業三年降爲從三品。

[2]臨清：縣名。治所在今河北臨西縣西。

[3]漳南：縣名。治所在今河北故城縣東北。

[4]江都宮：宮名。隋煬帝置。在今江蘇揚州市西。

士達所部將竇建德，[1]自號長樂王，來攻信都。臨清賊王安阻兵數千，[2]與建德相影響。善會襲安斬之。建德既下信都，復擾清河，善會逆拒之，反爲所敗，嬰城固守。賊圍之四旬，城陷，爲賊所執。建德釋而禮之，用爲貝州刺史。[3]善會罵之曰：“老賊何敢擬議國士！恨吾力劣，不能擒汝等。我豈是汝屠酤兒輩，敢欲更相吏邪？”臨之以兵，辭氣不撓。建德猶欲活之，爲其部下所請，又知終不爲己用，於是害之。清河士庶，莫不傷痛焉。

[1]竇建德：人名。隋末反隋主力之一，唐武德元年於河北稱

帝建立夏國。傳見《舊唐書》卷五四、《新唐書》卷八五。

[2]王安：人名。隋末臨清人，農民起義軍領導者之一，具體事迹不詳。

[3]貝州：傅雲龍《隋書考證》云："按地理志無貝州，爾清河郡注後周置貝州。時建德政陷清河，故欲用善會爲貝州史也。"據此，貝州治時爲清河郡。

獨孤盛

獨孤盛，[1]上柱國楷之弟也。[2]性剛烈，有膽氣。煬帝在藩，盛以左右從，累遷爲車騎將軍。[3]及帝嗣位，以藩邸之舊，漸見親待，累轉爲右屯衛將軍。[4]宇文化及之作亂也，[5]裴虔通引兵至成象殿，[6]宿衛者皆釋仗而走。盛謂虔通曰："何物兵？形勢太異也！"虔通曰："事勢已然，不預將軍事。將軍慎無動。"盛大罵曰："老賊是何物語！"不及被甲，與左右十餘人逆拒之，爲亂兵所殺。越王侗稱制，贈光禄大夫、紀國公，[7]謚曰武節。

[1]獨孤盛：人名。《北史》卷七三有附傳。

[2]上柱國：官名。隋文帝因改北周十一等勳官之制形成十一等散實官，用以酬勤勞，無實際職掌。柱國爲第二等，可開府置僚佐。從一品。　楷：人名。即獨孤楷。傳見本書卷五五、《北史》卷七三。

[3]車騎將軍：官名。隋初爲府兵制中統領驃騎府兵的軍事副長官。正五品上。煬帝大業三年改驃騎府爲鷹揚府，車騎將軍遂改稱鷹揚副郎將，大業五年又改稱鷹擊郎將。降爲從五品。

[4]右屯衛將軍：官名。隋文帝置左右領軍府，各掌十二軍籍帳、差科、詞訟之事，不置將軍。煬帝大業三年改左右領軍府爲左右屯衛，所統軍士名御林。並各置大將軍一人，正三品；將軍各二人，從三品。

[5]宇文化及：人名。傳見本書卷八五，《北史》卷七九有附傳。

[6]裴虔通：人名。傳見本書卷八五，《北史》卷七九有附傳。
成象殿：江都宮中的宮殿名。

[7]光禄大夫：官名。贈官。從一品。　紀國公：爵名。隋九等爵的第三等。從一品。

元文都

元文都，[1]洵陽公孝矩之兄子也。[2]父孝則，[3]周小冢宰、江陵總管。[4]文都性鯁直，明辯有器幹。仕周爲右侍上士。[5]開皇初，授内史舍人，歷庫部、考功二曹郎，[6]俱有能名。擢爲尚書左丞，轉太府少卿。[7]煬帝嗣位，轉司農少卿、司隸大夫，[8]尋拜御史大夫，[9]坐事免。未幾，授太府卿，[10]帝漸任之，甚有當時之譽。

[1]元文都：人名。《北史》卷一七有附傳。

[2]洵陽公：爵名。隋九等爵的第三等。從一品。據本書卷五〇《元孝矩傳》爲“洵陽郡公”。　孝矩：人名。即元孝矩。傳見本書卷五〇。

[3]孝則：人名。即元孝則。北周末官至大司徒。《北史》卷一七有附傳。按，《北史》載元文都父名“則，字孝規”。

[4]小冢宰：官名。全稱爲小冢宰上大夫，爲天官府大冢宰卿

之下屬，置兩員。北周正六命。

[5]右侍上士：官名。北周天官府置左、右侍上士，掌御寢南門之左右。正三命。

[6]庫部：官名。即庫部侍郎。尚書省兵部所轄四曹之一庫部曹長官，置一員，掌軍器裝備及儀仗等政。隋初爲正六品上，開皇三年升爲從五品。煬帝大業三年改諸曹侍郎爲郎，庫部侍郎遂改稱庫部郎。　考功：官名。即考功侍郎。隋尚書省吏部考功曹長官，置一員，掌全國文武官員的考課和生平事迹。隋初爲正六品上，開皇三年升爲從五品。煬帝大業三年改諸曹侍郎爲郎，考功侍郎遂改稱考功郎。

[7]太府少卿：官名。太府寺副長官，協助長官太府卿掌管倉儲出納及所轄各署事。隋初置一員，正四品上。煬帝增置二員，改從四品。

[8]司農少卿：官名。隋司農寺置少卿一人，佐司農卿處埋政事。正四品。　司隸大夫：官名。隋煬帝大業三年始置司隸臺，長官爲大夫，置一人，掌諸巡察。正四品。

[9]御史大夫：官名。御史臺長官，職掌國家刑憲典章之政令，司彈劾糾察百官等。置一員。其品級，隋大業五年（此據本書《百官志下》，《唐六典》卷一三《御史臺》爲“大業八年”）前是從三品，此年降爲正四品。

[10]太府卿：官名。太府寺長官，掌庫儲出納。在大業三年（此據本書《百官志下》和《通鑑》卷一八〇《隋紀》；《唐六典》卷二二《少府監》、《通典》卷二七《少府監》爲“大業五年”）從太府寺分出少府監前，還兼管百工技巧、官府手工業。置一員。大業四年前爲正三品，此後降爲從三品。

大業十三年，[1]帝幸江都宮，詔文都與段達、皇甫無逸、韋津等同爲東都留守。[2]及帝崩，文都與達、津等共推越王侗爲帝。侗署文都爲内史令、開府儀同三司、光禄大夫、左驍衛大將軍、攝右翊衛將軍、魯國公。[3]既而宇文化及立秦王浩爲帝,[4]擁兵至彭城,所在響震。文都諷侗遣使通於李密。密於是請降,因授官爵,禮其使甚厚。王充不悦,因與文都有隙。文都知之,陰有誅充之計。侗復以文都領御史大夫,充固執而止。

[1]大業十三年:檢本書卷四《煬帝紀下》大業十二年七月:"甲子,幸江都宫,以越王侗、光禄大夫段達、太府卿元文都、檢校民部尚書韋津、右武衛將軍皇甫無逸、右司郎盧楚等總留後事。"又《北史》卷一二《隋煬帝紀》及《通鑑》所載均同。故此"大業十三年"應爲"大業十二年"之誤。

[2]韋津:人名。事見本書卷四七《韋壽傳》、《北史》卷六四《韋孝寬傳》。　東都留守:使職名。古代帝王出巡或出征時,常在京師、陪都設留守,以親王或重丞爲之。

[3]内史令:官名。内史省長官,掌皇帝詔令出納宣行,居宰相之職。隋初内史省置監、令各一人,尋廢監,置令二人。正三品。左驍衛大將軍:官名。當是"左驍騎衛大將軍"脱文。隋文帝開皇十八年置備身府,煬帝即位改左右備身府爲左右驍騎衛府。左驍騎衛大將軍是左驍騎衛的最高將領。職掌宿衛,置一員,正三品。　右翊衛將軍:隋煬帝大業三年改左右衛爲左右翊衛,職掌未變。故右衛將軍改名右翊衛將軍,是右翊衛大將軍部下,置兩員,從三品。

[4]秦王:爵名。隋九等爵的第一等。從一品。　浩:人名。隋文帝第三子秦孝王楊俊長子楊浩。本書卷四五、《北史》卷七一有附傳。

盧楚説文都曰:[1]"王充外軍一將耳,本非留守之徒，何得預吾事！且洛口之敗，罪不容誅，今者敢懷跋扈，宰制時政，此而不除，方爲國患。”文都然之，遂懷奏入殿。事臨發，有人以告充。充時在朝堂，懼而馳還含嘉城，[2]謀作亂。文都頻遣呼之，充稱疾不赴。至夜作亂，攻東太陽門而入，[3]拜於紫微觀下。[4]侗遣人謂之曰：“何爲者？”充曰：“元文都、盧楚謀相殺害，請斬文都，歸罪司寇。”侗見兵勢漸盛，度終不免，謂文都曰：“公見王將軍也。”[5]文都遷延而泣，侗遣其署將軍黃桃樹執文都以出。[6]文都顧謂侗曰：“臣今朝亡，陛下亦當夕及。”侗慟哭而遣之，左右莫不憫默。出至興教門，[7]充令左右亂斬之，諸子並見害。

[1]盧楚：人名。傳見本卷及《北史》卷八五。

[2]含嘉城：在今河南洛陽城區東北。

[3]東太陽門：東都宮城東門。

[4]紫微觀：指宮殿門闕。

[5]公見王將軍也：宋刻遞修本、汲古閣本、殿本、庫本、中華本“公”字下有一“自”。

[6]黃桃樹：人名。具體事迹不詳。

[7]興教門：東都皇宮南面三門，左曰興教。

盧楚

盧楚，[1]涿郡范陽人也。[2]祖景祚，[3]魏司空掾。[4]楚少有才學，鯁急口吃，言語澀難。大業中，爲尚書右司郎，[5]當朝正色，甚爲公卿所憚。及帝幸江都，東都官僚多不奉法，楚每存糾舉，無所迴避。

[1]盧楚：人名。傳另見《北史》卷八五。

[2]涿郡：治所在今北京城西南。　范陽：郡名。治所在今河北涿州市。

[3]景祚：人名。即盧景祚。北魏時任司空府屬官，具體事迹不詳。

[4]司空掾：司空府屬官。

[5]尚書右司郎：官名。隋煬帝大業三年，於尚書都司始置左右司郎各一人。爲尚書左右丞之副貳，掌駁正違失，署覆文書及知省內宿直等事。从五品上。

越王侗稱尊號，以楚爲內史令、左備身將軍、攝尚書左丞、右光禄大夫，封涿郡公，[1]與元文都等同心勠力以輔幼主。及王充作亂，兵攻太陽門，武衛將軍皇甫無逸斬關逃難，呼楚同去。楚謂之曰：“僕與元公有約，若社稷有難，誓以俱死，今捨去不義。”及兵入，楚匿於太官署，[2]賊黨執之，送於充所。充奮袂令斬之，於是鋒刃交下，肢體糜碎。

[1]左備身將軍：官名。煬帝大業三年改領左右府爲左右備身府，左備身將軍爲左備身府長官。

[2]太官署：官署名。隸屬光禄寺，掌供祠宴、朝會膳食。

劉子翊

劉子翊，[1]彭城叢亭里人也。父遍，[2]齊徐州司馬。[3]子翊少好學，頗解屬文，[4]性剛謇，有吏幹。仕齊殿中將軍。[5]開皇初，爲南和丞，[6]累轉秦州司法參軍事。[7]十八年，入考功，[8]尚書右僕射楊素見而異之，奏爲侍御史。[9]時永寧令李公孝四歲喪母，[10]九歲外繼，其後父更別娶後妻，至是而亡。河間劉炫以無撫育之恩，[11]議不解任。子翊駁之曰：

[1]劉子翊：人名。傳另見《北史》卷八五。

[2]遍：人名。即劉遍。北齊時任徐州司馬，具體事迹不詳。

[3]徐州：治所在今江蘇徐州市。

[4]屬（zhǔ）文：撰著文辭。

[5]殿中將軍：官名。掌殿内宿衛。北齊正八品上。

[6]南和丞：官名。全稱爲南和縣丞，爲一縣通判官，佐縣令長處理政務。上縣從八品，中縣正九品，下縣從九品。

[7]秦州：治所在今甘肅天水市。　司法參軍事：官名。掌一州司法審判事務。上州從七品，中州正八品，下州從八品。

[8]考功：官署名。尚書省吏部曹有考功司。

[9]侍御史：官名。隋御史臺設侍御史八人，掌糾彈百僚，推按獄訟。從七品。

[10]永寧：縣名。治所在今廣東電白縣東北。　李公孝：人名。隋時任永寧縣令，具體事迹不詳。

[11]河間：郡名。治所在今河北河間市。　劉炫：人名。傳見本書卷七五、《北史》卷八二。

《傳》云：“繼母如母，與母同也。”[1]當以配父之尊，居母之位，齊杖之制，皆如親母。又“爲人後者，爲其父母期”。[2]報期者，[3]自以本生，非殊親之與繼也。

父雖自處傍尊之地，於子之情，猶須隆其本重。是以令
云：[4]“爲人後者，爲其父母並解官，申其心喪。[5]父卒
母嫁，爲父後者雖不服，亦申心喪。其繼母嫁不解官。”
此專據嫁者生文耳。將知繼母在父之室，則制同親母。
若謂非有撫育之恩，同之行路，何服之有乎？服既有
之，心喪焉可獨異？三省令旨，[6]其義甚明。今言令許
不解，何其甚謬！且後人者爲其父母期，未有變隔以
親、繼，[7]親、繼既等，[8]故知心喪不殊。《服問》
云：[9]“母出，[10]則爲繼母之黨服。”豈不以出母族絶，
推而遠之，繼母配父，引而親之乎？子思曰：[11]“爲伋
也妻，是爲白也母。不爲伋也妻，是不爲白也母。”[12]
定知服以名重，[13]情因父親，所以聖人敦之以孝慈，弘
之以名義。[14]是使子以名服，同之親母，繼以義報，等
之己生。

[1]繼母如母，與母同也：語出《儀禮·喪禮》。原文爲：“繼
母如母。傳曰：繼母何以如母？繼母之配父與因母同。故孝子不敢
殊也。”

[2]爲人後者，爲其父母期：語出《儀禮·喪禮》。原文爲：
“爲人後者，爲其父母報。”

[3]報：《册府元龜》卷五八四《掌禮部·奏議》及《北史》
卷八五《劉子翊傳》作“服”。中華本《北史》校勘記云：“《儀
禮·喪禮》原文云：‘爲人後者，爲其父母報。’疑此當作‘爲人
後者，爲其父母報，報期者’。”可作一說。

[4]令：此指隋唐時期法律形式（律、令、格、式）之一，
《唐六典》云：“令以設範立制。”

[5]心喪：指無喪服或釋服後之懷念，如守喪。

[6]三省：指隋代中央尚書、中書、門下三省。

[7]親、繼：此指親母與繼母。中華本此標點作“親繼”。

[8]繼：《册府元龜》卷五八四《掌禮部·奏議》無此字。

[9]《服問》：《禮記》篇名之一。

[10]出：指被休。

[11]子思：即孔子弟子原憲，字子思。事見《史記》卷六七《仲尼弟子列傳》。

[12]“爲伋也妻”至“是不爲白也母”：典出《禮記·檀弓》。伋，人名。孔子嫡孫孔伋，字子思。白，人名。孔子曾孫孔白，字子上。

[13]定：《册府元龜》卷五八四《掌禮部·奏議》作“實”。

名：名義。

[14]弘：《册府元龜》卷五八四《掌禮部·奏議》作“和”。

如謂繼母之來，在子出之後，[1]制有淺深者，考之經傳，未見其文。譬出後之人，所後者初亡，後之者始至，此復可以無撫育之恩而不服重乎？[2]昔長沙人王毖，[3]漢末爲上計詣京師，[4]既而吴、魏隔絶，[5]毖於内國更娶，[6]生子昌。[7]毖死後爲東平相，[8]始知吴之母亡，便情繫居重，不攝職事。于時議者，不以爲非。然則繼母之與前母，於情無別。若要以撫育始生服制，王昌復何足云乎？又晋鎮南將軍羊祜無子，[9]取弟子伊爲子。[10]祜薨，伊不服重，祜妻表聞，伊辭曰：“伯生存養己，伊不敢違。然無父命，故還本生。”尚書彭權議：[11]“子之出養，必由父命，無命而出，是爲叛子。”於是下詔從之。然則心服之制，[12]不得緣恩而生也。

［1］子出：指過繼給他人做兒子。

［2］復：《册府元龜》卷五八四《掌禮部·奏議》作“後”。《北史》卷八五《劉子翊傳》原作“後”，中華本據《隋書》改爲“復”。　服重：指父母喪之孝服。

［3］長沙：郡名。治所在今湖南長沙市。　王毖：人名。東漢三國時人，三國魏任給事黃門侍郎，事略見《晋書·禮志中》、《通典》卷八九《禮·後妻子爲前母服議》。

［4］上計：秦漢時地方官於年終將境內户口、賦税、盗賊、獄訟等項編造計簿，遣吏逐級上報，奏呈朝廷，借資考績。

［5］吴：此指三國吴國屬地。　魏：此指三國魏國屬地。

［6］內國：指中原地區。按，內國即中國，隋避“忠”諱改。《册府元龜》卷五八四《掌禮部·奏議》作“同國”。

［7］昌：人名。即王昌。事亦見《晋書·禮志中》、《通典》卷八九《禮·後妻子爲前母服議》。

［8］東平：地名。此指東平國，西漢置，西晋移治今山東東平縣西北。　相：漢晋時期王國最高行政長官，相當於郡太守。

［9］鎮南將軍：官名。西晋四鎮將軍之一，置一人。第二品。羊祜：人名。魏晋時著名大臣。傳見《晋書》卷三四。

［10］伊：人名。即羊伊，羊祜前母兄羊發次子。事略見《晋書·羊祜傳》。

［11］彭權：人名。據《通典》卷二一《職官·侍中》載：“晋武帝時，彭權爲侍中。”按，底本原作“彭禮”，宋刻遞修本、汲古閣本、中華本、《北史·劉子翊傳》及《册府元龜》卷五八四《掌禮部·奏議》作“彭權”。今據改。

［12］心服：服心喪，指不穿孝服而內心哀悼。

論云：“禮者稱情而立文，[1]仗義而設教。”[2]還以此義，諭彼之情。稱情者，稱如母之情，仗義者，仗爲子之義。名義分定，[3]然後能尊父順名，崇禮篤敬。苟以母養之恩始成母子，則恩由彼至，[4]服自己來，則慈母如母，[5]何得待父命？又云：“繼母、慈母，本實路人，臨己養己，同之骨血。”若如斯言，子不由父，縱有恩育，得如母乎？其慈、繼雖在三年之下，而居齊期之上，禮有倫例，服以稱情。繼母本以名服，豈藉恩之厚薄也。至於兄弟之子猶子也，私昵之心實殊，禮服之制無二。彼言“以”輕“如”重，自以不同。此謂如重之辭，即同重法，若使輕重不等，何得爲“如”？律云“准枉法”者，但准其罪，“以枉法論”者，即同真法。律以弊刑，禮以設教，“准”者准擬之名，“以”者即真之稱。“如”“以”二字，義用不殊，禮律兩文，所防是一。將此明彼，足見其義，取譬伐柯，[6]何遠之有。

[1]立文：制定禮儀文字。
[2]設教：實施教化。
[3]名義：《北史》卷八五《劉子翊傳》無此二字。
[4]至：《册府元龜》卷五八四《掌禮部·奏議》作“主”。
[5]慈母：古稱撫育自己成長之庶母。
[6]伐柯：指取法於人之意。典出《詩·豳風·伐柯》。

又論云：“取子爲後者，將以供承祧廟，[1]奉養己身，不得使宗子歸其故宅，[2]以子道事本父之後妻也。”然本父後妻，因父而得母稱，若如來旨，本父亦可無心喪乎？何直父之後妻。論又云：“《禮》言舊君，[3]其尊豈復君乎？已去其位，非復純臣，須言‘舊’以殊之。

別有所重，非復純孝，^[4]故言‘其’已見之。^[5]目以其
父之文，是名異也。”此又非通論。何以言之？“其”
“舊”訓殊，所用亦別，“舊”者易新之稱，“其”者因
彼之辭，安得以相類哉？至如《禮》云：“其父析薪，
其子不克負荷。”^[6]《傳》云：“衛雖小，其君在焉。”^[7]
若其父而有異，其君復有異乎？斯不然矣，斯不然矣。

    [1]祧廟：祖廟。
    [2]宗子：指宗法制度中繼承人，一般爲嫡長子。
    [3]《禮》：指《儀禮》《周禮》《禮記》三書合稱。
    [4]純：《册府元龜》卷五八四《掌禮部·奏議》作“己”。
    [5]已：《册府元龜》卷五八四《掌禮部·奏議》作“以”。
    [6]其父析薪，其子不克負荷：此句喻指子承父業。
    [7]衛雖小，其君在焉：語出《左傳》定公九年。

    今炫敢違禮乖令，侮聖干法，使出後之子，無情於
本生，名義之分，有虧於風俗。徇飾非於明世，^[1]强媒
蘗於禮經，^[2]雖欲揚己露才，不覺言之傷理。

    [1]徇：《册府元龜》卷五八四《掌禮部·奏議》作“狥”。中
華本《北史·劉子翊傳》校勘記云：“《通志》卷一六六《劉子翊
傳》‘徇’作‘苟’，疑是。”　世：《册府元龜》卷五八四《掌禮
部·奏議》作“時”。
    [2]媒蘗：亦作“媒孽”，原指酒母，後喻指誣陷。　禮經：
講禮節之經典，常指《儀禮》而言。

    事奏，竟從子翊之議。

　　仁壽中，爲新豐令，[1]有能名。大業三年，除大理正，[2]甚有當時之譽。擢授治書侍御史，每朝廷疑議，子翊爲之辯析，多出衆人意表。從幸江都。值天下大亂，帝猶不悟，子翊因侍切諫，由是忤旨，令子翊爲丹陽留守。[3]尋遣於上江督運，[4]爲賊吳棊子所虜。[5]子翊說之，因以衆首。[6]復遣領首賊清江。[7]遇煬帝被殺，賊知而告之。子翊弗信，斬所言者。賊又欲請以爲主，子翊不從。群賊執子翊至臨川城下，[8]使告城中，云“帝已崩”。子翊反其言，於是見害，時年七十。

　　[1]新豐：縣名。治所在今陝西臨潼縣東北。

　　[2]大理正：官名。掌參議刑獄，評議科條，通判大理寺事務。正六品。

　　[3]丹陽：郡名。治所在今江蘇南京市。

　　[4]上江：今安徽省舊時別稱，長江由安徽流入江蘇，江蘇稱下江，安徽爲上江。

　　[5]吳棊子：人名。具體事迹不詳。

　　[6]首：《北史》卷八五《劉子翊傳》作“降”。參李慈銘《隋書札記》。

　　[7]領首賊清江：《北史·劉子翊傳》作“首領賊渡江”。參李慈銘《隋書札記》。

　　[8]臨川：縣名。治所在今江西撫州市臨川區西。

　　堯君素

　　堯君素，[1]魏郡湯陰人也。[2]煬帝爲晋王時，君素以左右從。及嗣位，累遷鷹擊郎將。[3]大業之末，盜賊蜂起，人多流亡，君素所部獨全。後從驍衛大將軍屈突通拒義兵於河東。[4]俄而通引兵南遁，以君素有膽略，署領河東通守。義師遣將呂紹宗、韋義節等攻之，[5]不剋。

[1]堯君素：人名。傳另見《北史》卷八五。

[2]魏郡：治所在今河南安陽市。　湯陰：縣名。治所在今河南湯陰縣西南。

[3]鷹擊郎將：官名。隋煬帝改中央十二衛車騎將軍爲鷹揚副郎將，大業五年又改爲鷹擊郎將。從五品。《北史·堯君素傳》、《通鑑》卷一八四《隋紀》義寧元年九月條、《册府元龜》卷三七三《將帥部·忠第四》作“鷹揚郎將”。

[4]屈突通：人名。隋唐名將，參與鎮壓楊玄感叛亂及隋末農民起義，後降唐，爲貞觀時凌煙閣二十四功臣之一。傳見《舊唐書》卷五九、《新唐書》卷八九。

[5]呂紹宗：人名。唐初大將，具體事迹不詳。　韋義節：人名。唐初曾任吏部侍郎，後爲虞州刺史，率部擊堯君素於蒲州，攻之不克，爲獨孤懷恩所代。

及通軍敗，至城下呼之。君素見通，歔欷流涕，悲不自勝，左右皆哽咽，通亦泣下霑衿，[1]因謂君素曰：“吾軍已敗，義旗所指，莫不響應。事勢如此，卿當早降，以取富貴。”君素答曰：“公當爪牙之寄，爲國大臣，主上委公以關中，代王付公以社稷，[2]國祚隆替，懸之於公。奈何不思報效，以至於此。縱不能遠慚主上，公所乘馬，即代王所賜也，公何面目乘之哉！”通曰：“吁！君素，我力屈而來。”君素曰：“方今力猶未屈，何用多言。”通慚而退。時圍甚急，行李斷絕，君素乃爲木鵝，置表於頸，具論事勢，浮之黄河，沿流而下。河陽守者得之，[3]達于東都。越王侗見而歎息，於是承制拜君素爲金紫光禄大夫，[4]密遣行人勞苦之。監門直閣龐玉、武衛將軍皇甫無逸前後自東都歸義，[5]俱造城下，爲陳利害。大唐又賜金券，[6]待以不死。君素卒無降心。其妻又至城下謂之曰："隋室已亡，天命有屬，君何自苦，身取禍敗。"君素曰："天下事非婦人所知。"引弓射之，應弦而倒。

[1]衿：宋刻遞修本、中華本與底本同，汲古閣本、殿本、庫本、《北史》卷八五《堯君素傳》及《册府元龜》卷三七三《將帥部·忠第四》作"襟"。

[2]代王：即隋恭帝楊侑。紀見本書卷五、《北史》卷一二。

[3]河陽：地名。在今河南孟津縣東。

[4]金紫光禄大夫：官名。屬散實官。隋文帝置特進、左右光禄大夫等，以加文武官之有德聲者，並不理事。因其金印紫綬，故名。隋初爲從二品，煬帝大業三年降爲正三品。

[5]監門直閣：官名。隋設左右監門衛，掌門禁與守衛之事，煬帝於左右監門府各置直閣六人。正五品。　龐玉：人名。隋末任監門直閣、銀青光禄大夫，隨王世充攻李密，王世充敗，率萬餘騎降唐，官至監門大將軍。事亦可見其子龐立墓誌（載劉文《陝西新見隋朝墓誌》四三《大隋左親侍龐府君之墓誌銘并序》，三秦出版社 2018 年版）。

[6]金券：鐵券的美稱，帝王賜於臣下免死的信物。

君素亦知事必不濟，然要在守死不易，每言及國家，未嘗不歔欷。嘗謂將士曰："吾是藩邸舊臣，累蒙獎擢，至於大義，不得不死。今穀支數年，食盡此穀，足知天下之事。必若隋室傾敗，天命有歸，吾當斷頭以付諸君也。"時百姓苦隋日久，及逢義舉，人有息肩之望。然君素善於統領，下不能叛。歲餘，頗得外生口，城中微知江都傾覆。又糧食乏絶，人不聊生，男女相食，衆心離駭。白虹降於府門，[1]兵器之端，夜皆光見。月餘，君素爲左右所害。

[1]白虹：此指月光通過空中小水滴時所形成的白色弧形光帶。古天文以白虹主兵，有流血事發生。

陳孝意

河東陳孝意，[1]少有志尚，弱冠，以貞介知名。大業初，爲魯郡司法書佐，[2]郡内號爲廉平。太守蘇威嘗欲殺一囚，[3]孝意固諫，至於再三，威不許。孝意因解衣，請先受死。良久，威意乃解，謝而遣之，漸加禮敬。及威爲納言，奏孝意爲侍御史。後以父憂去職，居喪過禮，有白鹿馴擾其廬，時人以爲孝感之應。未期，起授雁門郡丞。[4]在郡菜食齋居，朝夕哀臨，每一發聲，未嘗不絶倒，柴毁骨立，見者哀之。于時政刑日紊，長吏多贓污，孝意清節彌厲，發姦擿伏，動若有神，吏民稱之。

[1]陳孝意：人名。傳另見《北史》卷八五。
[2]司法書佐：官名。煬帝改州諸曹參軍事爲郡書佐，司法書

佐即州司法參軍事，掌一郡司法事務。視從八品至視從九品。

[3]蘇威：人名。傳見本書卷四一、《北史》卷六三有附傳。

[4]雁門：郡名。隋煬帝大業三年改代州置，治所在今山西代縣西北。

煬帝幸江都，馬邑劉武周殺太守王仁恭，[1]舉兵作亂。孝意率兵與武賁郎將王智辯討之，[2]戰於下館城，[3]反爲所敗。武周遂轉攻傍郡，百姓凶凶，將懷叛逆。前郡丞楊長仁、雁門令王確等，[4]並桀黠，爲無賴所歸，謀應武周。孝意陰知之，族滅其家，郡中戰慄，莫敢異志。俄而武周引兵來攻，孝意拒之，每致克捷。但孤城獨守，外無聲援，孝意執志，誓以必死。每遣使江都，道路隔絕，竟無報命。孝意亦知帝必不反，每每旦暮向詔敕庫俯伏流涕，悲動左右。圍城百餘日，糧盡，爲校尉張倫所殺，[5]以城歸武周。

[1]馬邑：郡名。治所在今山西朔州市。　劉武周：人名。隋末群雄之一，以馬邑爲中心，依附突厥，圖謀帝業。傳見《舊唐書》卷五五、《新唐書》卷八六。　王仁恭：人名。傳見本書卷六五、《北史》卷七八。

[2]王智辯：人名。隋末爲虎賁郎將，大業十三年二月爲劉武周擊敗斬殺。

[3]下館城：亦名陰館城，古城在今山西代縣西北。

[4]王確：人名。隋末爲雁門縣令，具體事迹不詳。

[5]校尉：官名。隋鷹揚府之下設團，長官稱校尉。正六品。張倫：人名。隋末爲鷹揚府校尉，具體事迹不詳。《北史》卷八五《陳孝意傳》作“張世倫”。

張季珣

京兆張季珣，[1]父祥，少爲高祖所知，其後引爲丞相參軍事。開皇中，累遷并州司馬。仁壽末，漢王諒舉兵反，遣其將劉建略地燕、趙。[2]至井陘，[3]祥勒兵拒守，建攻之，復縱火燒其郭下。祥見百姓驚駭，其城側有西王母廟，祥登城望之再拜，號泣而言曰："百姓何罪，致此焚燒！神其有靈，可降雨相救。"言訖，廟上雲起，須臾驟雨，其火遂滅。士卒感其至誠，莫不用命。城圍月餘，李雄援軍至，[4]賊遂退走。以功授開府，歷汝州刺史、靈武太守，[5]入爲都水監，[6]卒官。

[1]張季珣：人名。傳另見《北史》卷八五。

[2]劉建：人名。漢王楊諒部將，隨楊諒反，後爲周羅睺擊敗梟首。事亦略見本書卷七〇《裴仁基傳》及《劉德墓誌》（載王其褘、周曉薇《隋代墓誌銘彙考》三四九）。 燕、趙：此指戰國時期燕國和趙國地區，約在今河北北部及山西西部一帶。

[3]井陘：關名。又名土門關。在今河北井陘縣西北井陘山上。

[4]李雄：即本書所載李子雄，《北史》亦稱李雄。傳見本書卷七〇、《北史》卷七四。

[5]汝州：隋大業二年改伊州置，治所在今河南汝州市東。靈武：郡名。隋大業三年置，治所在今寧夏靈武市西南。

[6]都水監：官名。仁壽改都水臺爲監，長官亦稱都水監，掌川澤、津梁、陂池之政。從五品。

季珣少慷慨，有志節。大業末，爲鷹擊郎將，[1]其府據箕山爲固，[2]與洛口連接。及李密、翟讓攻陷倉城，遣人呼之。季珣罵密極口，密怒，遣兵攻之，連年不能克。時密衆數十萬在其城下，季珣四面阻絶，所領不過數百人，而執志彌固，誓以必死。經三年，[3]資用盡，樵蘇無所得，撤屋而爨，[4]人皆穴處，季珣撫巡之，一無離叛。糧盡，士卒羸病不能拒戰，遂爲所陷。季珣坐聽事，顔色自若，密遣兵禽送之。群賊曳季珣令拜密，季珣曰："吾雖爲敗軍之將，猶是天子爪牙之臣，何容拜賊也！"密壯而釋之。翟讓從之求金不得，遂殺之，時年二十八。

[1]鷹擊郎將：《北史》卷八五《張季珣傳》作"鷹揚郎將"。

[2]箕山：約在今河南登封市東南。

[3]三年：《通鑑》卷一八四《隋紀》義寧元年九月條引《河洛記》云：自三月至九月。《考異》曰："按密明年已降唐，安得三年攻守箕山之事。"

[4]爨：音 cuàn。

其弟仲琰，[1]大業末爲上洛令。[2]及義兵起，率吏人城守，部下殺之以歸義。仲琰弟琮，[3]爲千牛左右，[4]宇文化及之亂遇害。季珣家素忠烈，兄弟俱死國難，論者賢之。

[1]仲琰：人名。即張仲琰。《北史》卷八五有附傳。

[2]上洛：縣名。治所在今陝西商洛市商州區。

[3]琮：人名。即張琮。《北史》卷八五有附傳。《北史》作

“張幼琮”。

[4]千牛左右：官名。隋初於左右領左右府置千牛備身十二人，掌供御弓箭，執千牛御刀侍衛皇帝左右。正六品下。煬帝大業三年改左右領左右府爲左右備身府，千牛備身則改名爲千牛左右，其職掌未變，員額增至十六人。正六品。

松贇

北海松贇，[1]性剛烈，重名義，爲石門府隊正。[2]大業末，有賊楊厚擁徒作亂，[3]來攻北海縣，贇從郡兵討之。贇輕騎覘賊，爲厚所獲，厚令贇謂城中云，郡兵已破，宜早歸降。贇僞許之。既至城下，大呼曰：“我是松贇，爲官軍覘賊，邂逅被執，非力屈也。今官軍大來，並已至矣，賊徒寡弱，旦暮擒剪，不足爲憂。”賊以刀築贇口，引之而去，毆擊交下。贇罵厚曰：“老賊何敢致辱賢良，禍自及也！”言未卒，賊已斬斷其腰。城中望之，莫不流涕扼腕，銳氣益倍。北海卒完。煬帝遣戶曹郎郭子賤討厚，[4]破之，以贇亡身殉節，嗟悼不已，上表奏之。優詔褒揚，贈朝散大夫、本郡通守。[5]

[1]松贇：人名。傳另見《北史》卷八五。《北史》作“杜松贇”。

[2]石門府隊正：官名。隋府兵一隊之長官。從九品。

[3]楊厚：人名。事亦見《北史·杜松贇傳》。

[4]戶曹郎：官名。隋煬帝改尚書省戶曹侍郎爲戶曹郎，掌全國戶口等事。正六品。　郭子賤：人名。具體事迹不詳。

[5]朝散大夫：官名。贈官。正四品，煬帝改爲從五品。

　　史臣曰：古人以天下至大，方身則小，生爲重矣，比義則輕。然則死有重於太山，[1]生以理全者也，[2]生有輕於鴻毛，死與義合者也。然死不可追，生無再得，故處不失節，所以爲難矣。楊諒、玄感、李密反形已成，凶威方熾，皇甫誕、游元、馮慈明臨危不顧，視死如歸，可謂勇於蹈義矣。獨孤盛、元文都、盧楚、堯君素豈不知天之所廢，人不能興，甘就菹醢之誅，[3]以徇忠貞之節。雖功未存於社稷，力無救於顛危，然視彼苟免之徒，貫三光而洞九泉矣。須陀、善會有溫序之風，子翊、松贇蹈解楊之烈。國家昏亂有忠臣，誠哉斯言也。

　　[1]太山：泰山。
　　[2]生以理全：生與義理相合。
　　[3]菹（zū）醢（hǎi）：把人剁爲肉醬的酷刑。

隋書　卷七二

列傳第三十七

孝義

　　《孝經》云："夫孝，天之經也，地之義也，人之行也。"[1]《論語》云："君子務本，本立而道生。孝悌也者，其爲仁之本與！"[2]《呂覽》云："夫孝，三皇、五帝之本務，萬事之綱紀也。執一術而百善至，百邪去，天下順者，其唯孝乎！"[3]然則孝之爲德至矣，其爲道遠矣，其化人深矣。故聖帝明王行之於四海，則與天地合其德，與日月齊其明。諸侯卿大夫行之於國家，則永保其宗社，長守其禄位。匹夫匹婦行之於閭閻，[4]則播徽烈於當年，揚休名於千載。此皆資純至以感物，故聖哲之所重。

　　[1]"夫孝"至"人之行也"：語出《孝經・三才章》。
　　[2]"君子務本"至"仁之本與"：語出《論語・學而》。
　　[3]"夫孝"至"其唯孝乎"：語出《呂氏春秋・孝行》。三

皇，遠古傳説中的三位帝王。所指説法不一。五帝，上古傳説中的五位帝王。説法不一。

[4]閭閻：泛指民間。

田翼、郎方貴等，[1]闕稽古之學，無俊偉之才，並能任其自然，情無矯飾。篤於天性，勤其四體，竭股肱之力，盡愛敬之心，自足膝下之歡，忘懷軒冕之貴。不言之化，人神通感。雖或位登台輔，爵列王侯，禄積萬鍾，馬踰千駟，死之日，曾不得與斯人之徒隸齒。孝之大也，不其然乎！故述其所行，爲《孝義傳》。

[1]田翼：人名。傳另見《北史》卷八四。 郎方貴：人名。傳見本書本卷及《北史》卷八五。

陸彦師

陸彦師，[1]字雲房，魏郡臨漳人。[2]祖希道，[3]魏定州刺史。[4]父子彰，[5]中書監。[6]彦師少有行檢，爲邦族所稱。長而好學，解屬文。[7]魏襄城王元旭引爲參軍事。[8]以父艱去職，[9]哀毀殆不勝喪。與兄卬廬於墓次，[10]負土成墳。公卿重之，多就墓側存問，晦朔之際，車馬不絶。

[1]陸彦師：人名。《北史》卷二八有附傳。
[2]魏郡：治所在今河北臨漳縣西南。 臨漳：縣名。治所在今河北臨漳縣西南。

[3]希道：人名。即陸希道，北魏人。官至涇州刺史，贈定州刺史。《魏書》卷四〇、《北史》卷二八有附傳。

[4]魏：即北魏（386—557）。初都平城（今山西大同市東北），公元494年遷都洛陽（今河南洛陽市東北白馬寺東）。公元534年分裂爲東魏和西魏兩個政權。東魏（534—550）都於鄴（今河北臨漳縣西南鄴鎮東），西魏（535—557）都於長安（今陝西西安市西北郊）。　定州：治所在今河北定州市。

[5]子彰：人名。即陸子彰，官至中書監。《魏書》卷四〇、《北史》卷二八有附傳。

[6]中書監：官名。掌撰詔命，典作文書，記會時事。東魏從二品。

[7]屬（zhǔ）文：撰著文辭。

[8]襄城王：據《魏書》卷一九下《景穆十二王列傳》全稱爲襄城郡王。　元旭：人名。東魏宗室，武帝末年位大司馬。事見《魏書·景穆十二王列傳》。　參軍事：官名。全稱爲襄城郡王府參軍事，王府屬官。魏官品第七品。

[9]父艱：遭逢父親喪事。古代喪服禮制規定，父母死後，子女須守喪，三年内不得做官、婚娶、赴宴、應考、舉樂，等等。

[10]卬：人名。即陸卬。傳見《北齊書》卷三五，《北史》卷二八有附傳。

齊文宣聞而嘉歎，[1]旌表其閭，號其所住爲孝終里。中書令河間邢卲表薦之，[2]未報，彭城王浟爲司州牧，[3]召補主簿。[4]後歷中外府東閣祭酒。[5]兄卬當襲父始平侯，[6]以彦師昆弟中最幼，表讓封焉。彦師固辭而止。時稱友悌孝義，總萃一門。遷中書舍人，[7]尋轉通直散騎侍郎。[8]每陳使至，必令高選主客，彦師所接對者，前後六輩。歷中書、黄門侍郎，[9]以不阿宦者，遇讒，出爲中山太守，[10]有惠政。數年，徵爲吏部郎中。[11]周武平齊，[12]授載師下大夫。[13]宣帝時，[14]轉少納言，[15]賜爵臨水縣男，[16]奉使幽、薊。[17]

[1]齊文宣：北齊文宣帝高洋。紀見《北齊書》卷四、《北史》卷七。

[2]中書令：官名。北齊中書省設監、令各一人，管司王言，及司進御之音樂。正三品。　河間：郡名。治所在今河北河間市。　邢邵：人名。字子才，北魏至北齊時人。以文學知名，官至中書監。傳見《北齊書》卷三六，《北史》卷四三有附傳。《北齊書》《北史》本傳載爲“中書監”，未載“中書令”。

[3]彭城王：爵名。北齊十五等爵的第一等。正一品。　浟：人名。即高浟，北齊高祖高歡第五子。傳見《北齊書》卷一〇、《北史》卷五一。另有墓誌出土（見葉煒、劉秀峰《墨香閣藏北朝墓誌》，上海古籍出版社 2016 年版，第 250 頁）。　司州牧：官名。京都鄴城所在地司州最高行政長官，因其地位有別於諸州刺史，故特稱“牧”，例由宗室諸王任之。北齊爲從二品。

[4]補：官制用語。調選官吏補充某職官之缺位。　主簿：官名。北齊都城鄴縣所在地稱司州（治所在今河北臨漳縣西南），此爲司州府的屬官，掌本州府監印，檢核文書簿籍，勾稽缺失等事。北齊流內視從七品。

[5]中外府：官署名。北齊爲“都督中外諸軍事府”簡稱。東閣祭酒：官名。北齊三師、二大、三公等府均置東、西閣祭酒，掌接對賢良，導引賓客。北齊正七品。

[6]始平侯：爵名。北齊十五等爵的第七等。從二品。

[7]中書舍人：官名。爲中書省之舍人省屬官。置十人，掌署敕行下，宣旨勞問。北齊正六品上。

[8]通直散騎侍郎：官名。北齊集書省設六人，掌諷議左右，

從容獻納，不典事。北齊從五品上。

[9]中書黃門侍郎："中書侍郎"與"黃門侍郎"二職官名，中華本"中書"與"黃門"之間未加點讀。中書侍郎，官名。北齊中書省設侍郎四人，佐監、令管司王言。北齊從四品上。黃門侍郎，官名。即給事黃門侍郎。北齊門下省設六人，與侍中同掌獻納諫正及司進御之職。北齊正四品上。

[10]中山：郡名。治所在今河北定州市。

[11]吏部郎中：官名。北齊尚書省吏部曹設郎中二人，掌褒崇、選補等事。北齊正四品上。

[12]周武：即北周武帝宇文邕。紀見《周書》卷五、六，《北史》卷一〇。　齊：即北齊（550—577），或稱高齊，都鄴（今河北臨漳縣西南鄴鎮東）。

[13]載師下大夫：官名。掌任土之法，辨夫家田里之數，會六畜車乘之稽，審賦役斂弛之節，制畿疆修廣之域，頒施會之要，審牧產之政。北周正四命。（參見王仲犖《北周六典》卷三《地官府第八》，中華書局1979年版，第100頁）

[14]宣帝：即北周宣帝宇文贇。紀見《周書》卷七、《北史》卷一〇。

[15]少納言：官名。即納言少大夫，掌貳納言中大夫之政，侍從皇帝左右。北周正四命。（參見王仲犖《北周六典》卷二《天官府第七》，第60頁）

[16]臨水縣男：爵名。北周十一等爵的第十等。正五命。（參見王仲犖《北周六典》卷八《封爵第十九》，第556頁）

[17]幽、薊：幽州（治所在今北京城西南）和薊州（治所在今北京城西南）地區。

俄而高祖爲丞相，[1]彥師遇疾，請假還鄴。[2]尉迥將爲亂，[3]彥師微知之，遂委妻子，潛歸長安。[4]高祖嘉之，授内史下大夫，[5]拜上儀同。[6]高祖受禪，拜尚書左丞，[7]進爵爲子。[8]彦師素多病，未幾，以務劇疾動，乞解所職，有詔聽以本官就第。歲餘，轉吏部侍郎。[9]隋承周制，官無清濁，[10]彦師在職，凡所任人，頗甄別於士庶，論者美之。後復以病出爲汾州刺史，[11]卒官。

[1]高祖：隋文帝楊堅廟號。紀見本書卷一、二，《北史》卷一一。　丞相：官名。此爲"左大丞相"或"大丞相"簡稱。北周靜帝大象二年（580）置左、右大丞相，以宗室親王宇文贊爲右大丞相，但僅有虛名；以外戚楊堅爲左大丞相，總攬朝政。旋又去左右之號，獨以楊堅爲大丞相。實爲控制北周朝廷的權臣。

[2]鄴：地名。在今河北臨漳縣西南鄴鎮東。

[3]尉迴：人名。尉遲迴，北周太祖宇文泰之甥，周宣帝時任大前疑、相州總管。傳見《周書》卷二一、《北史》卷六二。

[4]長安：地名，北周都城所在地。在今陝西西安市西北郊。

[5]内史下大夫：官名。全稱爲小内史下大夫，亦簡稱小内史。北周初爲春官府内史曹的次官，周宣帝大象元年增置内史上大夫爲該曹長官，原長官内史中大夫退居副貳，小内史下大夫遂退爲屬官。其職掌是協助該曹長官撰寫皇帝詔令，參議刑罰爵賞及軍國大事，並修撰國史及起居注。北周置二員，正四命。（參見王仲犖《北周六典》卷四《春官府第九》，第174頁）

[6]上儀同：勳官名。全稱爲上儀同大將軍。北周武帝置。位在儀同大將軍上，授予有軍勳的功臣及其子弟，無具體職掌。九命。

[7]尚書左丞：官名。職掌佐尚書令、尚書僕射理尚書省政事。從四品。

[8]子：爵名。隋九等爵的第八等。正四品下。

[9]吏部侍郎：官名。隋文帝時於吏部四曹之一吏部曹置吏部

侍郎一員，爲該曹長官。正六品上。煬帝大業三年諸曹侍郎並改稱"郎"，又始置"侍郎"，爲尚書省下轄六部之副長官。正四品。此後，吏部侍郎纔成爲吏部副長官，協助長官吏部尚書掌全國文職官員銓選等政令。

[10]清濁：指清官與濁官。魏晉以來，職官有清濁之分：凡職閑位高且升遷迅捷之官，謂之"清官"；凡職冗位卑且升遷遲緩之官，則謂之"濁官"。清官祇能由高門士族擔任，而寒門庶族則祇能擔任濁官，兩者區分甚嚴。南北朝後期至隋唐時，統治者力圖打破這種士庶清濁之別，而士族則極力維護之。

[11]汾州：治所在今陝西宜川縣東北。

田德懋

田德懋，[1]觀國公仁恭之子也。[2]少以孝友著名。開皇初，[3]以父軍功賜爵平原郡公，[4]授太子千牛備身。[5]丁父艱，哀毀骨立，廬於墓側，負土成墳。上聞而嘉之，遣員外散騎侍郎元志就弔焉。[6]復降璽書曰："皇帝謝田德懋。知在窮疾，哀毀過禮，倚廬墓所，負土成墳。朕孝理天下，思弘名教，復與汝通家，情義素重，有聞孝感，嘉歎兼深。春日暄和，氣力何似？宜自抑割，以禮自存也。"并賜縑二百匹，米百石。復下詔表其門閭。後歷太子舍人、義州司馬。[7]大業中，[8]爲給事郎、尚書駕部郎，[9]卒官。

[1]田德懋：人名。《北史》卷六五有附傳。
[2]觀國公：爵名。隋九等爵的第三等。從一品。　仁恭：人名。即田仁恭。傳見本書卷五四，《北史》卷六五有附傳。

[3]開皇：隋文帝楊堅年號（581—600）。

[4]平原郡公：爵名。隋九等爵的第四等。從一品。

[5]太子千牛備身：官名。隋東宮左右内率府置八人，掌執千牛刀宿衛侍從太子。正七品下。隋煬帝大業三年改稱爲司仗左右。

[6]員外散騎侍郎：官名。屬散官，隋門下省置六人，掌部從朝直，並出使勞問。正五品上。　元志：人名。具體事迹不詳。

[7]太子舍人：官名。隋東宮典書坊置八人，掌令書表啓之事。從六品下。　義州：隋大業二年改中州置，治所在今河南信陽市。司馬：官名。隋州僚屬之一，開皇三年改治中爲司馬，名義上紀綱衆務，通判列曹，實無具體職任。上州正五品，中州從五品，下州正六品。

[8]大業：隋煬帝楊廣年號（605—618）。

[9]給事郎：官名。隋文帝開皇六年於尚書省吏部置給事郎，爲散官番直，無具體職掌。正八品上。煬帝大業三年罷吏部給事郎，而取其名於門下省另置給事郎四人，位在黃門侍郎之下，掌省讀奏案。從五品。此爲後者。　尚書駕部郎：官名。隋尚書省兵部駕部曹長官，隋初爲駕部侍郎，大業三年改爲駕部郎，掌車乘、廐牧馬政及傳驛之政。正六品。

薛濬

薛濬，[1]字道賾，刑部尚書、内陽公冑之從祖弟也。[2]父琰，[3]周渭南太守。[4]濬少喪父，早孤，養母以孝聞。幼好學，有志行，尋師於長安。時初平江陵，[5]何妥歸國，[6]見而異之，授以經業。周天和中，[7]襲爵虞城侯，[8]歷納言上士、新豐令。[9]

　　[1]薛濬：人名。《北史》卷三六有附傳。

　　[2]刑部尚書：官名。隋初沿置都官尚書，開皇三年改爲刑部尚書，是尚書省下轄六部之一刑部的長官。職掌刑法、徒隸、勾覆及關禁之政，總判刑部、都官、比部、司門四司之事。置一員，正三品。　內陽公：爵名。全稱爲內陽郡公。隋九等爵的第四等。冑：人名。即薛冑。傳見本書卷五六，《北史》卷三六有附傳。

　　[3]琰：人名。即薛琰，北周任渭南太守。事亦見《北史·薛濬傳》。

　　[4]渭南：郡名。治所在今陝西渭南市東南。

　　[5]江陵：縣名。治所在今湖北荊州市。梁元帝在此即位稱帝，後爲梁都城。

　　[6]何妥：人名。傳見本書卷七五、《北史》卷八二。

　　[7]天和：北周武帝宇文邕年號（566—572）。

　　[8]虞城侯：爵名。全稱爲虞城縣侯。北周十一等爵的第七等。

　　[9]納言上士：官名。周武帝保定四年（564）改天官府御伯曹爲納言曹，置納言上士爲該曹屬官，掌駁正制敕。北周正三命。（參見王仲犖《北周六典》卷二《天官府第七》，第60頁）　新豐：縣名。治所在今陝西西安市臨潼區東北。

　　開皇初，擢拜尚書虞部侍郎，[1]尋轉考功侍郎。[2]帝聞濬事母至孝，以其母老，賜輿服机杖，四時珍味，當時榮之。後其母疾，濬貌甚憂瘁，親故弗之識也。暨丁母艱，詔鴻臚監護喪事，[3]歸葬夏陽。[4]于時隆冬極寒，濬衰絰徒跣，[5]冒犯霜雪，自京及鄉，五百餘里，足凍墮指，瘡血流離，朝野爲之傷痛。州里賻助，一無所受。尋起令視事，濬屢陳誠款，請終喪制，優詔不許。[6]及至京，上見其毀瘁過甚，爲之改容，顧謂群臣

曰："吾見薛濬哀毁，不覺悲感傷懷。"嗟異久之。濬竟
不勝喪，病且卒。其弟謨時爲晉王府兵曹參軍事，^[7]在
揚州，^[8]濬遺書與謨曰：

[1]虞部侍郎：官名。爲尚書省工部所轄四曹之一虞部曹的長
官，置一員，掌山澤苑囿、京城街巷種植、百官時蔬薪炭供給與畋
獵等政令，實則閑簡無事。隋初爲正六品上，開皇三年升爲從五
品。煬帝大業三年改諸曹侍郎爲郎，虞部侍郎遂改稱虞部郎。

[2]考功侍郎：官名。隋尚書省吏部考功曹長官，置一員，掌
全國文武官員的考課和生平事迹。隋初爲正六品上，開皇三年升爲
從五品。煬帝大業三年改諸曹侍郎爲郎，考功侍郎遂改稱考功郎。

[3]鴻臚：官署名。指鴻臚寺。掌諸蕃册封、外使接待、凶儀
喪葬等事。

[4]夏陽：縣名。治所在今陝西韓城市南。按，隋時無夏陽縣，
此似指西魏故地。

[5]衰（cuī）絰（dié）：此指穿喪服。古人喪服胸前當心處綴
有長六寸廣四寸的麻布，謂之衰；圍在頭上的散麻繩爲首絰，纏在
腰間的爲腰絰。故以衰、絰代指喪服。

[6]優詔：古代帝王用於獎掖慰勉臣下之文書。

[7]謨：人名。即薛謨。開皇時爲楊廣晉王府兵曹參軍事，其
他事迹不詳。 晉王：此指楊廣。 兵曹參軍事：官名。隋公王
府、總管府皆置兵曹，掌本署武官考課、簿籍及儀衛等事。第
七品。

[8]揚州：治所在今江蘇揚州市。

吾以不造，幼丁艱酷，窮游約處，屢絶簞瓢。晚生
早孤，不聞《詩》《禮》，賴奉先人貽厥之訓，獲稟母
氏聖善之規，負笈裹糧，不憚艱遠，從師就業，欲罷不

能。砥行厲心，困而彌篤，服膺教義，爰至長成。自釋
褐登朝，于茲二十三年矣。雖官非聞達，而祿喜逮親，
庶保期頤，得終色養。何圖精誠無感，禍酷荐臻，兄弟
俱被奪情，苫廬靡申哀訴。是用扣心泣血，霣氣摧魂者
也。既而瘡巨釁深，不勝荼毒，啟手啟足，幸及全歸。
使夫死而有知，得從先人於地下矣，豈非至願哉。但念
爾伶俜孤宦，遠在邊服，顧此恨恨，如何可言。適已有
書，冀得與汝面訣，忍死待汝，已歷一旬。汝既未來，
便成今古，緬然永別，爲恨何言。勉之哉，勉之哉！

書成而絕，[1]時年四十二。有司以聞，高祖爲之屑
涕，降使賚冊書弔祭曰："皇帝咨故考功侍郎薛濬：於
戲！惟爾操履貞和，器業詳敏，允膺列宿，勤謇克彰。
及遘私艱，奄從毀滅。嘉爾誠孝，感于朕懷，奠酹有
加，抑惟朝典。故遣使人，指申往命，魂而有靈，歆茲
榮渥。嗚呼哀哉！"

[1]書成而絕：底本脫"而絕"二字，據中華本補。

濬性清儉，死之日，家無遺資。濬初爲童兒時，與
宗中諸兒游戲于澗濱。見一黃蛇有角及足，召群兒共
視，了無見者。濬以爲不祥，歸大憂悴。母逼而問之，
濬以實對。時有胡僧詣宅乞食，濬母怖而告之，僧曰：
"此乃兒之吉應。且是兒也，早有名位，然壽不過六七
耳。"言終而出，忽然不見，時咸異之。既而終於四十
二，六七之言，於是驗矣。子乾福，[1]武安郡司倉

書佐。[2]

[1]乾福：人名。即薛乾福。事亦見《北史》卷三六《薛濬傳》。

[2]武安：郡名。隋大業三年以洺州改置，治所在今河北永年縣東南。　司倉書佐：官名。煬帝改州諸曹參軍事爲郡書佐，司倉書佐即州司倉參軍事，掌公廨、度量、庖厨、倉庫、租賦、徵收、田園、市肆之事。視從八品至視從九品。

王頒

王頒，[1]字景彦，太原祁人也。[2]祖神念，[3]梁左衛將軍。[4]父僧辯，[5]太尉。[6]頒少倜儻，有文武幹局。其父平侯景，[7]留頒質於荆州，[8]遇元帝爲周師所陷，[9]頒因入關。聞其父爲陳武帝所殺，[10]號慟而絶，食頃乃蘇，哭泣不絶聲，毀瘠骨立。至服闋，常布衣蔬食，藉槀而臥。周明帝嘉之，[11]召授左侍上士，[12]累遷漢中太守，[13]尋拜儀同三司。[14]

[1]王頒：人名。傳另見《北史》卷八四。

[2]太原：郡名。治所在今山西太原市。　祁：縣名。治所在今山西祁縣東南。

[3]神念：人名。即王神念，南朝梁人。傳見《梁書》卷三九、《南史》卷六三。

[4]梁：即南朝梁（502—557），或稱蕭梁，都建康（今江蘇南京市）。　左衛將軍：官名。領宿衛營兵，禁衛宮庭。南朝梁官品十二班。按，《梁書·王神念傳》《南史·王神念傳》作“右衛

將軍"。

　　[5]僧辯：人名。即王僧辯，南朝梁大將。傳見《梁書》卷四五，《南史》卷六三有附傳。

　　[6]太尉：官名。三公之一，爲榮銜，無實權。南朝梁官品十八班。

　　[7]侯景：人名。原爲東魏將領，後降南朝梁，後發動歷時五年叛亂。傳見《梁書》卷五六、《南史》卷八〇。

　　[8]荆州：治所在今湖北江陵縣。

　　[9]元帝：南朝梁元帝蕭繹。紀見《梁書》卷五、《南史》卷八。

　　[10]陳武帝：南朝陳建立者陳霸先。紀見《陳書》卷一、二，《南史》卷九。

　　[11]周明帝：北周明帝宇文毓。紀見《周書》卷四、《北史》卷九。

　　[12]左侍上士：官名。北周天官府設左右上士，協助左右中侍掌御寢之禁。正三命。（參見王仲犖《北周六典》卷二《天官府第七》，第50頁）

　　[13]漢中：郡名。治所在今陝西南鄭縣。

　　[14]儀同三司：官名。亦簡稱儀同。周武帝建德四年（575）改稱儀同大將軍。屬勳官。北周府兵制中儀同府的長官均加此勳官名，可開府置官屬。北周九命。（參見王仲犖《北周六典》卷九《勳官第二十》，第578頁；谷霽光《府兵制度考釋》，上海人民出版社1962年版，第51頁）

　　開皇初，以平蠻功，加開府，[1]封蛇丘縣公。[2]獻取陳之策，上覽而異之，召與相見，言畢而歔欷，上爲之改容。及大舉伐陳，頗自請行，率徒數百人，從韓擒先鋒夜濟。[3]力戰被傷，恐不堪復鬭，悲感嗚咽。夜中因睡，夢有人授藥，比寤而瘡不痛，時人以爲孝感。及陳滅，頌密召父時士卒，得千餘人，對之涕泣。其間壯士或問頌曰：[4]"郎君來破陳國，滅其社稷，讎恥已雪，而悲哀不止者，將爲霸先早死，不得手刃之邪？請發其丘壟，斲櫬焚骨，[5]亦可申孝心矣。"頌頓顙陳謝，額盡流血，答之曰："其爲帝王，墳塋甚大，恐一宵發掘，不及其屍，更至明朝，事乃彰露，若之何？"諸人請具鍤插，一旦皆萃。於是夜發其陵，剖棺，見陳武帝鬚並不落，其本皆出自骨中。頌遂焚骨取灰，投水而飲之。既而自縛，歸罪於晉王。王表其狀，高祖曰："朕以義平陳，王頌所爲，亦孝義之道也，朕何忍罪之！"[6]舍而不問。有司録其戰功，將加柱國，[7]賜物五千段，頌固辭曰："臣緣國威靈，得雪怨恥，本心徇私，非是爲國，所加官賞，終不敢當。"高祖從之。拜代州刺史，[8]甚有惠政。母憂去職。[9]後爲齊州刺史，[10]卒官，時年五十二。弟頍，[11]見《文學傳》。

[1]開府：官名。全稱是開府儀同三司。隋文帝因改北周十一等勳官之制形成十一等散實官，用以酬勤勞，無實際職掌。開府是第六等，可開府置僚佐。正四品上。

[2]蛇丘縣公：爵名。隋九等爵的第五等。

[3]韓擒：人名。即韓擒虎，避唐諱省"虎"字。傳見本書卷五二，《北史》卷六八有附傳。

[4]壯：宋刻遞修本、汲古閣本、中華本同，殿本、庫本作"將"。

[5]櫬（chèn）：棺材。

[6]忍：宋刻遞修本、中華本同，汲古閣本、殿本、庫本作“可”。

[7]柱國：官名。隋文帝因改北周十一等勳官之制形成十一等散實官，用以酬勤勞，無實際職掌。柱國爲第二等，可開府置僚佐。正二品。

[8]代州：治所在今山西代縣。

[9]母憂：遭逢母親喪事。亦稱“丁母憂”，參前“父艱”條。

[10]齊州：治所在今山東濟南市。

[11]頍：人名。即王頍。傳見本書卷七六。

楊慶

楊慶，[1]字伯悦，河間人也。祖玄，[2]父剛，[3]並以至孝知名。慶美姿儀，性辯慧。年十六，齊國子博士徐遵明見而異之。[4]及長，頗涉書記。年二十五，郡察孝廉，以侍養不行。其母有疾，不解襟帶者七旬。及居母憂，哀毀骨立，負土成墳。齊文宣帝表其門閭，賜帛三十匹，縣十屯，粟五十石。高祖受禪，屢加褒賞，擢授儀同三司，版授平陽太守。[5]年八十五，終於家。

[1]楊慶：人名。傳另見《北史》卷八四。

[2]玄：人名。即楊玄。具體事迹不詳。

[3]剛：人名。即楊剛。具體事迹不詳。

[4]國子博士：官名。北齊國子寺所轄國子學教官，置五人，掌以儒經教授國子學生，國有疑事則掌承問對。正五品。　徐遵明：人名。北齊人，與北魏大儒同名，具體事迹不詳。

[5]版授：授予官職。此指對老年人封授榮譽性的虛銜，這是

隋朝表示尊老的一種制度。　平陽：郡名。治所在今山西臨汾市。

郭儁

郭儁，字弘乂，太原文水人也。[1]家門雍睦，七葉共居，犬豕同乳，烏鵲通巢，時人以爲義感之應。州縣上其事，上遣平昌公宇文㢸詣其家勞問之。[2]治書御史柳彧巡省河北，[3]表其門閭。漢王諒爲并州總管，[4]聞而嘉歎，賜兄弟二十餘人衣各一襲。

[1]文水：縣名。治所在今山西文水縣東。

[2]宇文㢸：人名。隋煬帝時官至禮部尚書。傳見本書卷五六、《北史》卷七五。

[3]治書御史：官名。即治書侍御史，隋御史臺副長官，實主臺務，並佐御史大夫掌彈劾百官。初爲從五品，煬帝大業三年升爲正五品，五年又降爲從五品。按，據本書《百官志》御史臺設治書侍御史二人，無治書御史。又本書及《北史》卷七七《柳彧傳》均載其在文帝時曾任治書侍御史。故此漏一“侍”字。　柳彧：人名。傳見本書卷六二、《北史》卷七七。　河北：此泛指黃河以北地區。

[4]漢王諒：即隋文帝楊堅第五子楊諒，開皇元年封漢王。傳見本書卷四五、《北史》卷七一。　并州：治所在今山西太原市西南古城營。　總管：官名。全稱是總管刺史加使持節。總管的統轄範圍可達數州至十餘州，成一軍政管轄區。隋文帝在并、益、荊、揚四州置大總管，其餘州置總管。總管分上、中、下三等，品秩爲流內視從二品、正三品、從三品。

田翼

田翼，[1]不知何許人也。性至孝，養母以孝聞。其後母臥疾歲餘，翼親易燥濕，母食則食，母不食則不食。母患暴痢，翼謂中毒，遂親嘗惡。及母終，翼一慟而絕，其妻亦不勝哀而死，鄉人厚共葬之。

[1]田翼：人名。傳另見《北史》卷八四。

紐回

紐回，[1]字孝政，河東安邑人也。[2]性至孝，周武成中，[3]父母喪，廬於墓側，負土成墳。廬前生麻一株，高丈許，圍之合拱，枝葉鬱茂，冬夏恒青。有烏棲其上，回舉聲哭，烏即悲鳴，時人異之。周武帝表其閭，擢授甘棠令。[4]開皇初卒。子士雄，[5]少質直孝友，喪父，復廬於墓側，負土成墳。其庭前有一槐樹，先甚鬱茂，及士雄居喪，樹遂枯死。服闋還宅，死樹復榮。高祖聞之，歎其父子至孝，下詔褒揚，號其所居爲累德里。

[1]紐回：人名。傳另見《北史》卷八四。按，《北史》作"紐因"。

[2]河東：郡名。治所在今山西永濟市西南。　安邑：縣名。治所在今山西夏縣西北禹王城。

[3]武成：北周明帝宇文毓年號（559—560）。

［4］甘棠：縣名。治所在今河南宜陽縣東。

［5］士雄：人名。即紐士雄。《北史》卷八四有附傳。

劉士儁

劉士儁，[1]彭城人也。[2]性至孝，丁母喪，絕而復蘇者數矣。勺飲不入口者七日，廬於墓側，負土成墳，列植松柏。狐狼馴擾，爲之取食。高祖受禪，表其門閭。

［1］劉士儁：人名。傳另見《北史》卷八四。士，《北史》作"仕"。

［2］彭城：郡名。治所在今江蘇徐州市。

郎方貴

郎方貴，[1]淮南人也。[2]少有志尚，與從父弟雙貴同居。[3]開皇中，方貴嘗因出行遇雨，淮水泛長，於津所寄渡，船人怒之，搊方貴臂折。至家，其弟雙貴驚問所由，方貴具言之。雙貴恚恨，遂向津毆擊船人致死。守津者執送之縣官，案問其狀，以方貴爲首，當死，雙貴從坐，當流。兄弟二人爭爲首坐，縣司不能斷，送詣州。兄弟各引咎，州不能定，二人爭欲赴水而死。州狀以聞，上聞而異之，特原其罪，表其門閭，賜物百段，後爲州主簿。[4]

［1］郎方貴：人名。傳另見《北史》卷八五。

[2]淮南：郡名。治所在今安徽壽縣。

[3]雙貴：人名。即郎雙貴。事亦見《北史·郎方貴傳》。

[4]州主簿：官名。爲諸州府的佐官，掌州府監印，檢核文書簿籍，勾稽缺失等事。雍州主簿爲流内視正八品，其餘諸州主簿爲流内視從八品。

翟普林

翟普林，[1]楚丘人也。[2]性仁孝，事親以孝聞。州郡辟命，皆固辭不就，躬耕色養，鄉鄰謂爲楚丘先生。後父母疾，親易燥濕，不解衣者七旬。大業初，父母俱終，哀毀殆將滅性。廬於墓側，負土爲墳，盛冬不衣繒絮，唯著單縗而已。家有一烏犬，隨其在墓，若普林哀臨，犬亦悲號，見者嗟異焉。有二鵲巢其廬前柏樹，每入其廬，馴狎無所驚懼。大業中，司隸巡察，[3]奏其孝感，擢授孝陽令。[4]

[1]翟普林：人名。傳見《北史》卷八四。

[2]楚丘：縣名。治所在今山東曹縣東南。

[3]司隸：隋煬帝大業三年增置司隸臺，掌巡察。有大夫一人，正四品；別駕二人，從五品。及丞、主簿、録事等官員。後又罷司隸臺，留司隸從事之名，不爲常員，臨時選京官清明者權攝以行。

[4]孝陽：縣名。北魏置，治所在今河南商丘市西北。

李德饒

李德饒，[1]趙郡柏人人也。[2]祖徹，[3]魏尚書右丞。[4]

父純，[5]開皇中爲介州長史。[6]德饒少聰敏好學，有至性，宗黨咸敬之。弱冠爲校書郎，[7]仍直内史省，[8]參掌文翰。[9]轉監察御史，[10]糾正不避貴戚。大業三年，遷司隷從事，[11]每巡四方，理雪冤枉，褒揚孝悌。雖位秩未通，其德行爲當時所重。凡與交結，皆海内髦彦。[12]性至孝，父母寢疾，輒終日不食，十旬不解衣。及丁憂，水漿不入口五日，哀慟歐血數升。及送葬之日，會仲冬積雪，行四十餘里，單縗徒跣，號踊幾絶。會葬者千餘人，莫不爲之流涕。後甘露降於庭樹，有鳩巢其廬。納言楊達巡省河北，[13]詣其廬弔慰之，因改所居村名孝敬村，里爲和順里。後爲金河長，[14]未之官，值群盜蜂起，賊帥格謙、孫宣雅等十餘頭，[15]聚衆於渤海。[16]時有敕許其歸首，謙等懼不敢降，以德饒信行有聞，遣使奏曰：“若使德饒來者，即相率歸首。”帝於是遣德饒往渤海慰諭諸賊。行至冠氏，[17]會他盜攻陷縣城，德饒見害。

[1]李德饒：人名。《北史》卷三三有附傳。

[2]趙郡：治所在今河北趙縣。　柏人：縣名。治所在今河北隆堯縣西北。

[3]徹：人名。即李徹。事亦見《北史》卷三三《李璨傳》。

[4]尚書右丞：官名。尚書省設左右丞，分管諸曹，尚書右丞掌駕部、虞曹、屯田、起部、都兵、比部、水部、膳部、倉部、金部、庫部十一曹。東魏從四品。按，《北史》卷三三載：“（李）徹仕齊，位尚書左丞。”

[5]純：人名。即李純。事亦見《北史·李璨傳》。

[6]介州：治所在山西介休市東南。　長史：官名。此爲州府上佐之一，佐理一州事務，開皇三年改別駕爲長史。上州正五品，中州從五品，下州正六品。

[7]校書郎：官名。隋秘書省置校書郎十二人，煬帝增至四十人，掌校讎典籍。隋初爲正九品，煬帝降爲從九品。

[8]直：官制用語。一般以他官臨時差遣處理本署事務。　内史省：官署名。隋避諱改中書省爲内史省，爲三省之一，置監、令各一員，尋廢監，置令二員爲長官。下置侍郎、舍人等官員。掌皇帝詔令出納宣行，爲機要之司。

[9]參掌：官制用語。指除本官職責之外，奉皇帝特敕掌管他職事務。

[10]監察御史：官名。隋御史臺設監察御史十二人，掌巡按州縣，巡察館驛、監軍及出使等。隋初爲從八品，後升爲從七品。

[11]司隸從事：官名。隋罷司隸臺，留司隸從事之名，不爲常員，臨時選京官清明者權攝以行。無固定品秩。

[12]髦（máo）彥：指賢士、俊才。

[13]納言：官名。門下省長官，職掌封駁制敕，並參與軍國大政決策等，居宰相之職。置二員，正三品。　楊達：人名。本書卷四三、《北史》卷六八有附傳。

[14]金河：縣名。隋開皇十八年以陽壽縣改名，治所在今内蒙古托克托縣境。

[15]格謙：人名。隋末渤海厭次人，大業九年，以豆子䴚（今山東惠民縣北）爲據點起兵反隋，有衆十餘萬人，自稱燕王，大業十二年爲隋將王世充攻殺。　孫宣雅：人名。隋末渤海人，大業九年於豆子䴚起兵反隋，一度有衆十餘萬，主要活動於河北地區，後不知所終。

[16]渤海：郡名。治所在今山東陽信縣西南。

[17]冠氏：縣名。治所在今山東冠縣。

其弟德佻，[1]性重然諾。大業末，爲離石郡司法書佐，[2]太守楊子崇特禮之。[3]及義兵起，子崇遇害，棄尸城下，德佻赴哭盡哀，收瘞之。至介休，[4]詣義師，請葬子崇。大將軍嘉之，因贈子崇官，令德佻爲使者，往離石禮葬子崇焉。

[1]德佻：人名。即李德佻。《北史》卷三三有附傳。

[2]離石：郡名。治所在今山西呂梁市離石區。　司法書佐：官名。煬帝改州諸曹參軍事爲郡書佐，司法書佐即州司法參軍事，掌一郡司法事務。視從八品至視從九品。

[3]楊子崇：人名。傳見本書卷四三、《北史》卷七一。

[4]介休：縣名。治所在今山西介休市。

　　華秋

華秋，[1]汲郡臨河人也。[2]幼喪父，事母以孝聞。家貧，傭賃爲養。其母遇患，秋容貌毀悴，鬢鬢頓改，州里咸嗟異之。及母終之後，遂絕櫛沐，髮盡禿落。廬於墓側，負土成墳，有人欲助之者，秋輒拜而止之。

[1]華秋：人名。傳另見《北史》卷八四。

[2]汲郡：治所在今河南淇縣東南。　臨河：縣名。治所在今河南浚縣東北。

大業初，調狐皮，郡縣大獵。有一兔，人逐之，奔入秋廬中，匿秋膝下。獵人至廬所，異而免之。自爾此兔常宿廬中，馴其左右。郡縣嘉其孝感，具以狀聞。煬帝降使勞問，表其門閭。後群盜起，常往來廬之左右，咸相誡曰：“勿犯孝子。”鄉人賴秋而全者甚衆。

徐孝肅

徐孝肅，[1]汲郡人也。宗族數千家，多以豪侈相尚，唯孝肅性儉約，事親以孝聞。雖在幼齒，宗黨間每有爭訟，皆至孝肅所平論之，爲孝肅所短者，無不引咎而退。孝肅早孤，不識父，及長，問其母父狀，因求畫工，圖其形像，構廟置之而定省焉，朔望享祭。養母至孝，數十年，家人未見其有忿恚之色。及母老疾，孝肅親易燥濕，憂悴數年，見者無不悲悼。母終，孝肅茹蔬飲水，盛冬單縗，毀瘠骨立。祖父母、父母墓皆負土成墳，廬於墓所四十餘載，被髮徒跣，遂以身終。

[1]徐孝肅：人名。傳另見《北史》卷八四。

其弟德備，[1]聰敏，通涉五經，河朔間稱爲儒者。[2]德備終，子處默又廬於墓側，[3]弈葉稱孝焉。

[1]德備：人名。即徐德備。事另見《北史》卷八四《徐孝肅傳》。

[2]河朔：泛指黃河以北地區。

[3]處默：人名。即徐處默。事亦見《北史·徐孝肅傳》。

　　史臣曰：昔者弘愛敬之理，必籍王公大人，近古敦孝友之情，多茅屋之下。而彥師、道讓，或家傳纓冕，或身誓山河，遂乃負土成墳，致毀滅性。雖乖先王之制，[1]亦觀過以知仁矣。郎貴昆弟，爭死而身全，田翼夫妻，俱喪而名立，德饒仁懷群盜，佋義感興王，[2]亦足稱也。紐回、劉儁之倫，翟林、華秋之輩，或茂草嘉樹榮枯於庭宇，或走獸翔禽馴狎於廬墓，非夫孝悌之至，通於神明者乎！

　　[1]先王之制：汲古閣本、殿本、庫本、中華本同，宋刻遞修本及《北史》卷八四《孝行》“論曰”均作“先王之典制”。
　　[2]佋義感興王：宋刻遞修本、中華本前有“德”字。

隋書　卷七三

列傳第三十八

循吏

　　古之善牧人者，養之以仁，使之以義，教之以禮，隨其所便而處之，因其所欲而與之，從其所好而勸之。如父母之愛子，如兄之愛弟，聞其飢寒爲之哀，見其勞苦爲之悲，故人敬而悦之，愛而親之。若子産之理鄭國，[1] 子賤之居單父，[2] 賈琮之牧冀州，[3] 文翁之爲蜀郡，[4] 皆可以恤其災患，導以忠厚，因而利之，惠而不費。其暉映千祀，聲芳不絶，夫何爲哉？用此道也。然則五帝、三王不易人而化，[5] 皆在所由化之而已。故有無能之吏，無不可化之人。

　　[1] 子産：人名。春秋時鄭國大臣，執政期間曾進行一系列改革，促進了鄭國社會經濟的發展。事見《史記》卷四二《鄭世家》。　鄭國：西周宣王弟鄭桓公的封國，初都今陝西華縣，西周末東遷至今河南新鄭市。公元前 375 年爲韓國所滅。

[2]子賤：人名。孔子弟子宓不齊，字子賤，擔任單父宰令，賢能，民不忍欺。事略見《史記》卷六七《仲尼弟子列傳》。　單父：地名。在今山東單縣南。

[3]賈琮：人名。東漢末爲冀州刺史，爲政清廉。傳見《後漢書》卷三一。　冀州：治所初在高邑縣（今河北柏鄉縣北），後移至鄴縣（今河北臨漳縣西南鄴鎮東）。

[4]文翁：人名。漢景帝時蜀地郡守，治理地方卓然有聲。傳見《漢書》卷八九。　蜀郡：治所在今四川成都市。

[5]五帝：上古傳説中的五位帝王。説法不一。　三王：指夏、商、周三代之君。説法不一：一説夏禹、商湯、周武王；一説夏禹、商湯、周文王。

高祖膺運撫圖，[1]除凶静亂，日旰忘食，思邁前王。然不敦詩書，不尚道德，專任法令，嚴察臨下。吏存苟免，罕聞寬惠，乘時射利者，多以一切求名。暨煬帝嗣興，[2]志存遠略，車轍馬迹，將遍天下，綱紀弛紊，四維不張。其或善於侵漁，强於剥割，絶億兆之命，遂一人之求者，謂之奉公，即時升擢。其或顧名節，存綱紀，抑奪攘之心，以從百姓之欲者，則謂之附下，旋及誅夷。夫吏之侵漁，得其所欲，雖重其禁，猶或爲之。吏之清平，失其所欲，雖崇其賞，猶或不爲。況於上賞其姦，下得其欲，求其廉潔，不亦難乎！彦光等立嚴察之朝，[3]屬昏狂之主，執心平允，終行仁恕，餘風遺愛，没而不忘，寬惠之音，足以傳於來葉。故列其行事，以繫《循吏》之篇爾。

[1]高祖：隋文帝楊堅廟號。紀見本書卷一、二，《北史》卷

一一。

[2]煬帝：隋楊廣的謚號。紀見本書卷三、四，《北史》卷一二。

[3]彥光：人名。即梁彥光。傳見本卷、《北史》卷八六。生平亦可見《隋故使持節柱國相州刺史華陽襄公梁（彥光）史君墓誌銘》（載劉文《陝西新見隋朝墓誌》一四，三秦出版社 2018 年版）。

梁彥光

梁彥光，字脩芝，[1]安定烏氏人也。[2]祖茂，[3]魏秦、華二州刺史。[4]父顯，[5]周荊州刺史。[6]彥光少岐嶷，有至性，其父每謂所親曰："此兒有風骨，當興吾宗。"七歲時，父遇篤疾，醫云餌五石可愈。時求紫石英不得。彥光憂瘁不知所爲，忽於園中見一物，彥光所不識，怪而持歸，即紫石英也。親屬咸異之，以爲至孝所感。

[1]芝：宋刻遞修本、汲古閣本、中華本與《北史》卷八六《梁彥光傳》同底本，殿本、庫本作"之"。據《梁彥光墓誌》："公諱脩芝，字彥光。"中華書局新修訂本校勘記指出此點，則梁彥光以字行，正史名、字顛倒。

[2]安定：郡名。治所在今甘肅涇川縣北。　烏氏：縣名。治所在今甘肅涇川縣東北。

[3]茂：人名。即梁茂。事亦見《北史·梁彥光傳》。按，據《梁彥光墓誌》梁茂乃"曾祖"，祖爲梁育。

[4]魏：即北魏（386—557），亦稱後魏。初都平城（今山西大同市東北），公元 494 年遷都洛陽（今河南洛陽市東北白馬寺

東）。公元 534 年分裂爲東魏和西魏兩個政權。東魏（534—550）都於鄴（今河北臨漳縣西南鄴鎮東），西魏（535—557）都於長安（今陝西西安市西北郊）。　秦：州名。治所在今甘肅天水市。華：州名。北魏有二華州：一是皇興二年（468）置，治所在定安縣（今甘肅寧縣）；二是太和十一年（487）置，治所在李潤堡（今陝西蒲城縣東北），永平三年（510）移治華陰縣（今陝西大荔縣）。按，據《梁彥光墓誌》曾祖梁茂任“秦州刺史”，祖梁育任“華州刺史”。疑正史誤將曾祖梁茂與祖梁育二事合一。

[5]顯：人名。即梁顯。事亦見《北史·梁彥光傳》。

[6]周：即北周（557—581），都長安（今陝西西安市西北）。荆州：治所在今河南鄧州市。

魏大統末，[1]入太學，[2]略涉經史，有規檢，造次必以禮。解褐秘書郎，[3]時年十七。周受禪，遷舍人上士。[4]武帝時，[5]累遷小馭下大夫。[6]母憂去職，[7]毀瘁過禮。未幾，起令視事，帝見其毀甚，嗟歎久之，頻蒙慰諭。後轉小内史下大夫。[8]建德中，[9]爲御正下大夫。[10]從帝平齊，[11]以功授開府、陽城縣公，[12]邑千户。[13]宣帝即位，[14]拜華州刺史，[15]進封華陽郡公，[16]增邑五百户，以陽城公轉封一子。尋進位上大將軍，[17]遷御正上大夫。[18]俄拜柱國、青州刺史，[19]屬帝崩，不之官。

[1]大統：西魏文帝元寶炬年號（535—551）。

[2]太學：學校名。屬官學。周朝置，爲王公貴族子弟學府，名大學。漢武帝時興太學，以博士爲師，傳授儒家經典。東漢、三國魏沿置。西晋置國子學，習慣稱太學。東晋置，又別立國子學。南朝宋稱太學爲四學館，齊太學廢置不常，梁太學分五個學館，陳

承梁制。北魏、北齊太學與國子學並置，但地位低於後者。北周置太學，不置國子學。此爲西魏官學。

[3]秘書郎：官名。掌國之圖書典籍。北魏正七品上。

[4]舍人上士：官名。掌平宮中之政，分其財守，以法掌其出入。掌米粟之出入，辨其物，歲終則會計其政。北周正三命。（參見王仲犖《北周六典》卷三《地官府第八》，中華書局 1979 年版，第 138 頁）

[5]武帝：北周皇帝宇文邕謚號。紀見《周書》卷五、六，《北史》卷一〇。

[6]小馭下大夫：官名。北周佐大馭中大夫掌馭王路，以祀及犯軷。正四命。（參見王仲犖《北周六典》卷五《夏官府第十》，第 380 頁）

[7]母憂：遭逢母親喪事。古代喪服禮制規定，父母死後，子女須守喪，三年內不得做官、婚娶、赴宴、應考、舉樂，等等。

[8]小內史下大夫：官名。亦簡稱小內史。北周初爲春官府內史曹的次官，周宣帝大象元年增置內史上大夫爲該曹長官，原長官內史中大夫退居副貳，小內史下大夫遂退爲屬官。其職掌是協助該曹長官撰寫皇帝詔令，參議刑罰爵賞及軍國大事，並修撰國史及起居注。置二員，正四命。（參見王仲犖《北周六典》卷四《春官府第九》，第 174 頁）

[9]建德：北周武帝宇文邕年號（572—578）。

[10]御正下大夫：官名。全稱爲小御正下大夫，西魏恭帝三年（556）仿《周禮》建六官，隸天官冢宰府。掌草擬詔告文冊，侍帝左右，凡軍國大事，均需參議。北周沿之。正四命。（參見王仲犖《北周六典》卷二《天官府第七》，第 53 頁）

[11]齊：即北齊（550—577），或稱高齊，都鄴（今河北臨漳縣西南鄴鎮東）。

[12]開府：官名。全稱爲開府儀同三司，北周武帝建德四年改稱開府儀同大將軍，屬勳官。北周府兵制中二十四軍的每軍長官均

加此勳官名，可開府置官屬。北周九命。　陽城縣公：爵名。北周命數不詳，王仲犖認爲"非正九命則當是九命爾"（參見王仲犖《北周六典》卷八《封爵第十九》，第548頁）。

[13]邑：也稱食邑、封邑。是古代君王封賜給有爵位之人的一種食禄制度，受封者可徵收封地内的民户租税充作食禄。魏晉以後，食邑分爲虚封和實封兩類：虚封一般僅冠以"邑"或"食邑"之名，這祇是一種榮譽性加銜，受封者並不能獲得實際的食禄收入；而實封一般須冠以"真食""食實封"等名，受封者可真正獲得食禄收入。

[14]宣帝：北周宣帝宇文贇。紀見《周書》卷七、《北史》卷一○。

[15]華州：北周時治所在今陝西華縣。

[16]華陽郡公：爵名。北周十一等爵的第五等。正九命。（參見王仲犖《北周六典》卷八《封爵第十九》，第542頁）

[17]上大將軍：官名。北周武帝建德四年始置，爲十一等勳官的第三等，可開府置官屬。北周正九命。

[18]御正上大夫：官名。西魏恭帝三年仿《周禮》建六官，天官冢宰府有御正中大夫，正五命；小御正下大夫，正四命。職掌草擬詔册文誥，近侍樞機。凡諸刑罰爵賞，以及軍國大事，皆須參議。北周沿之。周明帝武成元年（559）以御正任總絲綸，更崇其秩爲上大夫，號爲大御正。正六命。（參見王仲犖《北周六典》卷二《天官府第七》，第53頁）

[19]柱國：官名。全稱爲柱國大將軍。北魏太武帝始置柱國，以爲開國元勳長孫嵩的加官。北魏末孝莊帝以尒朱榮有擁立之功，又特置此官以授之，位在丞相之上。西魏文帝以宇文泰有中興之功，亦置此官授之。後凡屬功參佐命、望實俱重的大臣，也得居之。至西魏大統十六年以前，任此官者名義上有八人，但宗室元欣有其名而無實權，宇文泰爲最高統帥，其他六個柱國則分掌禁旅，各轄二大將軍，爲府兵系統的最高長官。大統十六年以後，功臣位

至柱國者愈多，遂成爲散秩，無所統御。至北周武帝時，又增置上柱國等官，形成十一等勳官之制。柱國大將軍則是十一等勳官的第二等，可開府置官屬。正九命。　　青州：北周時治所在今山東青州市。

及高祖受禪，以爲岐州刺史，[1]兼領岐州宮監，[2]增邑五百户，通前二千户。甚有惠政，嘉禾連理，出於州境。開皇二年，上幸岐州，悦其能，乃下詔曰："賞以勸善，義兼訓物。彦光操履平直，識用凝遠，布政岐下，威惠在人，廉慎之譽，聞於天下。三載之後，自當遷陟，恐其匱乏，且宜旌善。可賜粟五百斛，物三百段，御傘一枚，庶使有感朕心，日增其美。四海之内，凡曰官人，慕高山而仰止，聞清風而自勵。"未幾，又賜錢五萬。

[1]岐州：北周時治所在今陝西鳳翔縣東南。
[2]兼：官制用語。假職未真授之稱。　　宮監：官名。隋代離宮置宮監爲長官，掌理行宮諸事務。煬帝大業初上宮監爲正五品，中宮監爲從五品，下宮監爲正七品。

後數歲，轉相州刺史。[1]彦光前在岐州，其俗頗質，以静鎮之，合境大化，奏課連最，爲天下第一。及居相部，如岐州法。鄴都雜俗，[2]人多變詐，爲之作歌，稱其不能理化。上聞而譴之，竟坐免。歲餘，拜趙州刺史，[3]彦光言於上曰："臣前待罪相州，百姓呼爲戴帽餳。[4]臣自分廢黜，無復衣冠之望，不謂天恩復垂收採。

請復爲相州，改弦易調，庶有以變其風俗，上答隆恩。”上從之，復爲相州刺史。豪猾者聞彥光自請而來，莫不嗤笑。彥光下車，發摘姦隱，有若神明，於是狡猾之徒，莫不潛竄，合境大駭。

[1] 相州：治所在今河北臨漳縣西南。

[2] 鄴都：相州治地舊爲鄴城，爲北齊都城，故稱“鄴都”。

[3] 趙州：治所在今河北隆堯縣東。

[4] 戴帽餳（táng）：謂戴帽如人，然柔軟如糖。喻指軟弱無能。

初，齊亡後，衣冠士人多遷關内，唯技巧、商販及樂户之家移實州郭。由是人情險詖，妄起風謠，訴訟官人，萬端千變。彥光欲革其弊，乃用秩俸之物，招致山東大儒，[1] 每鄉立學，非聖哲之書不得教授。常以季月召集之，親臨策試。有勤學異等、聰令有聞者，升堂設饌，其餘並坐廊下。有好諍訟、惰業無成者，坐之庭中，設以草具。及大比當舉，行賓貢之禮，[2] 又於郊外祖道，[3] 并以財物資之。於是人皆剋勵，風俗大改。有滏陽人焦通，[4] 性酗酒，事親禮闕，爲從弟所訟。彥光弗之罪，將至州學，令觀於孔子廟。于時廟中有韓伯瑜，[5] 母杖不痛，哀母力弱，對母悲泣之像，通遂感悟，既悲且愧，若無自容。彥光訓諭而遣之。後改過勵行，卒爲善士。以德化人，皆此類也。吏人感悦，略無諍訟。後數歲，卒官，時年六十。贈冀、定、青、瀛四州刺史，謚曰襄。[6] 子文謙嗣。[7]

[1]山東：地區名。戰國、秦、漢時代，通稱華山或崤山以東
爲山東。函括今河北、河南、山東等省。魏晋南北朝隋唐時期亦稱
太行山以東地區爲山東。

[2]大比當舉，行賓貢之禮：大比，宋刻遞修本、中華本及
《北史》卷八六《梁彦光傳》作“大成”。中華本標點作“及大成，
當舉行賓貢之禮”，此據中華書局新修訂本改。

[3]祖道：爲出行者祭祀路神，宴飲餞行。

[4]滏陽：縣名。治所在今河北磁縣。　焦通：人名。事亦見
《北史·梁彦光傳》，其他事迹不詳。

[5]韓伯瑜：人名。漢代有名孝子，有“伯瑜泣杖”典故流
傳。事見劉向《説苑·建本》。

[6]謚：上古有號無謚，周初始制謚法，秦始皇廢不用，自漢
初恢復。帝王、貴族、大臣死後，據其生前事迹依謚法給予稱號。

[7]文謙：人名。即梁文謙。《北史》卷八六有附傳。

　　文謙弘雅有父風，以上柱國嫡子，[1]例授儀同。[2]開
皇十五年，拜上州刺史。[3]煬帝即位，轉饒州刺史。[4]歲
餘，爲鄱陽太守，[5]稱爲天下之最。徵拜户部侍郎。[6]遼
東之役，[7]領武賁郎將，[8]尋以本官兼檢校太府、衛尉二
少卿。[9]明年，又領武賁郎將，爲盧龍道軍副。[10]會楊
玄感作亂，[11]其弟武賁郎將玄縱先隸文謙，[12]玄感反問
未至而玄縱逃走，文謙不之覺，坐是配防桂林而卒，[13]
時年五十六。

　　[1]上柱國：官名。隋文帝因改北周十一等勳官之制形成十一
等散實官，用以酬勤勞，無實際職掌。柱國爲第二等，可開府置僚

佐。從一品。

　　[2]儀同：官名。全稱是儀同三司。隋文帝因改北周十一等勳官之制形成十一等散實官，用以酬勤勞，無實際職掌。儀同三司是第八等，可開府置僚佐。正五品上。

　　[3]上州：治所在今湖北鄖西縣西北。

　　[4]饒州：治所在今江西鄱陽縣。

　　[5]鄱陽：隋煬帝大業三年（607）改饒州置。

　　[6]戶部侍郎：官名。隋煬帝大業三年置民部侍郎，佐尚書掌全國土地、戶口、賦稅等事。唐高宗時避李世民諱，將民部改爲戶部。正四品。

　　[7]遼東：地區名。泛指遼水以東地區。因高麗國位於遼東，故此“遼東之役”指隋征伐高麗之事。

　　[8]武賁郎將：官名。隋煬帝大業三年改革官制，於十二衛每衛置護軍四人，掌貳將軍，尋又改護軍爲武賁郎將。正四品。

　　[9]檢校：官制用語。初謂代理，隋及唐初皆有。即尚未實授其官，但已掌其職事，即代理、代辦之意。　太府：官名。即太府少卿。太府寺副長官，協助長官太府卿掌管倉儲出納及所轄各署事。隋初置一員，正四品上。煬帝增置二員，改從四品。　衛尉：官名。即衛尉少卿。衛尉寺次官，佐衛尉卿掌供宮廷、祭祀、朝會之儀仗帷幕，通判本寺事務。隋初置一人，正四品；煬帝時置二人，從四品。

　　[10]盧龍道：特區名。即以盧龍縣（治所在今河北盧龍縣）爲中心設置的特區。隋朝在戰爭中於地方設置的特區，稱“道”。　軍副：出征軍副統帥。根據需要臨時任命，事罷則廢。

　　[11]楊玄感：人名。傳見本書卷七○，《北史》卷四一有附傳。

　　[12]玄縱：人名。即楊玄縱，楊素之子、楊玄感之弟，隋文帝時封淮南郡公。隋煬帝征遼東，隸屬於盧龍道軍副梁文謙麾下，玄感起兵，逃歸玄感，後兵敗被殺。

[13]配防：發配罪人戍邊。　桂林：地名。泛指今廣西東北部
一帶。

少子文讓，[1]初封陽城縣公，[2]後爲鷹揚郎將。[3]從
衛玄擊楊玄感於東都，[4]力戰而死，贈通議大夫。[5]

[1]文讓：人名。即梁文讓。《北史》卷八六有附傳。

[2]陽城縣公：爵名。隋九等爵的第五等。從一品。

[3]鷹揚郎將：官名。隋文帝初，置左右衛等衛府，各領軍坊、
鄉團，以統軍卒。後改置驃騎將軍府，每府置驃騎、車騎二將軍，
上轄於衛府大將軍，下設大都督、帥都督、都督領兵。煬帝大業三
年改驃騎府爲鷹揚府，改驃騎將軍爲鷹揚郎將，職能依舊。正
五品。

[4]衛玄：人名。傳見本書卷六三、《北史》卷七六。　東都：
此指洛陽，舊址在今河南洛陽市。

[5]通議大夫：官名。贈官。從四品。

樊叔略

樊叔略，[1]陳留人也。[2]父歡，[3]仕魏爲南兗州刺史、
阿陽侯。[4]屬高氏專權，將謀興復之計，爲高氏所誅。
叔略時在髫亂，遂被腐刑，給使殿省。身長九尺，志氣
不凡，頗爲高氏所忌。內不自安，遂奔關西。[5]周太祖
見而器之，[6]引置左右。尋授都督，[7]襲爵爲侯。大冢宰
宇文護執政，[8]引爲中尉。[9]叔略多計數，曉習時事，護
漸委信之，兼督內外。累遷驃騎大將軍、開府儀同三
司。[10]護誅後，齊王憲引爲園苑監。[11]時憲素有吞關東

之志，[12]叔略因事數進兵謀，憲甚奇之。

　　[1]樊叔略：人名。傳另見《北史》卷八六。

　　[2]陳留：縣名。治所在今河南開封市東南。

　　[3]歡：人名。即樊歡。事亦見《北史·樊叔略傳》。按，"歡"字《北史·樊叔略傳》作"觀"。

　　[4]南兗州：北魏州名。治所在今安徽亳州市。　阿陽侯：汲古閣本、殿本、庫本、中華本同，宋刻遞修本、《北史·樊叔略傳》作"河陽侯"。

　　[5]關西：此指函谷關以西，西魏、北周統治區。

　　[6]周太祖：北周太祖宇文泰。紀見《周書》卷一、二，《北史》卷九。

　　[7]都督：官名。屬武散官，以酬勳勞。北周七命。

　　[8]大冢宰：官名。全稱爲大冢宰卿。西魏恭帝三年仿《周禮》建六官，置大冢宰卿一人，北周正七命，爲天官冢宰府最高長官。掌邦治，以建邦之六典佐皇帝治邦國。北周沿置，然其權力却因人而異，若有"五府總於天官"之命，則稱冢宰，能總攝百官，實爲大權在握之宰輔；若無此命，即稱太宰，與五卿並列，僅統本府官。　宇文護：人名。西魏權臣宇文泰之侄，北周建立，宇文護專政。傳見《周書》卷一一，《北史》卷五七有附傳。

　　[9]中尉：官名。北魏王、公府皆置中尉，主盜賊。正八品。

　　[10]驃騎大將軍：官名。屬軍號官。北周府兵制中二十四軍的每軍長官均帶此軍號。九命。　開府儀同三司：官名。亦簡稱開府，見前注。

　　[11]齊王憲：北周宇文泰第五子宇文憲，封齊王。傳見《周書》卷一二、《北史》卷五八。　園苑監：官名。北周掌管宮苑修茸、種蒔之事。品秩不詳。

　　[12]關東：此指函谷關以東北齊地區。

　　建德五年，從武帝伐齊，叔略部率精銳，每戰身先士卒。以功加上開府，[1]進封清鄉縣公，邑千四百户。拜汴州刺史，[2]號爲明決。宣帝時，於洛陽營建東京，[3]以叔略有巧思，拜營構監，[4]宮室制度，皆叔略所定。功未就而帝崩。尉迥之亂，[5]高祖令叔略鎮大梁。[6]迥將宇文威來寇，[7]叔略擊走之。以功拜大將軍，[8]復爲汴州刺史。

　　[1]上開府：官名。全稱是上開府儀同大將軍。北周建德四年改開府儀同三司爲開府儀同大將軍，仍增置上開府儀同大將軍。用以酬勤勞，無實際職權。爲十一等勳官的第五等，可開府置官屬。九命。

　　[2]汴州：北周時治所在今河南開封市西北。

　　[3]洛陽：地名。北周時治所在今河南洛陽市。

　　[4]營構監：使職名。北周主管東都營造，以他官兼領，不常設。

　　[5]尉迥：人名。即尉遲迥，北周太祖宇文泰之甥，周宣帝時任大前疑、相州總管。傳見《周書》卷二一、《北史》卷六二。

　　[6]大梁：地名。在今河南開封市。

　　[7]宇文威：人名。北周末年任儀同。事略見本書卷六〇《于仲文傳》、《通鑑》卷一七四《陳紀》宣帝太建十二年。

　　[8]大將軍：官名。爲北周十一等勳官的第四等，可開府置官屬，以酬勳勞，無實際職掌。正九命。

　　高祖受禪，加位上大將軍，進爵安定郡公。[1]在州數年，甚有聲譽。鄴都俗薄，號曰難化，朝廷以叔略所在著稱，遷相州刺史，政爲當時第一。上降璽書褒美之，賜物三百段，粟五百石，班示天下。百姓爲之語曰：“智無窮，清鄉公。上下正，樊安定。”徵拜司農卿，[2]吏人莫不流涕，相與立碑頌其德政。自爲司農，凡種植，叔略別爲條制，皆出人意表。朝廷有疑滯，公卿所未能決者，叔略輒爲評理。雖無學術，有所依據，然師心獨見，闇與理合。甚爲上所親委，高熲、楊素亦禮遇之。[3]叔略雖爲司農，往往參督九卿事。[4]性頗豪侈，每食必方丈，備水陸。十四年，從祠太山，[5]行至洛陽，上令録囚徒。具狀將奏，晨起，至獄門，於馬上暴卒，時年五十九。上悼惜久之。贈亳州刺史，[6]謚曰襄。

[1]安定郡公：爵名。隋九等爵的第四等。從一品。

[2]司農卿：官名。司農寺最高長官，掌倉儲委積，供給京都百官禄廩及朝會、祭祀供御所需之事務。正三品。

[3]高熲：人名。傳見本書卷四一、《北史》卷七二。 楊素：人名。傳見本書卷四八，《北史》卷四一有附傳。

[4]九卿：隋中央太常、光禄、衛尉、宗正、太僕、大理、鴻臚、司農、太府九卿。

[5]太山：即泰山，在今山東泰安市境内。

[6]亳州：治所在今安徽亳州市。

趙軌

趙軌，[1]河南洛陽人也。父肅，[2]魏廷尉卿。[3]軌少好學，有行檢。周蔡王引爲記室，[4]以清苦聞。遷衛州治中。[5]

[1]趙軌：人名。《北史》卷七〇有附傳。

[2]肅：人名。即趙肅。傳見《周書》卷三七、《北史》卷七〇。

[3]廷尉卿：官名。爲六卿之一，掌刑罰獄訟。北魏太和初爲二品上，後改爲正三品。

[4]周蔡王：周武帝子宇文兌，建德六年封蔡王。　記室：官名。全稱爲總管府記室參軍事，北周王府、總管府均設有記室，掌章表書記文檄。品秩不詳。

[5]衛州：北周時治所在今河南淇縣。　治中：官名。北周州佐官之一，主衆曹文書。正八命州四命，正七命州三命，正六命州二命。

　　高祖受禪，轉齊州別駕，[1]有能名。其東鄰有桑，葚落其家，軌遣人悉拾還其主，誡其諸子曰："吾非以此求名，意者非機杼之物，不願侵人。汝等宜以爲誡。"在州四年，考績連最。持節使者鄈陽公梁子恭狀上，[2]高祖嘉之，賜物三百段，米三百石，徵軌入朝。父老相送者，各揮涕曰："別駕在官，水火不與百姓交，是以不敢以壺酒相送。公清若水，請酌一杯水奉餞。"軌授而飲之。既至京師，詔與奇章公牛弘撰定律令格式。[3]

[1]齊州：治所在今山東濟南市。　別駕：官名。州府上佐之一，隋開皇三年（583）改爲長史。上州正五品，中州從五品，下州正六品。

[2]持節使者：漢朝官員奉使外出時，或由皇帝授予節杖，以

提高其威權。此後皇帝派遣大臣出巡或祭吊等事時，也使持節，以表示權力和尊崇。　梁子恭：人名。正史無傳。

[3]奇章公：爵名。全稱爲奇章郡公，隋九等爵的第四等。牛弘：人名。傳見本書卷四九、《北史》卷七二。

　　時衛王爽爲原州總管，[1]上見爽年少，以軌所在有聲，授原州總管司馬。[2]在道夜行，其左右馬逸入田中，暴人禾。軌駐馬待明，訪禾主酬直而去。原州人吏聞之，莫不改操。後數年，遷硤州刺史，[3]撫緝萌夷，[4]甚有恩惠。尋轉壽州總管長史。[5]芍陂舊有五門堰，[6]蕪穢不修。軌於是勸課人吏，更開三十六門，灌田五千餘頃，人賴其利。秩滿歸鄉里，卒于家，時年六十二。子弘安、弘智，並知名。[7]

　　[1]衛王爽：即衛昭王爽，隋文帝楊堅弟楊爽。傳見本書卷四四、《北史》卷七一。　　原州：治所在今寧夏固原縣。　　總管：官名。全稱是總管刺史加使持節。總管的統轄範圍可達數州至十餘州，成一軍政管轄區。隋文帝在并、益、荆、揚四州置大總管，其餘州置總管。總管分上、中、下三等，品秩爲流內視從二品、正三品、從三品。

　　[2]總管司馬：官名。爲諸州總管府的上佐官，協助總管統領府中軍務。其品階史無明載，但隋代諸州總管府和諸州府均分爲上、中、下三等，三等州司馬的品階分別爲正五品下、從五品下、正六品下，故三等總管府司馬的品階亦當與三等州司馬略同。

　　[3]硤州：治所在今湖北宜昌市西北。《北史》卷七〇《趙軌傳》載爲"檢校硤州刺史"。

　　[4]萌：亦作"氓"或"甿"，指百姓。

[5]壽州：治所在今安徽壽縣。　總管長史：官名。爲諸州總管府的上佐官，位居府中總管之下衆屬官之首，輔助總管統領府中政務。其品階史無明載，但隋代諸州總管府和諸州府均分爲上、中、下三等，三等州長史的品階分別爲正五品上、從五品上、正六品上，故三等總管府長史的品階亦當與三等州長史略同。

[6]芍陂：又名龍泉陂，古代淮河流域著名的水利工程，在今安徽壽縣南。

[7]弘安：人名。即趙弘安，唐初曾任國子祭酒。事略見《舊唐書》卷一八八、《新唐書》卷一〇六《趙弘智傳》。　弘智：人名。即趙弘智，隋大業中任司隸從事，入唐官至國子祭酒。傳見《舊唐書》卷一八八、《新唐書》卷一〇六。

房恭懿

房恭懿，[1]字慎言，河南洛陽人也。父謨，[2]齊吏部尚書。[3]恭懿性沉深，有局量，達於從政。仕齊，釋褐開府參軍事，[4]歷平恩令、濟陰守，[5]並有能名。會齊亡，不得調。尉迥之亂，恭懿預焉，迥敗，廢于家。

[1]房恭懿：人名。《北史》卷五五有附傳。

[2]謨：人名。即房謨。北齊時爲侍中、兼吏部尚書。傳見《北史》卷五五。

[3]吏部尚書：官名。北齊尚書省下轄六部之一吏部的長官。掌全國文職官員銓選、考課等政令。置一員，正三品。

[4]釋褐：官制用語。亦稱解褐。脫去平民衣服而換上官服，喻指始任官職。　開府參軍事：官名。北齊官制加開府者置長史以下官，諸開府列曹參軍。從六品。

[5]平恩：縣名。治所在今河北曲周縣東南。　濟陰：郡名。

治所在今山東定陶縣西北。　　守：《北史·房恭懿傳》作“太守”。

　　開皇初，吏部尚書蘇威薦之，[1]授新豐令，[2]政爲三輔之最。[3]上聞而嘉之，賜物四百段，恭懿以所得賜分給窮乏。未幾，復賜米三百石，恭懿又以賑貧人。上聞而止之。時雍州諸縣令每朔朝謁，[4]上見恭懿，必呼至榻前，訪以理人之術。蘇威重薦之，超授澤州司馬，[5]有異績，賜物百段，良馬一匹。

　　[1]蘇威：人名。傳見本書卷四一，《北史》卷六三有附傳。
　　[2]新豐：縣名。治所在今陝西西安市臨潼區東北。
　　[3]三輔：泛指京畿附近地區。
　　[4]雍州：隋京都長安所在地，治所在今陝西西安市。
　　[5]澤州：隋開皇初以建州改名，治所在今山西晉城市東北。
　　司馬：官名。隋州僚屬之一，開皇三年改治中爲司馬，名義上紀綱衆務，通判列曹，實無具體職任。上州正五品、中州從五品、下州正六品。

　　遷德州司馬，[1]在職歲餘，盧愷復奏恭懿政爲天下之最。[2]上甚異之，復賜百段，因謂諸州朝集使曰：[3]“如房恭懿志存體國，愛養我百姓，此乃上天宗廟之所祐助，豈朕寡薄能致之乎！朕即拜爲刺史。豈止爲一州而已，當今天下模範之，卿等宜師學也。”上又曰：“房恭懿所在之處，百姓視之如父母。朕若置之而不賞，上天宗廟其當責我。內外官人宜知我意。”於是下詔曰：“德州司馬房恭懿出宰百里，毗贊二藩，善政能官，標映倫伍。班條按部，實允僉屬，委以方岳，聲實俱美。
可使持節海州諸軍事、海州刺史。"^[4]未幾，會國子博士
何妥奏恭懿尉迥之黨，^[5]不當仕進，威、愷二人朋黨，
曲相薦舉。上大怒，恭懿竟得罪，配防嶺南。^[6]未幾，
徵還京師，行至洪州，^[7]遇患卒。論者于今冤之。

[1]德州：治所在今山東陵縣。

[2]盧愷：人名。傳見本書卷五六，《北史》卷三〇有附傳。

[3]朝集使：隋各州郡每年派遣進京報告州郡政務治理狀況的
使臣，稱爲朝集使。

[4]使持節海州諸軍事：漢朝官員奉使外出時，或由皇帝授予
節杖，以提高其威權。魏、晉以後，凡重要軍事長官出征或出鎮
時，加使持節，可誅殺二千石以下官員。皇帝派遣大臣出巡或祭吊
等事時，也使持節，以表示權力和尊崇。隋時刺史等地方官員唯加
號"使持節"，方可總一州軍務。海州，治所在今江蘇連雲港市西
南海州區。

[5]國子博士：官名。爲國子學教官，掌以儒經教授國子學生，
國有疑事則掌承問對。隋初置五人，正五品上。仁壽元年（601）
隨國子學罷廢；煬帝大業初復置一人，正五品。　何妥：人名。傳
見本書卷七五、《北史》卷八二。

[6]嶺南：地區名。亦稱嶺外、嶺表。泛指五嶺以南地區，相
當於今廣東、廣西兩省及越南北部一帶。

[7]洪州：治所在今江西南昌市。

公孫景茂

公孫景茂，^[1]字元蔚，河間阜城人也。^[2]容貌魁梧，

少好學，博涉經史。在魏，察孝廉，射策甲科，^[3]爲襄城王長史，^[4]兼行參軍。^[5]遷太常博士，^[6]多所損益，時人稱爲書庫。後歷高唐令、大理正，^[7]俱有能名。及齊滅，周武帝聞而召見，與語器之，授濟北太守。^[8]以母憂去職。

[1]公孫景茂：人名。傳另見《北史》卷八六。

[2]河間：郡名。治所在今河北河間市。　阜城：縣名。治所在今河北阜城縣。

[3]射策：此泛指應試。

[4]襄城王：北魏襄城郡王元旭。事見《魏書》卷一九下《景穆十二王列傳》。　長史：官名。王府佐官，總管府事。北魏郡王府長史第八品。

[5]行參軍：官名。北魏王府佐官。第八品。

[6]太常博士：官名。掌辨五禮志儀式，大祭祀時贊導禮儀，擬議王公及以應追謚者。東魏從七品。

[7]高唐：縣名。東魏時治所在今山東高唐縣。　大理正：官名。北齊改廷尉爲大理寺，掌決刑獄，正爲屬官之一。北齊正六品下。

[8]濟北：郡名。治所在今山東茌平縣（參見王仲犖《北周地理志》，中華書局1980年版，第749頁）。

開皇初，詔徵入朝，訪以政術，拜汝南太守。^[1]郡廢，轉曹州司馬。^[2]在職數年，以老病乞骸骨，優詔不許。^[3]俄遷息州刺史，^[4]法令清靜，德化大行。時屬平陳之役，征人在路，有疾病者，景茂撤減俸祿，爲饘粥湯藥，^[5]分賑濟之，賴全活者以千數。上聞而嘉之，詔宣告天下。十五年，上幸洛陽，景茂謁見，時年七十七。上命升殿坐，問其年幾。景茂以實對。上哀其老，嗟歎久之。景茂再拜曰：“呂望八十而遇文王，[6]臣踰七十而逢陛下。”上甚悅，賜物三百段。詔曰：“景茂修身潔己，耆宿不虧，作牧化人，聲績顯著。年終考校，獨爲稱首，宜升戎秩，兼進藩條。可上儀同三司，[7]伊州刺史。”[8]

[1]汝南：郡名。治所在今河南汝南縣。

[2]曹州：治所在今山東曹縣西北。

[3]優詔：古代帝王用於獎掖慰勉臣下之文書。

[4]息州：治所在今河南息縣。

[5]饘（zhān）粥：稀飯。

[6]呂望：人名。太公望呂尚。詳見《史記》卷三二《齊太公世家》。　文王：周文王。紀見《史記》卷四《周本紀》。

[7]上儀同三司：官名。亦簡稱上儀同。隋文帝因改北周十一等勳官之制形成十一等散實官，用以酬勤勞，無實際職掌。上儀同三司是第七等，可開府置僚佐。從四品上。

[8]伊州：隋開皇初改和州置，治所初在伏流縣（今河南嵩縣東北），四年移治乘休縣（今河南汝州市東）。

明年，以疾徵，吏人號泣於道。及疾愈，復乞骸骨，又不許，轉道州刺史。[1]悉以秩俸買牛犢雞豬，散惠孤弱不自存者。好單騎巡人，家至戶入，閱視百姓產業。有修理者，於都會時乃褒揚稱述。如有過惡，隨即訓導，而不彰也。由是人行義讓，有無均通，男子相助耕耘，婦人相從紡績。大村或數百戶，皆如一家之務。

其後請致事，上優詔聽之。

[1]道州：治所在今河南漯河市郾城區。

仁壽中，[1]上明公楊紀出使河北，[2]見景茂神力不衰，還以狀奏。於是就拜淄州刺史，[3]賜以馬轝，[4]便道之官。前後歷職，皆有德政，論者稱爲良牧。大業初卒官，[5]年八十七。諡曰康。身死之日，諸州人吏赴喪者數千人，或不及葬，皆望墳慟哭，野祭而去。

[1]仁壽：隋文帝楊堅年號（601—604）。

[2]上明公：爵名。全稱爲上明郡公，隋九等爵的第四等。楊紀：人名。本書卷四八、《北史》卷四一有附傳。

[3]淄州：治所在今山東淄博市西南。

[4]轝（yú）：同“輿”。

[5]大業：隋煬帝楊廣年號（605—618）。

辛公義

辛公義，[1]隴西狄道人也。[2]祖徽，[3]魏徐州刺史。[4]父季慶，[5]青州刺史。公義早孤，爲母氏所養，親授書傳。周天和中，[6]選良家子任太學生，以勤苦著稱。武帝時，召入露門學，[7]令受道義。每月集御前令與大儒講論，數被嗟異，時輩慕之。建德初，授宣納中士。[8]從平齊，累遷掌治上士、掃寇將軍。[9]

[1]辛公義：人名。傳另見《北史》卷八六。

[2]隴西：郡名。治所在今甘肅隴西縣東南。　狄道：縣名。治所在今甘肅臨洮縣。

[3]徽：人名。即辛徽，北魏人。事亦見《北史·辛公義傳》《新唐書·宰相世系表三上》，其他事迹不詳。

[4]徐州：治所在今江蘇徐州市。

[5]季慶：人名。事亦見《北史·辛公義傳》《新唐書·宰相世系表三上》，其他事迹不詳。

[6]天和：北周武帝宇文邕年號（566—572）。

[7]露門學：北周天和二年置學，置生七十二人，教授貴族子弟。

[8]宣納中士：官名。職掌不詳。北周正二命（參見王仲犖《北周六典》卷七《六官餘録第十三》，第495頁）。

[9]掌治上士：官名。職掌不詳。北周正三命（參見王仲犖《北周六典》卷七《六官餘録第十三》，第497頁）。按，中華本《北史·辛公義傳》校勘記云："《隋書》卷七三、《通志》卷一七〇《辛公義傳》同。按《通典》卷三九《後周官品》無掌治上士。正三命有掌次上士。《北史》例諱'治'字，'治'或是'次'之訛。"　掃寇將軍：官名。屬勳官，以酬勳勞，無實際職掌。北周二命。

　　高祖作相，[1]授内史上士，[2]參掌機要。[3]開皇元年，除主客侍郎，[4]攝内史舍人事，[5]賜爵安陽縣男，[6]邑二百户。每陳使來朝，常奉詔接宴。轉駕部侍郎，[7]使往江陵安輯邊境。[8]七年，使勾檢諸馬牧，[9]所獲十餘萬匹。高祖喜曰："唯我公義，奉國罄心。"

　　[1]相：據本書卷一《高祖紀上》爲"左大丞相"。北魏孝莊

帝永安元年（528）始置大丞相，永安三年廢。北周靜帝大象二年
（580）又置左、右大丞相。以宇文贊爲右大丞相，但僅有虛名；以
楊堅爲左大丞相，總攬朝政。旋去左右之號，獨以楊堅爲大丞相。
實爲控制朝廷的權臣。

[2]內史上士：官名。全稱是小內史上士，北周爲春官府內史
曹的屬官，掌草擬皇帝詔令，參修國志及起居注。置二員，正三
命。（參見王仲犖《北周六典》卷四《春官府第九》，第174頁）

[3]參掌：官制用語。指除本官職責之外，奉皇帝特敕掌管他
職事務。

[4]除：官制用語。拜官、授職。　主客侍郎：官名。隋尚書
省禮部主客曹長官，掌前朝皇室後裔及外蕃朝覲之政。正六品。

[5]攝：官制用語。以本官代理或兼理他官之職事。　內史舍
人：官名。爲內史省的屬官，掌參議表章，草擬詔敕。隋初置八
人，正六品上，開皇三年升爲從五品。煬帝大業三年減置四人，大
業末改內史省爲內書省，內史舍人遂改稱爲內書舍人。

[6]安陽縣男：爵名。隋九等爵的第九等。正五品上。

[7]駕部侍郎：官名。隋尚書省兵部駕部曹長官，大業三年改
爲駕部郎，掌車乘、厩牧馬政及傳驛之政。正六品。

[8]江陵：縣名。梁元帝在此即位稱帝，後爲梁都城。治所在
今湖北荊州市。

[9]勾檢：考劾檢查。　馬牧：牧苑、牧場。

從軍平陳，以功除岷州刺史。[1]土俗畏病，若一人
有疾，即合家避之，父子夫妻不相看養，孝義道絕，由
是病者多死。公義患之，欲變其俗。因分遣官人巡檢部
内，凡有疾病，皆以床輿來，安置聽事。暑月疫時，病
人或至數百，廳廊悉滿。公義親設一榻，獨坐其間，終
日連夕，對之理事。所得秩俸，盡用市藥，爲迎醫療

之，躬勸其飲食，於是悉差，方召其親戚而諭之曰：
"死生由命，不關相着。前汝棄之，所以死耳。今我聚
病者，坐臥其間，若言相染，那得不死，病兒復差！[2]
汝等勿復信之。"諸病家子孫慚謝而去。後人有遇病者，
爭就使君，其家無親屬，因留養之。[3]始相慈愛，此風
遂革，合境之內呼爲慈母。

　　[1]岷州：治所在今甘肅岷縣。

　　[2]兒：《北史》卷八六《辛公義傳》校勘記云："《通志》卷
一七〇《辛公義傳》'兒'作'既'。李慈銘云：疑當作'見'，即
'現'字。"《北史》校勘記亦可用於此處。

　　[3]其家無親屬，因留養之：李慈銘《隋書札記》云："慈銘按
《北史》作'其家親屬，固留養之'，於上下文詞氣爲順。"又《册
府元龜》卷六七五《牧守部·仁惠》作"其家親屬因留養之"。

　　後遷牟州刺史，[1]下車，先至獄中，因露坐牢側，[2]
親自驗問。十餘日間，決斷咸盡，方還大廳。受領新
訟，皆不立文案，遣當直佐僚一人，[3]側坐訊問。事若
不盡，應須禁者，公義即宿廳事，終不還閤。人或諫之
曰："此事有程，使君何自苦也！"答曰："刺史無德可
以導人，尚令百姓係於囹圄，豈有禁人在獄而心自安
乎？"罪人聞之，咸自款服。後有欲諍訟者，其鄉閭父
老遽相曉曰："此蓋小事，何忍勤勞使君。"訟者多兩讓
而止。時山東霖雨，自陳、汝至于滄海，[4]皆苦水災。
境內犬牙，獨無所損。山出黃銀，獲之以獻。詔水部郎
婁頎就公義禱焉。[5]乃聞空中有金石絲竹之響。

[1]牟州：治所在今山東萊州市。

[2]因：諸本均作“囚”，中華本改作“因”，其校勘記云：“‘因’原作‘囚’，據《北史》本傳及《御覽》六三九、又八一二改。”今從改。

[3]一：宋刻遞修本、中華本、《北史》卷八六《柳儉傳》、《册府元龜》卷六七六《牧守部・教化》及卷六九〇《牧守部・强明》均同，汲古閣本、殿本、庫本及《太平御覽》卷六三九《刑罰部五・聽訟》作“二”。

[4]陳：州名。治所在今河南淮陽縣。　汝：州名。治所在今河南汝州市。

[5]水部郎：官名。隋初尚書省水部曹置侍郎一人，大業三年改水部郎。掌天下水利工程及河運、漁捕、碾磑之政。正六品。婁勛：人名。隋文帝朝任水部郎。其他事迹不詳。

仁壽元年，追充揚州道黜陟大使。[1]豫章王暕恐其部内官僚犯法，[2]未入州境，預令屬公義。公義答曰：“奉詔不敢有私。”及至揚州，[3]皆無所縱捨，暕銜之。及煬帝即位，揚州長史王弘入爲黃門侍郎，[4]因言公義之短，竟去官。吏人守闕訴冤，相繼不絶。後數歲，帝悟，除内史侍郎。[5]丁母憂。未幾，起爲司隷大夫，[6]檢校右禦衛武賁郎將。[7]從征至柳城郡卒，[8]時年六十二。子融。

[1]揚州道：特區名。即以揚州爲中心設置的特區。隋爲方便地方巡察，於地方所置之特區，範圍大小不一，可包括若干州，稱“道”。　黜陟大使：使職名。爲臨時差遣巡察地方政刑苛弊之使

職，事後則罷。

[2]豫章王暕：隋煬帝楊廣第二子楊暕。傳見本書卷五九、《北史》卷七一。

[3]揚州：治所在今江蘇揚州市。

[4]王弘：人名。其任黄門侍郎事亦見本書卷三《煬帝紀上》及卷四四《楊綸傳》。 黄門侍郎：官名。隋初於門下省置給事黄門侍郎四員，爲門下省的次官，協助長官納言掌封駁制敕，參議政令的制定。正四品上。煬帝大業三年去“給事”之名，但稱“黄門侍郎”，並減置二員。正四品。

[5]内史侍郎：官名。隋内史省副長官，佐宰相之職的本省長官内史監、令處理政務。初設四員，正四品下；大業三年減爲二員，正四品。

[6]司隸大夫：官名。隋煬帝大業三年始置司隸臺，長官爲大夫，置一人，掌諸巡察。正四品。

[7]右禦衛：中央十二衛之一，隋煬帝大業三年增置。 武賁郎將：官名。隋煬帝大業三年改革官制，於十二衛每衛置護軍四人，掌貳將軍，尋又改護軍爲武賁郎將。正四品。

[8]柳城郡：治所在今遼寧朝陽市。

柳儉

柳儉，[1]字道約，河東解人也。[2]祖元璋，[3]魏司州大中正，[4]相、華二州刺史。父裕，[5]周聞喜令。[6]儉有局量，立行清苦，爲州里所敬，雖至親昵，無敢狎侮。周代歷宣納上士、畿伯大夫。[7]

[1]柳儉：人名。傳另見《北史》卷八六。

[2]河東：郡名。治所在今山西永濟市西南。 解：縣名。治

所在今山西臨猗縣臨晉鎮東南。

[3]元璋：人名。即柳元璋，北魏人。事亦見《北史·柳儉傳》。

[4]司州：北魏以司州統轄京畿諸郡。太和十七年遷都洛陽，改洛州爲司州，東魏遷都鄴，改相州爲司州。 大中正：官名。北魏沿襲魏晋以來的九品中正制，於地方各州郡置中正官，大州則稱爲"大中正"，以籍屬本郡且才業並重的京官兼任，職掌本郡内選舉事務，評品人才優劣，爲吏部選授官員提供參考依據。北魏視第五品。

[5]裕：人名。即柳裕，北周人。事亦見《北史·柳儉傳》。

[6]聞喜：縣名。北周時治所在今山西新絳縣西南。

[7]宣納上士：官名。職掌不詳。北周正三命。（參見王仲犖《北周六典》卷七《六官餘録第十三》，第495頁） 畿伯大夫：官名。全稱爲畿伯中大夫，北周以王畿千里之外爲畿，設畿伯掌其畿政令禁戒。正五命。（參見王仲犖《北周六典》卷三《地官府第八》，第97頁）

及高祖受禪，擢拜水部侍郎，封率道縣伯。[1]未幾，出爲廣漢太守，[2]甚有能名。俄而郡廢。時高祖初有天下，勵精思政，妙簡良能出爲牧宰，以儉仁明著稱，擢拜蓬州刺史。[3]獄訟者庭遣，不爲文書，約束佐史，從容而已。獄無繫囚。蜀王秀時鎮益州，[4]列上其事，遷邛州刺史。[5]在職十餘年，蠻夷悦服。蜀王秀之得罪也，儉坐與交通，免職。及還鄉里，乘弊車羸馬，妻子衣食不贍，見者咸歎服焉。

[1]率道縣伯：爵名。隋九等爵的第七等。正三品。

[2]廣漢：郡名。治所在今四川廣漢市。

[3]蓬州：治所在今四川營山縣東北。

[4]蜀王秀：隋文帝楊堅第四子楊秀，封蜀王。傳見本書卷四五、《北史》卷七一。　益州：治所在今四川成都市。

[5]邛州：治所在今四川邛崍市東南。

煬帝嗣位，徵之。于時以功臣任職，牧州領郡者，並帶戎資，[1]唯儉自良吏。[2]帝嘉其績用，特授朝散大夫，[3]拜弘化太守，[4]賜物一百段而遣之。儉清節逾勵。大業五年入朝，郡國畢集，帝謂納言蘇威、吏部尚書牛弘曰：“其中清名天下第一者爲誰？”威等以儉對。帝又問其次，威以涿郡丞郭絢、潁川郡丞敬肅等二人對。[5]帝賜儉帛二百匹，絢、肅各一百匹。[6]令天下朝集使送至郡邸，以旌異焉。論者美之。及大業末，盜賊蜂起，數被攻逼。儉撫結人夷，卒無離叛，竟以保全。及義兵至長安，[7]尊立恭帝，[8]儉與留守李粲縞素於州，[9]南向慟哭。既而歸京師，相國賜儉物三百段，[10]就拜上大將軍。歲餘，卒于家，時年八十九。

[1]戎資：軍用物資。

[2]自：汲古閣本、殿本、庫本同，宋刻遞修本、中華本及《北史》卷八六《柳儉傳》作“起自”。

[3]朝散大夫：官名。屬散實官。隋文帝置，正四品下，煬帝改爲從五品。

[4]弘化：郡名。隋大業三年改慶州置，治所在今甘肅慶陽市。

[5]涿郡：治所在今北京城西南。　郡丞：官名。隋煬帝大業三年復改州爲郡，併州長史、司馬之職，置贊治（唐人諱稱贊務）一人，爲郡太守之副貳，尋又改贊治稱爲郡丞。郡丞爲郡屬官之

首，通判郡事。上郡從七品，中郡正八品，下郡從八品。　郭絢：人名。《北史》卷八六有附傳。　潁川：郡名。隋大業三年改許州置，治所在今河南許昌市。　敬肅：人名。《北史》卷八六有附傳。

[6]絢：諸本原作“約”，據上文此指郭絢。據改。

[7]長安：地名。隋都城所在地，在今陝西西安市西北。

[8]恭帝：即隋恭帝楊侑。隋煬帝之孫，元德太子楊昭第三子，李淵攻占長安後立爲帝。紀見本書卷五、《北史》卷一二。

[9]留守：使職名。古代帝王出巡或出征時，常在京師、陪都設留守，以親王或重丞爲之。　李粲：人名。本姓丙氏，隋大業中曾任屯衛大將軍，入唐賜姓李，官至宰相。事見《舊唐書》卷九八《李元紘傳》。

[10]相國：此指唐高祖李淵，義寧元年（617）隋恭帝即位封爲大丞相。紀見《舊唐書》卷一、《新唐書》卷一。

郭絢

郭絢，河東安邑人也。[1]家素寒微。初爲尚書令史，[2]後以軍功拜儀同，歷數州司馬、長史，皆有能名。大業初，刑部尚書宇文弢巡省河北，[3]引絢爲副。煬帝將有事於遼東，以涿郡爲衝要，訪可任者。聞絢有幹局，拜涿郡丞，[4]吏人悦服。數載，遷爲通守，[5]兼領留守。[6]及山東盜賊起，絢逐捕之，多所剋獲。時諸郡無復完者，唯涿郡獨全。後將兵擊竇建德於河間，[7]戰死，人吏哭之，數月不息。

[1]安邑：縣名。治所在今山西夏縣西北禹王城。

[2]尚書令史：吏職名。隋尚書省低級吏員，掌文書案牘等事。

[3]刑部尚書：官名。隋初沿置都官尚書，開皇三年改爲刑部尚書，是尚書省下轄六部之一刑部的長官。職掌刑法、徒隸、勾覆及關禁之政，總判刑部、都官、比部、司門四司之事。置一員，正三品。 宇文弨：人名。傳見本書卷五六、《北史》卷七五。

[4]郡丞：《北史》卷八六本傳作"贊務"。據《隋志》及《通典》卷三三《總論郡佐》，煬帝大業三年改州爲郡，罷長史、司馬，置贊治一人以貳之，後又改爲丞。唐避高宗李治諱，亦改爲"贊務"。此言大業初，何者爲確尚不可考。

[5]通守：官名。隋煬帝於郡守下置通守一人，地位僅次於郡守，協掌本郡政務。品秩不詳。

[6]兼領：官制用語。假職未真授之稱。

[7]竇建德：人名。隋末反隋主力之一，唐武德元年（618）於河北稱帝建立夏國。傳見《舊唐書》卷五四、《新唐書》卷八五。

敬肅

敬肅，字弘儉，河東蒲坂人也。[1]少以貞介知名，釋褐州主簿。[2]開皇初，爲安陵令，[3]有能名，擢拜秦州司馬，轉幽州長史。[4]仁壽中，爲衛州司馬，俱有異績。煬帝嗣位，遷潁川郡丞。大業五年，朝東都，帝令司隸大夫薛道衡爲天下群官之狀。[5]道衡狀稱肅曰："心如鐵石，老而彌篤。"時左翊衛大將軍宇文述當塗用事，[6]其邑在潁川，每有書屬肅。肅未嘗開封，輒令使者持去。述賓客有放縱者，以法繩之，無所寬貸。由是述銜之。八年，朝於涿郡，帝以其年老有治名，將擢爲太守者數矣，輒爲述所毀，不行。大業末，乞骸骨，優詔許之。

去官之日，家無餘財。歲餘，終于家，時年八十。

　　[1]蒲坂：縣名。治所在今山西永濟市西南。
　　[2]州主簿：官名。爲諸州府的佐官，掌州府監印，檢核文書簿籍，勾稽缺失等事。雍州主簿爲流內視正八品，其餘諸州主簿爲流內視從八品。
　　[3]安陵：縣名。治所在今河北吳橋縣東北。
　　[4]豳州：治所在今陝西彬縣。按，《北史》卷八六《敬肅傳》作"幽州"。中華書局新修訂本校勘記云："下文稱'仁壽中，爲衞州司馬'，知事在文帝仁壽前。本書卷二九《地理志上·北地郡》'後魏置豳州，西魏改爲寧州。大業初復曰豳州'。是隋大業前無豳州。當從《北史》作'幽州'，作'豳州'誤。"當從改。
　　[5]薛道衡：人名。傳見本書卷五七，《北史》卷三六有附傳。
　　[6]左翊衞大將軍：官名。隋初中央軍事機關十二衞有左右衞，大業三年改爲左右翊衞，各置大將軍一人，掌宮掖禁禦，督攝仗衞。正三品。　宇文述：人名。傳見本書卷六一、《北史》卷七九。

　　劉曠

　　劉曠，[1]不知何許人也。性謹厚，每以誠恕應物。開皇初，爲平鄉令，[2]單騎之官。人有諍訟者，輒丁寧曉以義理，不加繩劾，各自引咎而去。所得俸禄，賑施窮乏。百姓感其德化，更相篤勵，曰："有君如此，何得爲非！"在職七年，風教大洽，獄中無繫囚，爭訟絶息，囹圄盡皆生草，庭可張羅。及去官，吏人無少長，號泣於路，將送數百里不絶。遷爲臨潁令，[3]清名善政，爲天下第一。尚書左僕射高熲言其狀，[4]上召之，及引見，勞之曰：“天下縣令固多矣，卿能獨異於衆，良足美也！”顧謂侍臣曰：“若不殊獎，何以爲勸！”於是下優詔，擢拜莒州刺史。[5]

［1］劉曠：人名。傳另見《北史》卷八六。

［2］平鄉：縣名。治所在今河北平鄉縣西南。

［3］臨潁：縣名。治所在今河南臨潁縣。

［4］尚書左僕射：官名。隋尚書省置左右僕射各一人，地位僅次於尚書令。由於隋尚書令不常置，僕射成爲尚書省實際長官，是宰相之職。從二品。

［5］莒州：治所在今山東沂水縣。

王伽

王伽，[1] 河間章武人也。[2] 開皇末，爲齊州行參軍，[3] 初無足稱。後被州使送流囚李參等七十餘人詣京師。[4] 時制，流人並枷鎖傳送。伽行次滎陽，[5] 哀其辛苦，悉呼而謂之曰：“卿輩既犯國刑，虧損名教，身嬰縲絏，此其職也。今復重勞援卒，豈獨不愧於心哉！”參等辭謝。伽曰：“汝等雖犯憲法，枷鎖亦大辛苦。吾欲與汝等脱去，行至京師總集，能不違期不？”皆拜謝曰：“必不敢違。”伽於是悉脱其枷，停援卒，與期曰：“某日當至京師，如致前却，吾當爲汝受死。”舍之而去。流人咸悦，依期而至，一無離叛。上聞而驚異之，召見與語，稱善久之。於是悉召流人，并令攜負妻子俱入，賜宴於殿庭而赦之。乃下詔曰：“凡在有生，含靈禀性，咸知好惡，並識是非。若臨以至誠，明加勸導，則俗必從化，人皆遷善。往以海內亂離，德教廢絕，官人無慈愛之心，兆庶懷姦詐之意，所以獄訟不息，澆薄難治。[6]朕受命上天，安養萬姓，思遵聖法，[7]以德化人，朝夕孜孜，意在於此。而伽深識朕意，誠心宣導。參等感悟，自赴憲司。明是率土之人非爲難教，良是官人不加曉示，[8]致令陷罪，無由自新。若使官盡王伽之儔，人皆李參之輩，刑厝不用，其何遠哉！”於是擢伽爲雍令，[9]政有能名。

[1]王伽：人名。傳另見《北史》卷八六。

[2]章武：縣名。治所在今河北黃驊市西北。

[3]行參軍：官名。此爲州府屬官，隋代州府設戶、兵等曹參軍事，法、士曹等行參軍，及行參軍等佐官。上州諸曹行參軍事正八品，中州諸曹行參軍從八品，下州諸曹行參軍事及上州行參軍正九品，下州行參軍從九品。《北史·王伽傳》作“參軍”。

[4]李參：人名。具體事迹不詳。

[5]滎陽：郡名。煬帝改鄭州置，治所在今河南鄭州市。

[6]澆薄：指社會風氣浮薄。

[7]遵：諸本同，《北史·王伽傳》作“導”。

[8]曉示：汲古閣本、殿本、庫本、中華本同，宋刻遞修本、《北史·王伽傳》作“示曉”。

[9]雍。縣名。治所在今陝西鳳翔縣。

魏德深

魏德深，[1]本鉅鹿人也。[2]祖沖，[3]仕周爲刑部大夫,^[4]建州刺史,^[5]因家弘農。^[6]父毗,^[7]鬱林令。^[8]德深初爲文帝挽郎,^[9]後歷馮翊書佐、武陽司户書佐,^[10]以能遷貴鄉長。^[11]爲政清净,不嚴而治。

[1]魏德深：人名。傳另見《北史》卷八六。

[2]鉅鹿：郡名。秦時治鉅鹿縣（今河北平鄉縣西南），東漢移治癭陶縣（今河北寧晋縣西南），北魏永安中郡分爲二，一屬殷州（今寧晋縣西），北齊廢；一屬定州（今河北定州市），隋初廢。

[3]沖：人名。即魏沖。事亦見《北史·魏德深傳》。

[4]刑部大夫：官名。北周秋官府有刑部中大夫，掌五刑之政，附萬民之罪。正五命。（參見王仲犖《北周六典》卷六《秋官府第十一》，第408頁）

[5]建州：北周時治所在今山西晋城市東北。

[6]弘農：郡名。治所在今河南靈寶市。

[7]毗：人名。即魏毗。事亦見《北史·魏德深傳》。

[8]鬱林：縣名。治所在今廣西貴港市東南。

[9]挽郎：出殯時牽引靈柩唱輓歌之人。

[10]馮翊：郡名。治所在今陝西大荔縣。　武陽：郡名。煬帝改魏州置，治所在今河北大名縣。　書佐：官名。煬帝改州諸曹參軍事爲郡書佐。視從八品至視從九品。　司户書佐：官名。司户書佐即州司户參軍事，掌一郡户口、民政等事務。視從八品至視從九品。

[11]貴鄉：縣名。治所在今河北大名縣北。

會與遼東之役，徵税百端，使人往來，責成郡縣。于時王綱弛紊，吏多贓賄，所在徵斂，下不堪命。唯德深一縣，有無相通，不竭其力，所求皆給，百姓不擾，稱爲大治。于時盜賊群起，武陽諸城多被淪陷，唯貴鄉獨全。郡丞元寶藏受詔逐捕盜賊，[1]每戰不利，則器械必盡，輒徵發於人，動以軍法從事，如此者數矣。其鄰城營造，皆聚於聽事，吏人遞相督責，晝夜喧囂，猶不能濟。德深各問其所欲任，隨便修營，官府寂然，恒若無事。唯約束長吏，所修不須過勝餘縣，使百姓勞苦。然在下各自竭心，常爲諸縣之最。

[1]元寶藏：人名。隋武陽郡丞，大業十三年九月投降李密，李密封以上柱國、武陽公、魏州總管，武德二年降唐。事亦見本書卷八五《宇文化及傳》，《通鑑》卷一八四、卷一八七等。

尋轉館陶長，[1]貴鄉吏人聞之，相與言及其事，皆歔欷流涕，語不成聲。及將赴任，傾城送之，號泣之聲，道路不絕。既至館陶，闔境老幼皆如見其父母。有猾人員外郎趙君實，[2]與郡丞元寶藏深相交結，前後令長未有不受其指麾者。自德深至縣，君實屏處於室，未嘗輒敢出門。逃竄之徒，歸來如市。貴鄉父老冒涉艱險，詣闕請留德深，有詔許之。館陶父老復詣郡相訟，以貴鄉文書爲詐。郡不能決。會持節使者韋霽、杜整等至，[3]兩縣詣使訟之，乃斷從貴鄉。貴鄉吏人歌呼滿道，互相稱慶。館陶眾庶合境悲哭，因而居住者數百家。

[1]館陶：縣名。治所在今河北館陶縣。
[2]趙君實：人名。事亦見《北史》卷八六《魏德深傳》，其

他事迹不詳。

[3]持節使者：漢朝官員奉使外出時，或由皇帝授予節杖，以提高其威權。魏、晉以後，凡重要軍事長官出征或出鎮時，加使持節，可誅殺二千石以下官員。皇帝派遣大臣出巡或祭吊等事時也使持節，以表示權力和尊崇。　韋霽：人名。隋煬帝時任太常少卿，大業十三年爲河北大使，巡查郡縣。後王世充稱帝，出任左（右）僕射。　杜整：人名。事亦見《北史・魏德深傳》，其他事迹不詳。

寶藏深害其能。會越王侗徵兵於郡，[1]寶藏遂令德深率兵千人赴東都。俄而寶藏以武陽歸李密。[2]德深所領，皆武陽人也，以本土從賊，念其親戚，輒出都門東向慟哭而反。人或謂之曰：“李密兵馬近在金墉，[3]去此二十餘里。汝必欲歸，誰能相禁，何爲自苦如此！”其人皆垂泣曰：“我與魏明府同來，[4]不忍棄去，豈以道路艱難乎！”其得人心如此。後與賊戰，没於陣，貴鄉、館陶人庶至今懷之。

[1]越王侗：隋煬帝之孫，元德太子楊昭次子楊侗，封越王。本書卷五九、《北史》卷七一有附傳。

[2]李密：人名。傳見本書卷七〇、《舊唐書》卷五三、《新唐書》卷八四，《北史》卷六〇有附傳。

[3]金墉：城名。三國魏明帝時建，在今河南洛陽市東北。

[4]明府：魏晉以來對牧守令長的尊稱。

時有櫟陽令渤海高世衡、蕭令彭城劉高、城皋令弘農劉熾，[1]俱有恩惠。大業之末，長史多贓污，衡、高及熾清節逾厲，風教大洽，獄無繫囚，爲吏人所稱。

[1]櫟陽：縣名。治所在今陝西西安市臨潼區東北。　渤海：郡名。治所在今山東陽信縣。　高世衡：人名。隋末任櫟陽縣令，其他事迹不詳。　蕭：縣名。治所在今安徽蕭縣西北。　彭城：郡名。治所在今江蘇徐州市。　劉高：人名。隋末任蕭縣令，其他事迹不詳。　城皋：縣名。亦名"成皋"，治所在今河南滎陽市西北。劉熾：人名。隋末任蕭城皋縣令，其他事迹不詳。

史臣曰：古語云，善爲水者，引之使平，善化人者，撫之使静。水平則無損於堤防，人静則不犯於憲章。然則易俗移風，服教從義，不資於明察，必藉於循良者也。彦光等皆内懷直道，至誠待物，故得所居而化，所去見思。至於景茂之遏惡揚善，公義之撫視疾病，劉曠之化行所部，德深之愛結人心，雖信臣、杜詩、鄭渾、朱邑，[1]不能繼也。《詩》云："愷悌君子，人之父母。"[2]豈徒言哉！恭懿所在尤異，屢簡帝心，追既往之一眚，遂流亡於道路，惜乎！柳儉去官，妻子不贍，趙軌秩滿，酌水餞離，清矣！

[1]信臣：人名。即召信臣。西漢末任南陽太守，治民名臣。傳見《漢書》卷八九。　杜詩：人名。東漢光武帝時任南陽太守，賢能惠政，南陽百姓稱"前有召父，後有杜母"。傳見《後漢書》卷三一。　鄭渾：人名。三國曹魏時先後任陽平、沛郡、山陽、魏郡太守，皆有能名，魏明帝曹叡曾下詔旌表。傳見《三國志》卷一六。　朱邑：人名。西漢人，爲人公正廉潔，從鄉嗇夫直至太守皆有惠政。傳見《漢書》卷八九。
[2]愷悌君子，人之父母：語出《詩·大雅·洞酌》，原句爲

"豈弟君子，民之父母"。豈弟（愷悌），和樂平易之意。此避唐太宗李世民諱改"民"爲"人"。

隋書　卷七四

列傳第三十九

酷吏

　　夫爲國之體有四焉：一曰仁義，二曰禮制，三曰法令，四曰刑罰。仁義禮制，政之本也，法令刑罰，政之末也。無本不立，無末不成。然教化遠而刑罰近，可以助化而不可以專行，可以立威而不可以繁用。《老子》曰："其政察察，其人缺缺。"[1]又曰："法令滋章，盜賊多有。"[2]然則令之煩苛，吏之嚴酷，不能致理，百代可知。考覽前載，有時而用之矣。昔秦任獄吏，赭衣滿道。[3]漢革其風，矯枉過正。禁網疏闊，遂漏吞舟，大姦巨猾，犯義侵禮。故剛克之吏，摧拉凶邪，一切禁姦，以救時弊，雖垂教義，或有所取焉。

　　[1]其政察察，其人缺缺：語出《老子·第五十八章》。察察，苛察、煩細。缺缺，疏薄。
　　[2]法令滋章，盜賊多有：語出《老子·第五十七章》。

[3]赭衣：古代囚衣，此代指囚犯、罪人。

　　高祖膺期，[1]平一江左，[2]四海九州，[3]服教從義。至於威行郡國，力折公侯，乘傳賦人，[4]探丸斫吏者，[5]所在蔑聞焉。無曩時之弊，亦已明矣。士文等功不足紀，[6]才行無聞，遭遇時來，叨竊非據，肆其褊性，多行無禮，君子小人，咸罹其毒。凡厥所蒞，莫不懍然。居其下者，視之如蛇虺，過其境者，逃之如寇讎。與人之恩，心非好善，加人之罪，事非疾惡。其所笞辱，多在無辜，察其所爲，豺狼之不若也。無禁姦除猾之志，肆殘虐幼賤之心，君子惡之，故編爲《酷吏傳》也。

　　[1]高祖：隋文帝楊堅的廟號。紀見本書卷一、二，《北史》卷一一。
　　[2]江左：地區名。亦稱江東，此泛指長江下游以東、以南地區。
　　[3]四海九州：泛指全中國。
　　[4]乘傳賦人：乘坐驛車徵收賦稅。
　　[5]探丸斫吏：漢長安中游俠受賄替人殺官吏報仇。典出《漢書》卷九〇《尹賞傳》。
　　[6]士文：人名。即厙狄士文。傳見本卷，《北齊書》卷一五、《北史》卷五四有附傳。

　　厙狄士文

　　厙狄士文，代人也。[1]祖干，[2]齊左丞相。[3]父敬，[4]武衛將軍、肆州刺史。[5]士文性孤直，雖鄰里至親莫與通狎。少讀書。在齊襲封章武郡王，[6]官至領軍將軍。[7]周武帝平齊，[8]山東衣冠多迎周師，[9]唯士文閉門自守。帝奇之，授開府儀同三司、隨州刺史。[10]

[1]代：此指十六國時期鮮卑族拓跋部所建立的代國屬地，在今內蒙古中部、山西北部地區。

[2]干：人名。即厙狄干。鮮卑族。北齊天保初以佐命功封章武郡王，轉太宰。傳見《北齊書》卷一五、《北史》卷五四。

[3]齊：即北齊（550—577），或稱高齊，都鄴（今河北臨漳縣西南鄴鎮東）。　左丞相：官名。北齊乾明中置丞相，清河中分爲左右，開府置府僚。品秩不詳。按，《北齊書》卷一五、《北史》卷五四《厙狄干傳》未載其任左丞相事。

[4]敬：人名。北齊時卒於儀同三司。事見本卷、《北齊書·厙狄干傳》、《北史·厙狄干傳》。按，據《北齊書·厙狄干傳》載："子敬伏。"《北史·厙狄干傳》則載："子伏敬。"

[5]武衛將軍：官名。北齊左右衛府設二人，掌宿衛，主禁兵。從三品。　肆州：北魏置，北齊沿用，隋初改爲代州，治所在今山西忻州市。

[6]章武郡王：爵名。北齊十五等爵的第二等。正一品。

[7]領軍將軍：官名。北齊領軍府有將軍一人，掌禁衛宮掖。從二品。

[8]周武帝：北周皇帝宇文邕的謚號。紀見《周書》卷五、六，《北史》卷一〇。

[9]山東：地區名。戰國、秦、漢時代，通稱華山或崤山以東爲山東。函括今河北、河南、山東等省。魏晉南北朝隋唐時期亦稱太行山以東地區爲山東。此處代指北齊所轄地區。　衣冠：此代指士人。

[10]開府儀同三司：官名。亦簡稱開府，周武帝建德四年

（575）改稱開府儀同大將軍。屬勳官。北周府兵制中二十四軍的每軍長官均加此勳官名，可開府置官屬。九命。　隨州：治所在今湖北隨州市。

　　高祖受禪，加上開府，[1]封湖陂縣子，[2]尋拜貝州刺史。[3]性清苦，不受公料，家無餘財。其子常噉官廚餅，士文枷之於獄累日，杖之一百，[4]步送還京。僮隸無敢出門，[5]所買鹽菜，必於外境。凡有出入，皆封署其門，親舊絶迹，慶弔不通。法令嚴肅，吏人股戰，道不拾遺。有細過，必深文陷害。嘗入朝，遇上置酒高會，賜公卿入左藏，[6]任取多少。人皆極重，士文獨口銜絹一匹，兩手各持一匹。上問其故，士文曰：“臣口手俱滿，餘無所須。”上異之，別加賞物，勞而遣之。

　　[1]上開府：官名。全稱是上開府儀同三司。隋文帝因改北周十一等勳官之制形成十一等散實官，用以酬勤勞，無實際職掌。上開府爲第五等，可開府置僚佐。從三品。
　　[2]湖陂縣子：爵名。隋九等爵的第八等。正四品下。
　　[3]貝州：治所在今河北清河縣西北。
　　[4]一百：宋刻遞修本、汲古閣本、殿本、中華本與底本同，庫本作“二百”。又《北齊書》卷一五、《北史》卷五四《厙狄士文傳》亦作“二百”。
　　[5]僮：宋刻遞修本、中華本與底本同，汲古閣本、殿本、庫本作“僕”，另《北齊書・厙狄士文傳》《北史・厙狄士文傳》亦作“僮”。
　　[6]左藏：官署名。北齊國庫之一，屬太府寺，置令，掌庫藏錢物布帛。

士文至州，發擿姦隱，長吏尺布升粟之贓，無所寬貸。得千餘人而表之，[1]上悉配防嶺南，[2]親戚相送，哭泣之聲遍於州境。至嶺南，遇瘴癘死者十八九，於是父母妻子唯哭士文。士文聞之，令人捕捉，搥捶盈前，而哭者彌甚。有京兆韋焜爲貝州司馬，[3]河東趙達爲清河令，[4]二人並苛刻，唯長史有惠政。時人爲之語曰："刺史羅刹政，[5]司馬蝮蛇瞋，長史含笑判，清河生喫人。"上聞而歎曰："士文之暴，過於猛獸。"竟坐免。

[1]表：殿本、庫本同，宋刻遞修本、汲古閣本、中華本作"奏"。

[2]嶺南：地區名。亦稱嶺外、嶺表。泛指五嶺以南地區，相當於今廣東、廣西兩省及越南北部一帶。

[3]京兆：郡名。治所在今陝西西安市西北。　韋焜：人名。隋時任戶部郎、貝州司馬等職。　司馬：官名。隋州僚屬之一，開皇三年（583）改治中爲司馬，名義上紀綱衆務，通判列曹，實無具體職任。上州正五品、中州從五品、下州正六品。

[4]河東：郡名。治所在今山西永濟市西南。　趙達：人名。隋時任清河縣令，其他事迹不詳。　清河：縣名。治所在今河北清河縣西北。

[5]羅刹：梵語惡鬼之意。

未幾，以爲雍州長史，[1]士文謂人曰："我向法深，不能窺候要貴，必死此官矣。"及下車，執法嚴正，不避貴戚，賓客莫敢至門，人多怨望。士文從父妹爲齊氏嬪，有色，齊滅之後，賜薛國公長孫覽爲妾。[2]覽妻鄭氏性妒，譖之於文獻后，[3]后令覽離絕。士文耻之，不與相見。後應州刺史唐君明居母憂，[4]娉以爲妻，由是士文、君明並爲御史所劾。士文性剛，在獄數日，憤恚而死。家無餘財，有子三人，朝夕不繼，親友無内之者。

[1]雍州：隋京都長安所在地，治所在今陝西西安市。 長史：官名。此爲州府上佐之一，佐理一州事務，開皇三年改別駕爲長史。上州正五品，中州從五品，下州正六品。

[2]薛國公：爵名。隋九等爵的第三等。從一品。 長孫覽：人名。傳見本書卷五一，《北史》卷二二有附傳。

[3]文獻后：隋文帝皇后，名獨孤伽羅。傳見本書卷三六、《北史》卷一四。

[4]應州：治所在今湖北廣水市。 唐君明：人名。事亦見本書卷六二《柳彧傳》、《北齊書》卷一五《厙狄士文傳》。 母憂：遭逢母親喪事。古代喪服禮制規定，父母死後，子女須守喪，三年内不得做官、婚娶、赴宴、應考、舉樂，等等。

田式

田式，[1]字顯標，馮翊下邽人也。[2]祖安興，[3]父長樂，[4]仕魏，[5]俱爲本郡太守。式性剛果，多武藝，拳勇絕人。周明帝時，[6]年十八，授都督，[7]領鄉兵。[8]後數載，拜渭南太守，[9]政尚嚴猛，吏人重足而立，無敢違法者。遷本郡太守，親故屏迹，請托不行。武帝聞而善之，[10]進位儀同三司，[11]賜爵信都縣公，[12]擢拜延州刺史。[13]從帝平齊，以功加上開府，徙爲建州刺史，[14]改封梁泉縣公。

[1]田式：人名。傳另見《北史》卷八七。

[2]馮翊：郡名。治所在今陝西大荔縣。　下邽：縣名。治所在今陝西渭南市北。

[3]安興：人名。即田安興。事亦見《北史·田式傳》。

[4]長樂：人名。即田長樂。事亦見《北史·田式傳》。

[5]魏：即北魏（386—557），亦稱後魏。初都平城（今山西大同市東北），公元494年遷都洛陽（今河南洛陽市東北白馬寺東）。公元534年分裂爲東魏和西魏兩個政權。東魏（534—550）都於鄴（今河北臨漳縣西南鄴鎮東），西魏（535—557）都於長安（今陝西西安市西北郊）。

[6]周明帝：北周明帝宇文毓。紀見《周書》卷四、《北史》卷九。

[7]都督：官名。北周實行府兵制，大都督統團，帥都督統旅，都督爲隊官。七命。

[8]鄉兵：北周地方武裝，由帥都督或都督統領，居於本鄉。

[9]渭南：郡名。治所在今陝西渭南市東南。

[10]武帝：即北周武帝宇文邕。

[11]儀同三司：官名。亦簡稱儀同。周武帝建德四年改稱儀同大將軍。屬勳官。北周府兵制中儀同府的長官均加此勳官名，可開府置官屬。九命。（參見王仲犖《北周六典》卷九《勳官第二十》，中華書局1979年版，第578頁；谷霽光《府兵制度考釋》，上海人民出版社1962年版，第51頁）

[12]信都縣公：爵名。北周命數不詳，王仲犖認爲“非正九命則當是九命爾”（參見王仲犖《北周六典》卷八《封爵第十九》，第548頁）。

[13]延州：治所在今陝西延安市城東延河東岸。

[14]建州：治所在今山西絳縣東南。按，底本原作"庭州"，中華本校勘記云："'建'原作'庭'，據《北史》本傳改，北周無庭州，唐貞觀中始設置。"今從改。

　　高祖總百揆，[1]尉迴作亂鄴城，[2]從韋孝寬擊之。[3]以功拜大將軍，[4]進爵武山郡公。[5]及受禪，拜襄州總管，[6]專以立威爲務。每視事于外，必盛氣以待其下，官屬股慄，無敢仰視。有犯禁者，雖至親暱，無所容貸。其女婿京兆杜寧，[7]自長安省之，式誡寧無出外。寧久之不得還，竊上北樓，以暢羈思。式知之，笞寧五十。其所愛奴，嘗詣式白事，有蟲上其衣衿，揮袖拂去之。式以爲慢己，立榜殺之。或僚吏姦贓，部内劫盜者，無問輕重，悉禁地牢中，寢處糞穢，令其苦毒，自非身死，終不得出。每赦書到州，式未暇讀，先召獄卒，殺重囚，然後宣示百姓。其刻暴如此。

　　[1]百揆：百官。

　　[2]尉迴：人名。即尉遲迴。北周太祖宇文泰之甥，周宣帝時任大前疑、相州總管。傳見《周書》卷二一、《北史》卷六二。鄴城：地名。北齊都城鄴所在地，在今河北臨漳縣西南鄴鎮東。

　　[3]韋孝寬：人名。西魏、北周名將。傳見《周書》卷三一、《北史》卷六四。

　　[4]大將軍：官名。爲北周十一等勳官的第四等，可開府置官屬，以酬勳勞，無實際職掌。正九命。

　　[5]武山郡公：爵名。北周十一等爵的第五等。正九命。（參見王仲犖《北周六典》卷八《封爵第十九》，第542頁）

　　[6]襄州：治所在今湖北襄樊市。　總管：官名。全稱是總管

刺史加使持節。統轄範圍可達數州至十餘州，成一軍政管轄區。隋文帝在并、益、荆、揚四州置大總管，其餘州置總管。總管分上、中、下三等，品秩爲流内視從二品、正三品、從三品。

　　[7]杜寧：人名。事迹不詳。

　　由是爲上所譴，除名爲百姓。式慚恚不食，妻子至其所，輒怒，唯侍僮二人給使左右。從家中索椒，欲以自殺，家人不與。陰遣所侍僮詣市買毒藥，妻子又奪而棄之。式恚卧。其子信時爲儀同，[1]至式前流涕曰：“大人既是朝廷舊臣，又無大過。比見公卿放辱者多矣，旋復升用，大人何能久乎？乃至於此！”式欸然而起，抽刀斫信，[2]信遽走避之，刃中於閾。上知之，以式爲罪己之深，復其官爵。尋拜廣州總管，[3]卒官。

　　[1]信：人名。即田信。隋時爲儀同，具體事迹不詳。　儀同：官名。全稱是儀同三司。隋文帝因改北周十一等勳官之制形成十一等散實官，用以酬勤勞，無實際職掌。儀同三司是第八等，可開府置僚佐。正五品上。

　　[2]斫：宋刻遞修本、汲古閣本、中華本同，殿本、庫本作“砍”。

　　[3]廣州：治所在今廣東廣州市。

　　燕榮

　　燕榮，[1]字貴公，華陰弘農人也。[2]父偘，[3]周大將軍。榮性剛嚴，有武藝。仕周爲内侍上士。[4]從武帝伐齊，以功授開府儀同三司，封高邑縣公。

[1]燕榮：人名。傳另見《北史》卷八七。

[2]華陰弘農人也：《北史》卷八七本傳記載與此同，中華本《北史》校勘記云：“張森楷云：‘華陰未嘗爲郡，弘農安得屬之？此疑誤倒。’按《魏書·地形志下》華州華山郡華陰縣注云：‘前漢屬京兆，後漢、晋屬恒農（即弘農）。’稱‘弘農華陰人’是沿襲漢、晋舊望。張説是。”據校勘記此當爲“弘農華陰人”。弘農，郡名。治所在今河南靈寶市。華陰，縣名。治所在今陝西華陰市。

[3]偘（kǎn）：人名。即燕偘。名僅見於此，具體事迹不詳。

[4]内侍上士：北周無内侍上士一職。此爲隋諱“中”，改“中”爲“内”，此當爲中侍上士。中侍上士，官名。北周置左、右中侍上士，掌御寢之禁。正三命。

高祖受禪，進位大將軍，封落叢郡公，[1]拜晋州刺史。[2]從河間王弘擊突厥，[3]以功拜上柱國，[4]遷青州總管。[5]榮在州，選絶有力者爲伍伯，[6]吏人過之者，必加詰問，輒楚撻之，創多見骨。姦盜屏迹，境内肅然。他州縣人行經其界者，畏若寇讎，不敢休息。上甚善之。後因入朝覲，特加勞勉。榮以母老，請每歲入朝，上許之。及辭，上賜宴于内殿，詔王公作詩以餞之。伐陳之役，[7]以爲行軍總管，[8]率水軍自東萊傍海，[9]入太湖，取吳郡。[10]既破丹陽，[11]吳人共立蕭瓛爲主，[12]阻兵於晋陵，[13]爲宇文述所敗，[14]退保包山。[15]榮率精甲五千躡之，瓛敗走，爲榮所執，晋陵、會稽悉平。[16]檢校揚州總管。[17]尋徵爲右武候將軍。[18]突厥寇邊，以爲行軍總管，屯幽州。[19]母憂去職。明年，起爲幽州總管。

[1]落叢郡公：爵名。隋九等爵的第四等。從一品。

[2]晋州：治所在今山西臨汾市。

[3]河間王：爵名，全稱爲河間郡王。　弘：人名。即楊弘。傳見本書卷四三、《北史》卷七一。　突厥：古族名、國名。廣義包括突厥、鐵勒諸部落，狹義專指突厥。公元六世紀時游牧於金山（今阿爾泰山）以南，因金山形似兜鍪，俗稱"突厥"，遂以名部落。西魏廢帝元年（552），土門自號伊利可汗，建立突厥汗國。後分裂爲西突厥、東突厥兩個汗國。傳見本書卷八四、《北史》卷九九、《舊唐書》卷一九四、《新唐書》卷二一五。

[4]上柱國：官名。隋文帝因改北周之制形成十一等散實官，以酬勤勞。上柱國是第一等，開府置府佐。從一品。

[5]青州：治所在今山東青州市。

[6]伍伯：役卒名。其職掌多爲執杖行刑，開路引導。

[7]陳：即南朝陳（557—589），都建康（今江蘇南京市）。

[8]行軍總管：出征軍統帥名。北周至隋時所置的統領某部或某路出征軍隊的軍事長官。根據需要其上還可置行軍元帥以統轄全局。屬臨時差遣任命之職，事罷則廢。

[9]東萊：郡名。治所在今山東萊州市。

[10]吳郡：治所在今江蘇蘇州市。

[11]丹陽：郡名。治所在今江蘇南京市。

[12]蕭瓛：人名。本書卷七九、《北史》卷九三、《周書》卷四八有附傳。

[13]晋陵：郡名。治所在今江蘇常州市。

[14]宇文述：人名。傳見本書卷六一、《北史》卷七九。

[15]包山：一作苞山，又名洞庭山。今江蘇蘇州市吳中區西南太湖中洞庭西山。

[16]會稽：郡名。治所在今浙江紹興市。

[17]檢校：官制用語。初謂代理，隋及唐初皆有。即尚未實授其官，但已掌其職事。中唐以後檢校含意有變。　揚州：治所在今

江蘇揚州市。

[18]右武候將軍：官名。隋中央十二衛之左、右武候衛各置大將軍一人、將軍二人，掌車駕出，先驅後殿，晝夜巡察，執捕奸非，烽候道路，水草所置。巡狩師田，則掌其營禁。武候將軍，從三品。

[19]幽州：治所在今北京城西南。

　　榮性嚴酷，有威容，長史見者，莫不惶懼自失。范陽盧氏，[1]代爲著姓，榮皆署爲吏卒以屈辱之。鞭笞左右，動至千數，流血盈前，飲噉自若。嘗按部，道次見叢荆，堪爲笞箠，命取之，輒以試人。人或自陳無咎，榮曰：“後若有罪，當免爾。”及後犯細過，將搤之，人曰：“前日被杖，使君許有罪宥之。”榮曰：“無過尚爾，況有過邪！”榜箠如舊。榮每巡省管内，聞官人及百姓妻女有美色，輒舍其室而淫之。貪暴放縱日甚。是時元弘嗣被除爲幽州長史，[2]懼爲榮所辱，固辭。上知之，敕榮曰：“弘嗣杖十已上罪，皆須奏聞。”榮忿曰：“豎子何敢弄我！”於是遣弘嗣監納倉粟，嫗得一糠一秕，輒罰之。每笞雖不滿十，然一日之中，或至三數。如是歷年，怨隙日構，榮遂收付獄，禁絕其糧。弘嗣飢餒，抽衣絮，雜水咽之。其妻詣闕稱冤，上遣考功侍郎劉士龍馳驛鞫問。[3]奏榮虐毒非虛，又贓穢狼籍，遂徵還京師，賜死。先是，榮家寢室無故有蛆數斛，從地墳出。未幾，榮死於蛆出之處。有子詢。[4]

　　[1]范陽：郡名。治所在今河北涿州市。

［2］元弘嗣：人名。傳見本卷、《北史》卷八七。　除：官制用語。拜官、授職。

［3］考功侍郎：官名。隋尚書省吏部考功曹長官，置一員，掌全國文武官員的考課和生平事迹。隋初爲正六品上，開皇三年升爲從五品。煬帝大業三年（607）改諸曹侍郎爲郎，考功侍郎遂改稱考功郎。　劉士龍：人名。弘農人，隋開皇中爲考功侍郎，大業八年以尚書右丞爲撫慰使，因事被斬。事略見《通鑑》卷一八一《隋紀》大業八年條。

［4］詢：人名。事迹不詳。

趙仲卿

趙仲卿，[1]天水隴西人也。[2]父剛，[3]周大將軍。仲卿性粗暴，有膂力，周齊王憲甚禮之。[4]從擊齊，攻臨秦、統戎、威遠、伏龍、張壁等五城，[5]盡平之。又擊齊將段孝先於姚襄城，[6]苦戰連日，破之。以功授大都督，[7]尋典宿衞。平齊之役，以功遷上儀同，[8]兼趙郡太守。[9]入爲畿伯中大夫。[10]王謙作亂，[11]仲卿使在利州，[12]即與總管豆盧勣發兵拒守。[13]爲謙所攻，仲卿督兵出戰，前後一十七陣。及謙平，進位大將軍，封長垣縣公，邑千户。[14]

［1］趙仲卿：人名。《北史》卷六九有附傳。

［2］天水隴西人：中華書局新修訂本校勘記云：“天水、隴西同爲隋郡，不得並稱。《元和姓纂》卷七天水西縣爲趙姓郡望。《新唐書》卷七三下《宰相世系表三下》，趙氏出自嬴姓，‘世居隴西天水西縣’。《北史》卷六九《趙文表傳》‘其先天水西人也’。

‘隴’字當衍。參見《隋書求是》卷四六。又，《隋書詳節》卷一九《趙仲卿傳》云‘天水人也’，無‘隴西’二字。”故此當爲“天水西人”。天水西，縣名。治所在今甘肅天水市。

〔3〕剛：人名。即趙剛。北周爵至浮陽郡公。傳見《周書》卷三三、《北史》卷六九。按，“剛”底本原作“綱”，據《周書·趙剛傳》《北史·趙剛傳》改。

〔4〕齊王憲：北周宇文泰第五子宇文憲，封齊王。傳見《周書》卷一二、《北史》卷五八。

〔5〕臨秦：地名。約在今山西北部。　統戎：地名。約在今山西北部。　威遠：地名。約在今山西右玉縣。　伏龍：地名。約在今山西河津市西北。　張壁：地名。約在今山西介休市東南。

〔6〕段孝先：人名。即段韶，字孝先，北齊開國功臣。《北齊書》卷一六、《北史》卷五四有附傳。　姚襄城：地名。在今山西吉縣。

〔7〕大都督：官名。西魏實行府兵制，以都督中外爲最高統帥，下有六柱國及十二大將軍均稱大都督。北周武成初改都督爲總管。後爲北周十一等勳官的第九等，北周府兵制中每團的長官均加此勳官名。八命。（參見王仲犖《北周六典》卷九《勳官第二十》，第580頁）

〔8〕上儀同：勳官名。全稱爲上儀同大將軍。北周武帝置。位在儀同大將軍上，授予有軍勳的功臣及其子弟，無具體職掌。九命。

〔9〕兼：官制用語。假職未真授之稱。　趙郡：治所在今河北趙縣。

〔10〕畿伯中大夫：官名。北周以王畿千里之外爲畿，立畿伯之官，使各掌其畿之政令戒禁。正五命。（參見王仲犖《北周六典》卷三《地官府第八》，第97頁）

〔11〕王謙：人名。北周柱國大將軍，因反對楊堅輔政，兵敗被殺。傳見《周書》卷二一，《北史》卷六〇有附傳。

［12］利州：治所在今四川廣元市。

［13］豆盧勣：人名。傳見本書卷三九，《北史》卷六八有附傳。

［14］邑：也稱食邑、封邑。是古代君王封賜給有爵位之人的一種食禄制度，受封者可徵收封地内的民户租税充作食禄。魏晋以後，食邑分爲虚封和實封兩類：虚封一般僅冠以“邑”或“食邑”之名，這祇是一種榮譽性加銜，受封者並不能獲得實際的食禄收入；而實封一般須冠以“真食”“食實封”等名，受封者可真正獲得食禄收入。

高祖受禪，進爵河北郡公。開皇三年，[1] 突厥犯塞，以行軍總管從河間王弘出賀蘭山。[2] 仲卿别道俱進，無虜而還。復鎮平涼，[3] 尋拜石州刺史。[4] 法令嚴猛，纖微之失，無所容捨，鞭笞長吏，輒至二百。官人戰慄，無敢違犯，盜賊屏息，皆稱其能。遷兗州刺史，[5] 未之官，拜朔州總管。[6] 于時塞北盛興屯田，仲卿總統之。微有不理者，仲卿輒召主掌，撻其胸背，或解衣倒曳於荆棘中。時人謂之猛獸。事多克濟，由是收穫歲廣，邊戍無餽運之憂。

［1］開皇：隋文帝楊堅年號（581—600）。

［2］賀蘭山：即今寧夏賀蘭山。

［3］平涼：地名。治所在今甘肅平涼市。

［4］石州：治所在今山西吕梁市離石區。

［5］兗州：治所在今山東兗州市。

［6］朔州：治所在今山西朔州市。

會突厥啓民可汗求婚於國,[1]上許之。仲卿因是間其骨肉,遂相攻擊。十七年,啓民窘迫,與隋使長孫晟投通漢鎮。[2]仲卿率騎千餘馳援之,達頭不敢逼。[3]潛遣人誘致啓民所部,至者二萬餘家。其年,從高熲指白道以擊達頭。[4]仲卿率兵三千爲前鋒,至族蠡山,[5]與虜相遇,交戰七日,大破之。追奔至乞伏泊,[6]復破之,虜千餘口,雜畜萬計。突厥悉衆而至,仲卿爲方陣,四面拒戰。經五日,會高熲大兵至,合擊之,虜乃敗走。追度白道,踰秦山七百餘里。[7]時突厥降者萬餘家,上命仲卿處之恒安。[8]以功進位上柱國,賜物三千段。朝廷慮達頭掩襲啓民,令仲卿屯兵二萬以備之,代州總管韓洪、永康公李藥王、蔚州刺史劉隆等,[9]將步騎一萬鎮恒安。達頭騎十萬來寇,韓洪軍大敗,仲卿自樂寧鎮邀擊,[10]斬首虜千餘級。明年,督役築金河、定襄二城,[11]以居啓民。時有表言仲卿酷暴者,上令御史王偉按之,[12]並實,惜其功不罪也。因勞之曰:"知公清正,爲下所惡。"賜物五百段。仲卿益恣,由是免官。

[1]啓民可汗:東突厥可汗,名染干,全稱爲意利珍豆啓民可汗,開皇十七年隋文帝册突利可汗爲啓民可汗。事略見本書卷八四、《北史》卷九九《突厥傳》。

[2]長孫晟:人名。本書卷五一、《北史》卷二二有附傳。通漢鎮:隋於北部邊境所置之軍事據點。具體地址待考。

[3]達頭:突厥族首領,名玷厥。事略見本書卷八四、《北史》卷九九《突厥傳》。

[4]高熲:人名。傳見本書卷四一、《北史》卷七二。　白道:

地名。爲河套東北地區通往陰山的交通要道，在今內蒙古呼和浩特市東北。

［5］族蠡山：在今山西右玉縣北。

［6］乞伏洎：地名。今內蒙古察哈爾右翼前旗東北黃旗海。按，洎，宋刻遞修本、中華本《北史》卷六九《趙仲卿傳》作“泊”。

［7］秦山：今內蒙古黃河東北大青山。

［8］恒安：地名。恒安鎮，在今山西大同市。

［9］代州：治所在今山西代縣。　韓洪：人名。本書卷五二、《北史》卷六八有附傳。　李藥王：人名。即唐初名將李靖之兄李端，藥王乃其字。事亦見本書卷五三《史萬歲傳》、《新唐書·宰相世系表二上》及《新唐書》卷九三《李靖傳》等。　蔚州：治所在今山西靈丘縣。　劉隆：人名。事亦見本書《韓洪傳》。

［10］樂寧鎮：確址待考。魏嵩山《中國歷史地名大辭典》云“疑在今和林格爾縣與察哈爾右翼前旗之間”（第316頁）。

［11］金河：地名。約在今內蒙古托克托縣境。　定襄：地名。約在今內蒙古和林格爾縣西北土城子。

［12］御史：官名。隋御史臺官員，此具體所指不明。　王偉：人名。事迹不詳。

仁壽中，[1]檢校司農卿。[2]蜀王秀之得罪，[3]奉詔往益州窮按之。[4]秀賓客經過之處，仲卿必深文致法，州縣長吏坐者太半。上以爲能，賞婢奴五十口，黃金二百兩，米粟五千石，奇寶雜物稱是。煬帝嗣位，[5]判兵部、工部二曹尚書事。[6]其年，卒，時年六十四。謚曰肅。[7]贈物五百段。子弘嗣。[8]

［1］仁壽：隋文帝楊堅年號（601—604）。

［2］司農卿：官名。司農寺最高長官，掌倉儲委積，供給京都

百官禄廩及朝會、祭祀供御所需之事務。正三品。

　　[3]蜀王秀：隋文帝楊堅第四子楊秀，封蜀王。傳見本書卷四五、《北史》卷七一。

　　[4]益州：治所在今四川成都市。

　　[5]煬帝：隋煬帝楊廣。紀見本書卷三、四，《北史》卷一二。

　　[6]判：官制用語。以本官署理他官之職事，稱判某職或判某職事。始於北齊。唐以後意有變化。　　兵部：官名。即兵部尚書。隋尚書省下轄六部之一兵部的長官。掌全國軍衛武官選授之政令，統兵部、職方、駕部、庫部四曹。置一員，正三品。　　工部：官名。即工部尚書。隋文帝開皇二年始置，掌全國百工、屯田、山澤之政令，統工部、屯田、虞部、水部四曹。置一員，正三品。

　　[7]謐：上古有號無謐，周初始制謐法，秦始皇廢不用，自漢初恢復。帝王、貴族、大臣死後，據其生前事迹依謐法給予稱號。

　　[8]弘：人名。事迹不詳。《北史》卷六九本傳作“世弘”。

崔弘度

　　崔弘度，[1]字摩訶衍，博陵安平人也。[2]祖楷，[3]魏司空。[4]父說，[5]周敷州刺史。[6]弘度膂力絶人，儀貌魁岸，鬚面甚偉。性嚴酷。年十七，周大冢宰宇文護引爲親信。[7]尋授都督，累轉大都督。時護子中山公訓爲蒲州刺史，[8]令弘度從焉。嘗與訓登樓，至上層，去地四五丈，俯臨之，訓曰：“可畏也。”弘度曰：“此何足畏！”欻然擲下，[9]至地無損傷。訓以其拳捷，大奇之。後以戰勳，授儀同。從武帝滅齊，進位上開府，鄚縣公，賜物三千段，粟麥三千石，奴婢百口，雜畜千計。尋從汝南公宇文神舉破盧昌期於范陽。[10]

[1]崔弘度：人名。《北史》卷三二有附傳。

[2]博陵：郡名。治所在今河北安平縣。 安平：縣名。治所在今河北安平縣。

[3]楷：人名。即崔楷。北魏孝昌初任殷州刺史。《魏書》卷五六、《北史》卷三二有附傳。

[4]司空：官名。北魏三公之一，位高，但無實職。正一品。按，檢《魏書·崔楷傳》與《北史·崔楷傳》其任職與贈官並無司空一職。

[5]說：人名。即崔說。本名崔士約，北周授大將軍，封安平縣公。《北史》卷三二有附傳。

[6]敷州：西魏改北華州置，治所在今陝西黃陵縣。

[7]大冢宰：官名。全稱爲大冢宰卿。西魏恭帝三年（556）仿《周禮》建六官，置大冢宰卿一人，北周爲正七命，爲天官冢宰府最高長官。掌邦治，以建邦之六典佐皇帝治邦國。北周沿置，然其權力却因人而異，若有“五府總於天官”之命，則稱冢宰，能總攝百官，實爲大權在握之宰輔；若無此命，即稱太宰，與五卿並列，僅統本府官。 宇文護：人名。西魏權臣宇文泰之侄。北周建立，宇文護專政。傳見《周書》卷一一，《北史》卷五七有附傳。

[8]中山公：爵名。全稱是中山郡公。北周爲十一等爵的第五等。正九命。 訓：人名。即宇文護第二子宇文訓。事略見《周書》卷五《武帝紀上》及卷一一《晉蕩公護傳》、《北史》卷一〇《周武帝紀》及卷五七《宇文護傳》等。 蒲州：治所在今山西永濟市西南。

[9]欻（xū）：忽然。

[10]宇文神舉：人名。北周宗室，北周武帝建德五年從帝伐齊，攻克并州後被任爲并州刺史。傳見《周書》卷四〇、《北史》卷五七。 盧昌期：人名。北周宣政元年（578）六月據范陽反，

不久被宇文神舉討平。

宣帝嗣位，[1]從郧國公韋孝寬經略淮南。[2]弘度與化政公宇文忻、司水賀婁子幹至肥口，[3]陳將潘琛率兵數千來拒戰，[4]隔水而陣。忻遣弘度諭以禍福，琛至夕而遁。進攻壽陽，[5]降陳守將吳文立，[6]弘度功最。[7]以前後勳，進位上大將軍，[8]襲父爵安平縣公。及尉迴作亂，以弘度爲行軍總管，從韋孝寬討之。弘度募長安驍雄數百人爲別隊，所當無不披靡。弘度妹先適迴子爲妻，及破鄴城，迴窘迫升樓，弘度直上龍尾追之。迴彎弓將射弘度，弘度脫兜鍪謂迴曰：“相識不？今日各圖國事，不得顧私。以親戚之情，謹遏亂兵，不許侵辱。[9]事勢如此，早爲身計，何所待也？”迴擲弓於地，罵大丞相極口而自殺。[10]弘度顧其弟弘昇曰：[11]“汝可取迴頭。”弘昇遂斬之，進位上柱國。時行軍總管例封國公，弘度不時殺迴，致縱惡言，由是降爵一等，爲武鄉郡公。

[1]宣帝：北周宣帝宇文贇。紀見《周書》卷七、《北史》卷一〇。

[2]郧國公：爵名。北周十一等爵的第四等。正九命。　淮南：此泛指淮河以南，長江以北地區。

[3]化政公：爵名。全稱爲化政郡公。　宇文忻：人名。傳見本書卷四〇，《北史》卷六〇有附傳。　司水：本書卷五三《賀婁子幹傳》載：“周武帝時，釋褐司水上士……累遷小司水。”《北史》卷七三《賀婁子幹傳》載：“累遷少司水。”則此應爲司水上士或小司水，爲冬官府司水曹的屬官，掌判本曹日常事務。正四命。（參見王仲犖《北周六典》卷七《冬官府第十二》，第483頁）　賀婁

子幹：人名。傳見本書卷五三、《北史》卷七三。　肥口：肥水入淮河之口，在今安徽壽縣境内。

[4]潘琛：人名。事迹不詳。

[5]壽陽：縣名。南朝陳時治所在今安徽壽縣。

[6]吳文立：人名。南朝陳人，時任刺史據守壽陽。

[7]功：底本原作“攻”，據汲古閣本、殿本、庫本、中華本改。

[8]上大將軍：官名。北周武帝建德四年（575）始置，爲十一等勳官的第三等，可開府置官屬。北周正九命。

[9]辱：殿本、庫本作“奪”，宋刻遞修本、汲古閣本、中華本與底本同。

[10]大丞相：官名。北周靜帝大象二年（580）置左、右大丞相。以宇文贇爲右大丞相，但僅有虚名；以楊堅爲左大丞相，總攬朝政。旋去左右之號，獨以楊堅爲大丞相。實爲控制朝廷的權臣。此代指楊堅。

[11]弘昇：人名。即崔弘昇。事亦見《北史》卷三二《崔弘度傳》。

開皇初，突厥入寇，弘度以行軍總管出原州以拒之。[1]虜退，弘度進屯靈武。[2]月餘而還，拜華州刺史。[3]納其妹爲秦孝王妃。[4]尋遷襄州總管。弘度素貴，御下嚴急，動行捶罰，吏人讋氣，聞其聲，莫不戰慄。所在之處，令行禁止，盜賊屏迹。梁王蕭琮來朝，[5]上以弘度爲江陵總管，[6]鎮荆州。[7]弘度未至，而琮叔父巖擁居人以叛，[8]弘度追之不及。陳人憚弘度，亦不敢窺荆州。平陳之役，以行軍總管從秦孝王出襄陽道。及陳平，賜物五千段。高智慧等作亂，[9]復以行軍總管出泉門道，[10]隸於楊素。[11]弘度與素，品同而年長，素每屈下之，一旦隸素，意甚不平，素言多不用。素亦優容之。及還，檢校原州事，仍領行軍總管以備胡，無虜而還，上甚禮之，復以其弟弘昇女爲河南王妃。[12]

[1]原州：治所在今寧夏固原市。

[2]靈武：地名。在今寧夏靈武市西南。

[3]華州：治所在今陝西華縣。

[4]秦孝王：隋文帝楊堅第三子秦孝王楊俊。傳見本書卷四五、《北史》卷七一。

[5]梁王：各本均同，中華書局新修訂改作“梁主”，並出校勘記詳考。當從。　蕭琮：人名。南朝梁後主。本書卷七九、《周書》卷四八有附傳。

[6]江陵：縣名。治所在今湖北荊州市。西魏、北周在此置總管府，隋初沿置。

[7]荊州：治所在今湖北江陵縣。

[8]巖：人名。即蕭巖。南朝後梁皇帝蕭琮的叔父。《周書》卷四八、《北史》卷九三有附傳。

[9]高智慧：人名。隋開皇十年十一月舉兵反，後被鎮壓遭誅。事略見本書卷二《高祖紀下》、卷三八《劉昉傳》、《通鑑》卷一七七《隋紀》開皇十年十一月條。按，“慧”宋刻遞修本、底本原作“惠”，汲古閣本、殿本、庫本、中華本作“慧”。今據改。

[10]泉門道：特區名。泉門道即以泉門爲中心設置的特區。隋朝在戰爭中於地方設置的特區，稱“道”。

[11]楊素：人名。傳見本書卷四八，《北史》卷四一有附傳。

[12]河南王：隋煬帝長子楊昭，開皇十七年封河南王。傳見本書卷五九、《北史》卷七一。

仁壽中，檢校太府卿。[1]自以一門二妃，無所降下，每誡其僚吏曰：“人當誠恕，無得欺誑。”皆曰：“諾。”後嘗食鼈，侍者八九人，弘度一一問之曰：“鼈美乎？”人懼之，皆云：“鼈美。”弘度大罵曰：“傭奴何敢誑我？汝初未食鼈，安知其美？”俱杖八十。官屬百工見之者，莫不流汗，無敢欺隱。時有屈突蓋爲武候驃騎，[2]亦嚴刻，長安爲之語曰：“寧飲三升酢，不見崔弘度。寧茹三升艾，不逢屈突蓋。”然弘度理家如官，子弟斑白，動行捶楚，閨門整肅，爲當時所稱。未幾，秦王妃以罪誅，河南王妃復被廢黜。弘度憂恚，謝病於家，諸弟乃與之別居，彌不得志。

[1]太府卿：官名。爲太府寺的長官，置一員，掌庫儲出納事務，兼掌百工技巧及官府手工業。煬帝大業初分出其兼掌職事，另置爲少府監。隋初爲正三品，煬帝時降爲從三品。
[2]屈突蓋：人名。隋唐名將屈突通之弟，隋文帝朝曾任長安令。　武候驃騎：官名。左右武候府驃騎將軍。隋文帝時中央置左右衛等衛府，各領軍坊、鄉團，以統軍卒。後改置驃騎將軍府，每府置驃騎、車騎二將軍，上轄於衛府大將軍。正四品。

煬帝即位，河南王爲太子，帝將復立崔妃，遣中使就第宣旨。[1]使者詣弘昇家，弘度不之知也。使者返，帝曰：“弘度有何言？”使者曰：“弘度稱有疾不起。”帝默然，其事竟寢。弘度憂憤，未幾，卒。

[1]中使：宮中派出之使，多指宦官。

　　弘昇，字上客，在周爲右侍上士。[1]尉迥作亂相州，[2]與兄弘度擊之，以功拜上儀同。尋加上開府，封黃臺縣侯，[3]邑八百户。高祖受禪，進爵爲公，授驃騎將軍。[4]宿衛十餘年，以勳舊遷慈州刺史。[5]數歲，轉鄭州刺史。[6]後以戚屬之故，待遇愈隆，遷襄州總管。及河南王妃罪廢，弘昇亦免官。

　　[1]右侍上士：官名。北周天官府置左、右侍上士，掌御寢南門之左右。正三命。
　　[2]相州：治所在今河北臨漳縣西南。
　　[3]黃臺縣侯：爵名。北周十一等爵的第七等。正八命。
　　[4]驃騎將軍：隋文帝初，置左右衛等衛府，各領軍坊、鄉團，以統軍卒。後改置驃騎將軍府，每府置驃騎、車騎二將軍，上轄於衛府大將軍。正四品上。煬帝大業三年改驃騎府爲鷹揚府，改驃騎將軍爲鷹揚郎將，職能依舊。降爲正五品。
　　[5]慈州：治所在今河北磁縣。按，據本書《地理志中》“魏郡滏陽”條：“後周置，開皇十年置慈州，大業初州廢。”
　　[6]鄭州：治所在今河南滎陽市西北。

　　煬帝即位，歷冀州刺史、信都太守，[1]進位金紫光禄大夫，[2]轉涿郡太守。[3]遼東之役，檢校左武衛大將軍事，[4]指平壤。[5]與宇文述等同敗績，奔還，發病而卒，時年六十。

　　[1]冀州：治所在今河北冀州市。　信都：郡名。大業三年改冀州置。
　　[2]金紫光禄大夫：官名。屬散實官。隋文帝置特進、左右光

禄大夫等，以加文武官之有德聲者，並不理事。因其金印紫綬，故名。隋初爲從二品，煬帝大業三年降爲正三品。

　　[3]涿郡：治所在今北京城西南。

　　[4]左武衛大將軍：官名。隋文帝設左武衛，置左武衛大將軍一人爲其首。掌領外軍宿衛宮禁。正三品。

　　[5]平壤：地名。平壤城，爲隋時古高句麗國都城，舊址在今朝鮮平壤市大同江南岸。

元弘嗣

　　元弘嗣，[1]河南洛陽人也。[2]祖剛，[3]魏漁陽王。父經，[4]周漁陽郡公。弘嗣少襲爵，十八爲左親衛。[5]開皇九年，從晉王平陳，[6]以功授上儀同。十四年，除觀州總管長史，[7]在州專以嚴峻任事，吏人多怨之。二十年，轉幽州總管長史。于時燕榮爲總管，肆虐於弘嗣，每被笞辱。弘嗣心不伏，榮遂禁弘嗣於獄，將殺之。及榮誅死，弘嗣爲政，酷又甚之。每推鞫囚徒，多以酢灌鼻，或椓弋其下竅，無敢隱情，姦僞屏息。仁壽末，授木工監，[8]修營東都。

　　[1]元弘嗣：人名。傳另見《北史》卷八七。

　　[2]河南：郡名。治所在今河南洛陽市。　洛陽：縣名。治所在今河南洛陽市。

　　[3]剛：人名。即元剛。北魏封漁陽王，具體事迹不詳。

　　[4]經：人名。即元經。北周封漁陽郡公，具體事迹不詳。

　　[5]左親衛：官名。隋中央左右衛各統親衛，掌從侍衛。

　　[6]晉王：即楊廣，時爲晉王。

[7]觀州：隋開皇九年置，大業初廢，治所在今河北東光縣。

總管長史：官名。爲諸州總管府的上佐官，位居府中總管之下衆屬官之首，輔助總管統領府中政務。其品階史無明載，但隋代諸州總管府和諸州府均分爲上、中、下三等，三等州長史的品階分別爲正五品上、從五品上、正六品上，故三等總管府長史的品階亦當與三等州長史略同。按，《北史·元弘嗣傳》爲“觀州長史”。

[8]木工監：官名。掌木工之事。隋凡營建宗廟、都城則設立監、副監，事省則罷。

大業初，[1]煬帝潛有取遼東之意，遣弘嗣往東萊海口監造船。諸州役丁苦其捶楚，官人督役，晝夜立於水中，略不敢息，自腰以下，無不生蛆，死者十三四。尋遷黃門侍郎，[2]轉殿內少監。[3]遼東之役，進位金紫光禄大夫。明年，帝復征遼東，會奴賊寇隴右，[4]詔弘嗣擊之。及玄感作亂，[5]逼東都，弘嗣屯兵安定。[6]或告之謀應玄感者，代王侑遣使執之，[7]送行在所。以無反形當釋，帝疑不解，除名，徙日南，[8]道死，時年四十九。有子仁觀。[9]

[1]大業：隋煬帝楊廣年號（605—618）。

[2]黃門侍郎：官名。隋初於門下省置給事黃門侍郎四員，爲門下省的次官，協助長官納言掌封駁制敕，參議政令的制定。正四品上。煬帝大業三年去給事之名，但稱黃門侍郎，並減置二員，正四品。

[3]殿內少監：官名。隋煬帝大業三年設殿內省，次官爲監，置一員，掌諸供奉。從四品。

[4]隴右：泛指隴山以西地區。大約在今六盤山以西、黃河以

東一帶。

[5]玄感：人名。即楊玄感。傳見本書卷七〇，《北史》卷四一有附傳。

[6]安定：縣名。治所在今甘肅涇川縣北。

[7]代王侑：隋煬帝之孫，元德太子楊昭第三子楊侑，後李淵攻占長安立爲帝。紀見本書卷五、《北史》卷一二。按，底本原作"諱"，今據《北史》卷八七《元弘嗣傳》改。

[8]日南：郡名。隋大業三年以驩州改名，治所在今越南義安省榮市。

[9]仁觀：人名。即元仁觀。事迹不詳。

王文同

王文同，京兆頻陽人也。[1]性明辯，有幹用。開皇中，以軍功拜儀同，尋授桂州司馬。[2]煬帝嗣位，徵爲光禄少卿，[3]以忤旨，出爲恒山郡丞。[4]有一人豪猾，每持長吏長短，前後守令咸憚之。文同下車，聞其名，召而數之。因令左右剡木爲大橛，埋之於庭，出尺餘，四角各埋小橛。令其人踣心於木橛上，縛四支於小橛，以棒歐其背，應時潰爛。郡中大駭，吏人相視懾氣。

[1]頻陽：縣名。治所在今陝西富平縣。按，底本及宋刻遞修本、汲古閣本、殿本、庫本原作"潁陽"，中華本及《北史》卷八七《王文同傳》作"頻陽"。檢《隋書·地理志中》"潁陽"屬河南郡。又《漢書·地理志上》《續漢書·郡國志一》載：左馮翊郡（治所在今陝西西安市西北，後屬京兆郡）有頻陽縣。此乃沿襲漢、晉舊望。故"潁"爲"頻"之誤，今據改。

　　[2]桂州：治所在今廣西桂林市東南。

　　[3]光禄少卿：官名。隋光禄寺副長官，隋初設一人，煬帝時設二人，佐光禄卿掌祭祀及朝會、宴享、酒食等供設。隋初爲正四品上，煬帝改爲從四品。

　　[4]恒山：郡名。隋大業三年改恒州置，治所在今河北正定縣南。　郡丞：官名。隋煬帝大業三年復改州爲郡，併州長史、司馬之職，置贊治（唐人諱稱贊務）一人，爲郡太守之副貳，尋又改贊治爲郡丞。郡丞爲郡屬官之首，爲太守之貳，通判郡事。上郡從七品，中郡正八品，下郡從八品。

　　及帝征遼東，令文同巡察河北諸郡。[1]文同見沙門齋戒菜食者，以爲妖妄，皆收繫獄。比至河間，[2]召諸郡官人，小有遲違者，輒皆覆面於地而箠殺之。求沙門相聚講論，及長老共爲佛會者數百人，[3]文同以爲聚結惑衆，盡斬之。又悉裸僧尼，驗有淫狀非童男女者數千人，復將殺之。郡中士女號哭於路，諸郡驚駭，各奏其事。帝聞而大怒，遣使者達奚善意馳鎖之，[4]斬於河間，以謝百姓，讎人剖其棺，臠其肉而噉之，斯須咸盡。

　　[1]河北：此泛指黄河以北地區。
　　[2]河間：郡名。治所在今河北河間市。
　　[3]長老：此爲僧人尊稱。
　　[4]達奚善意：人名。隋末任河南令，其他事迹不詳。

　　史臣曰：御之良者，不在於煩策，政之善者，無取於嚴刑。故雖寬猛相資，德刑互設，然不嚴而化，前哲所重。士文等運屬欽明，時無桀黠，未閑道德，實懷殘忍。賊人肌體，同諸木石，輕人性命，甚於芻狗。[1] 長惡不悛，鮮有不及，故或身嬰罪戮，或憂恚顛隕。凡百君子，以爲有天道焉。嗚呼！後來之士，立身從政，縱不能爲子高門以待封，其可令母掃墓而望喪乎？

[1] 芻（chú）狗：古代祭祀時用草扎成的狗。

隋書　卷七五

列傳第四十

儒林

　　儒之爲教大矣，其利物博矣！篤父子，正君臣，尚忠節，重仁義，貴廉讓，賤貪鄙，開政化之本源，鑿生民之耳目，百王損益，一以貫之。雖世或汙隆，而斯文不墜，經邦致治，非一時也。涉其流者，無禄而富，懷其道者，無位而尊。故仲尼頓挫於魯君，[1]孟軻抑揚於齊后，[2]荀卿見珍於彊楚，[3]叔孫取貴於隆漢。[4]其餘處環堵以驕富貴，[5]安陋巷而輕王公者，可勝數哉！

　　[1]仲尼頓挫於魯君：孔子在魯國不受重用。仲尼，即孔子。
　　[2]孟軻抑揚於齊后：孟子離開齊國後聲名纔得以顯赫。孟軻，即孟子。
　　[3]荀卿見珍於彊楚：荀子爲楚國所重用。荀卿，即荀子。楚，指春秋戰國時期楚國，都郢（今湖北江陵縣）。
　　[4]叔孫取貴於隆漢：即叔孫通，漢初名臣，與儒生共立漢代朝儀典章。傳見《史記》卷九九、《漢書》卷四三。

〔5〕環堵：形容狹小、簡陋居室。堵，長一丈，高一丈。

自晉室分崩，中原喪亂，五胡交爭，[1]經籍道盡。魏氏發迹代陰，[2]經營河朔，[3]得之馬上，茲道未弘。暨夫太和之後，[4]盛修文教，搢紳碩學，濟濟盈朝，縫掖巨儒，[5]往往傑出，其雅誥奧義，宋及齊、梁不能尚也。[6]南北所治，章句好尚，互有不同。江左《周易》則王輔嗣，[7]《尚書》則孔安國，[8]《左傳》則杜元凱。[9]河、洛《左傳》則服子慎，[10]《尚書》《周易》則鄭康成。[11]《詩》則並主於毛公，[12]《禮》則同遵於鄭氏。[13]大抵南人約簡，得其英華，北學深蕪，窮其枝葉。考其終始，要其會歸，其立身成名，殊方同致矣。

〔1〕五胡：十六國時期匈奴、鮮卑、羯、氐、羌等北方少數民族。

〔2〕魏：即北魏（386—557），亦稱後魏。初都平城（今山西大同市東北），公元494年遷都洛陽（今河南洛陽市東北白馬寺東）。公元534年分裂爲東魏和西魏兩個政權。東魏（534—550）都於鄴（今河北臨漳縣西南鄴鎮東），西魏（535—557）都於長安（今陝西西安市西北郊）。　代陰：地區名。古代國屬地，泛指今山西北部、河北西北部、内蒙古中部一帶。

〔3〕河朔：泛指黄河以北地區。

〔4〕太和：北魏孝文帝元宏年號（477—499）。

〔5〕縫掖：亦作“縫腋”，指大袖單衣，古儒者所服。

〔6〕宋：即南朝宋（420—479），都建康（今江蘇南京市）。齊：即南朝齊（479—502），都建康（今江蘇南京市）。　梁：即南朝梁（502—557），都建康（今江蘇南京市）。

[7]江左：地區名。亦稱江東，泛指長江下游以東地區。　王輔嗣：人名。王弼，字輔嗣，曹魏時期著名經學家，著有《周易注》《周易略例》等。傳見《三國志》卷二八。

[8]孔安國：人名。西漢經學家，著有《古文尚書》。傳見《漢書》卷八八。

[9]杜元凱：人名。即杜預，字元凱，曹魏、西晋人，著有《春秋左氏經傳集解》及《春秋釋例》。傳見《晋書》卷三四。

[10]河、洛：此指黄河與洛水之間地區。　服子慎：人名。即服虔，字子慎，著有《春秋左氏解誼》等。傳見《後漢書》卷七九下。

[11]鄭康成：人名。即鄭玄，字康成，東漢末年經學家。傳見《後漢書》卷三五。

[12]毛公：指漢初授《詩》學者大毛公、小毛公，三國吴人陸璣認爲是毛亨及毛萇。

[13]鄭氏：即鄭康成。

爰自漢、魏，碩學多清通，逮乎近古，巨儒必鄙俗。文、武不墜，弘之在人，豈獨愚蔽於當今，而皆明哲於往昔？在乎用與不用，知與不知耳。然曩之弼諧庶績，必舉德於鴻儒，近代左右邦家，咸取士於刀筆。縱有學優入室，勤踰刺股，名高海内，擢第甲科，若命偶時來，未有望於青紫，或數將運舛，必委棄於草澤。然則古之學者，禄在其中，今之學者，困於貧賤。明達之人，志識之士，安肯滯於所習，以求貧賤者哉？此所以儒罕通人，學多鄙俗者也。昔齊列康莊之第，[1]多士如林，燕起碣石之宫，[2]群英自遠。是知俗易風移，必由上之所好，非夫聖明御世，亦無以振斯頹俗矣。

[1]康莊之第：典出《史記》卷七四《孟子荀卿列傳》。齊王爲淳于髡等有學之士，“開第康莊之衢，高門大屋，尊寵之”。

[2]碣石之宮：典出《史記·孟子荀卿列傳》：“（周衍）如燕，昭王擁篲先驅，請列弟子之座而受業，築碣石宮，身親往師之。”

自正朔不一，將三百年，師説紛綸，無所取正。高祖膺期纂曆，[1]平一寰宇，頓天網以掩之，賁旌帛以禮之，設好爵以縻之，於是四海九州强學待問之士，靡不畢集焉。天子乃整萬乘，率百僚，遵問道之儀，觀釋奠之禮。博士罄懸河之辯，侍中竭重席之奥，考正亡逸，研覈異同，積滯群疑，涣然冰釋。於是超擢奇俊，厚賞諸儒，京邑達乎四方，[2]皆啓黌校。[3]齊、魯、趙、魏，[4]學者尤多，負笈追師，不遠千里，講誦之聲，道路不絶。中州儒雅之盛，[5]自漢、魏以來，一時而已。及高祖暮年，精華稍竭，不悦儒術，專尚刑名，執政之徒，咸非篤好。既仁壽間，[6]遂廢天下之學，唯存國子一所，[7]弟子七十二人。

[1]高祖：隋文帝楊堅的廟號。紀見本書卷一、二，《北史》卷一一。

[2]乎：殿本、庫本作“于”，宋刻遞修本、汲古閣本、中華本與底本同。

[3]黌（hóng）：古代學校。

[4]齊：此指春秋戰國時齊國故地，今泰山以北黄河流域與膠東半島地區。　魯：此指春秋戰國時魯國故地，今山東兗州東南至江蘇沛縣、安徽泗縣一帶。　趙：此指戰國時趙國故地，今山西中

部、陝西東北及河北西南地區。　　魏：此指戰國時魏國故地。都城
在今河北趙縣西北。

　　[5]中州：指中原地區。

　　[6]仁壽：隋文帝楊堅年號（601—604）。

　　[7]國子：指國子學，爲隋文帝時中央最高學府。初隸國子寺，
置博士、助教各五人。後隸國子監，置博士、助教各一人。學生無
常員。

　　煬帝即位，[1]復開庠序，國子郡縣之學，盛於開皇
之初。[2]徵辟儒生，遠近畢至，使相與講論得失於東都
之下，[3]納言定其差次，一以聞奏焉。于時舊儒多已凋
亡，二劉拔萃出類，學通南北，博極今古，後生鑽仰，
莫之能測。所製諸經義疏，搢紳咸師宗之。既而外事四
夷，戎馬不息，師徒怠散，盜賊群起，禮義不足以防君
子，刑罰不足以威小人，空有建學之名，而無弘道之
實。其風漸墜，以至滅亡，方領矩步之徒，亦多轉死溝
壑。凡有經籍，自此皆湮没於煨塵矣。遂使後進之士不
復聞《詩》《書》之言，皆懷攘奪之心，[4]相與陷於不
義。《傳》曰：“學者將植，不學者將落。”[5]然則盛衰是
繫，興亡攸在，有國有家者可不慎歟！諸儒有身没道
存，遺風可想，皆採其餘論，綴之於此篇云。

　　[1]煬帝：楊廣的謚號。紀見本書卷三、四，《北史》卷一二。

　　[2]開皇：隋文帝楊堅年號（581—600）。

　　[3]東都：此指洛陽，舊址在今河南洛陽市。

　　[4]奪：底本原作“寇”。中華本校勘記云：“‘奪’各本作
‘寇’，宋小字本作‘敓’。‘敓’即‘奪’古字。今據改。”今

從改。

[5]學者將植，不學者將落：語出《左傳》昭公十八年。原文
作："夫學，殖也，不學將落，原氏其亡乎！"殖，生長之意。按，
傅雲龍《隋書考證》指出"植"《左傳》爲"殖"。

元善

元善，[1]河南雒陽人也。[2]祖叉，[3]魏侍中。[4]父
羅，[5]初爲梁州刺史，[6]及叉被誅，奔於梁，官至征北大
將軍、青冀二州刺史。[7]善少隨父至江南，性好學，遂
通涉五經，尤明《左氏傳》。及侯景之亂，[8]善歸於
周。[9]武帝甚禮之，[10]以爲太子宮尹，[11]賜爵江陽縣
公。[12]每執經以授太子。

[1]元善：人名。《北史》卷一六有附傳。

[2]河南：郡名。治所在今河南洛陽市。　雒陽：縣名。即洛
陽，治所在今河南洛陽市。

[3]叉：人名。即元叉，北魏宗室，魏孝明帝元詡正光元年
（520）發動政變，把持朝政。《魏書》卷一六、《北史》卷一六有
附傳。

[4]侍中：官名。掌侍從左右，盡規獻納，糾正違闕，兼與諸
公論國政，呼爲小宰相。北魏正三品。

[5]羅：人名。即元羅。《魏書》卷一六、《北史》卷一六有附
傳。按，據《魏書》及《北史》之《元羅傳》，元羅乃元叉之弟，
非爲父子，此處記載恐有誤。又《北史·元叉傳》載："叉子舒。"
中華本校勘記云："《魏書》'舒'作'稚'。按《墓誌集釋·元叉
墓誌》（圖版七八）云：'息穎，字稚舒。'其人蓋以字行，《北史》

避‘稚’字，單稱‘舒’（唐時‘稚’與‘治’同音，犯唐高宗
李治諱，故《北史》避‘稚’字）。”

[6]梁州：南朝梁時治所在今甘肅西和縣西南。

[7]征北大將軍：官名。南朝梁爲將軍之名。第二十三班。
青：州名。南朝梁時治所在今四川眉山市。 冀：州名。南朝梁僑
置州，治所在今山東濟南市。

[8]侯景之亂：南朝梁武帝末年東魏降將侯景發動的一場叛亂，
歷時五年（548—552）。侯景，人名。傳見《梁書》卷五六、《南
史》卷八〇。

[9]周：即北周（557—581），都長安（今陝西西安市西北）。

[10]武帝：北周皇帝宇文邕的諡號。紀見《周書》卷五、六，
《北史》卷一〇。

[11]太子宮尹：官名。北周置太子宮尹下大夫，蓋隋之太子詹
事之職，掌東宮之政。正四命。（參見王仲犖《北周六典》卷八
《東宮官署第十八》，中華書局1979年版，第532頁）

[12]江陽縣公：爵名。北周命數不詳，王仲犖認爲“非正九
命則當是九命爾”（參見王仲犖《北周六典》卷八《封爵第十九》，
第548頁）。

開皇初，拜内史侍郎，[1]上每望之曰：“人倫儀表
也。”凡有敷奏，詞氣抑揚，觀者屬目。陳使袁雅來
聘，[2]上令善就館受書，雅出門不拜。善論舊事有拜之
儀，雅不能對，遂拜，成禮而去。後遷國子祭酒。[3]上
嘗親臨釋奠，命善講《孝經》。於是敷陳義理，兼之以
諷諫。上大悦曰：“聞江陽之説，更起朕心。”賚絹百
匹，衣一襲。

〔1〕内史侍郎：官名。隋内史省副長官，佐宰相之職的本省長官内史監、令處理政務。初設四員，正四品下。大業三年（607）減爲二員。正四品。

〔2〕陳：即南朝陳（557—589），都建康（今江蘇南京市）。袁雅：人名。南朝陳任散騎常侍，開皇八年正月出使隋朝。

〔3〕國子祭酒：官名。爲國子寺長官，掌中央官學及儒學訓導之政。初隸太常寺，統國子、太學、四門、書算學。隋開皇十三年不隸太常寺，改爲國子學長官。仁壽元年罷，惟置太學，以博士領之。大業三年改置國子監依舊置祭酒爲長官。從三品。

　　善之通博，在何妥之下，〔1〕然以風流醖藉，〔2〕俯仰可觀，音韻清朗，聽者忘倦，由是爲後進所歸。妥每懷不平，心欲屈善。因善講《春秋》，初發題，諸儒畢集。善私謂妥曰：“名望已定，幸無相苦。”妥然之。及就講肆，妥遂引古今滯義以難，善多不能對。善深銜之，二人由是有隙。善以高熲有宰相之具，〔3〕嘗言於上曰：“楊素粗疏，〔4〕蘇威怯懦，〔5〕元胄、元旻，〔6〕正似鴨耳。可以付社稷者，唯獨高熲。”上初然之，及熲得罪，上以善之言爲熲游説，深責望之。善憂懼，先患消渴，〔7〕於是疾動而卒，時年六十。

〔1〕何妥：人名。傳見本卷、《北史》卷八二。

〔2〕醖藉：寬和有涵容。

〔3〕高熲：人名。傳見本書卷四一、《北史》卷七二。

〔4〕楊素：人名。傳見本書卷四八，《北史》卷四一有附傳。

〔5〕蘇威：人名。傳見本書卷四一，《北史》卷六三有附傳。

〔6〕元胄：人名。傳見本書卷四〇、《北史》卷七三。　元旻：

人名。曾任左衛大將軍、五原公。與王世積交好，王世積因事被誅，元旻受牽連被免官。事見本書卷四〇《王世積傳》、卷四五《房陵王勇傳》。

[7]消渴：中醫學病名。其症狀口渴、善飢、尿多、消瘦，包括今糖尿病、尿崩症等。

辛彦之

辛彦之，[1]隴西狄道人也。[2]祖世叙，[3]魏涼州刺史。[4]父靈輔，[5]周渭州刺史。[6]彦之九歲而孤，不交非類，博涉經史，與天水牛弘同志好學。[7]後入關，遂家京兆。[8]周太祖見而器之，[9]引爲中外府禮曹，[10]賜以衣馬珠玉。時國家草創，百度伊始，朝貴多出武人，修定儀注，唯彦之而已。尋拜中書侍郎。[11]及周閔帝受禪，[12]彦之與少宗伯盧辯專掌儀制。[13]明、武時，[14]歷職典祀、太祝、樂部、御正四曹大夫，[15]開府儀同三司。[16]奉使迎突厥皇后還，[17]賚馬二百匹，賜爵龍門縣公，邑千户。[18]尋進爵五原郡公，[19]加邑千户。宣帝即位，[20]拜少宗伯。

[1]辛彦之：人名。傳另見《北史》卷八二。
[2]隴西：郡名。治所在今甘肅隴西縣東南。 狄道：縣名。治所在今甘肅臨洮縣。
[3]世叙：人名。即辛世叙。北魏人，具體事迹不詳。
[4]涼州：北魏時治所在今甘肅武威市。
[5]靈輔：人名。即辛靈輔，北周時人，具體事迹不詳。輔，《北史·辛彦之傳》作"補"。

[6]渭州：北周時治所在今甘肅隴西縣東南。

[7]天水：郡名。治所在今甘肅天水市。　牛弘：人名。傳見本書卷四九、《北史》卷七二。

[8]京兆：郡名。治所在今陝西西安市西北。

[9]周太祖：北周太祖宇文泰。紀見《周書》卷一、《北史》卷九。

[10]中外府禮曹：官名。全稱爲都督中外諸軍事府禮曹參軍事，爲宇文泰中外府屬僚佐之一。

[11]中書侍郎：官名。西魏恭帝三年（556）正月仿《周禮》置六官，春官府置小內史下大夫，比中書侍郎之任。此當爲西魏改制前官職。

[12]周閔帝：北周閔帝宇文覺。紀見《周書》卷三、《北史》卷九。

[13]少宗伯：官名。掌五禮之禁令與其用等，辨廟祧之昭穆，辨吉凶之五服，車旗宮室之禁。掌四時祭祀之序事與其禮。凡國之大禮，左大宗伯。凡小禮，掌事如大宗伯之儀。北周正六命。（參見王仲犖《北周六典》卷四《春官府第九》，第155頁）　盧辯：人名。西魏時官至尚書右僕射，爲當時碩儒，北周明帝時進位大將軍。傳見《周書》卷二四，《北史》卷三〇有附傳。

[14]明：北周明帝宇文毓。紀見《周書》卷四、《北史》卷九。　武：北周武帝宇文邕。

[15]典祀：官名。即典祀大夫。春官府有典祀中大夫，掌外祀之兆守，皆有域，掌其禁令。若以時祭祀，則帥其屬而修除。北周正五命。（參見王仲犖《北周六典》卷四《春官府第九》，第169頁）　太祝：官名。即太祝大夫。春官府有太祝下大夫，掌六祝之辭，以事鬼神祇，祈福祥，求永貞。掌六祈以同鬼神祇，作六辭以通上下親疏遠近。辨六號，辨九祭，辨九拜，以享右祭祀。北周正四命。（參見王仲犖《北周六典》卷四《春官府第九》，第303頁）樂部：官名。即樂部大夫。春官府有樂部中大夫，掌成均之法，

以治建國之學政，而合國之子弟焉。凡有道者有德者，使教焉。以樂德教國子，以樂語教國子，以樂舞教國子。以六律六同五聲八音六舞大合樂，以致鬼神祇。以和邦國，以諧萬民，以安賓客，以說遠人，以作動物，乃分樂而序之，以祭，以享，以祀。北周正五命。（參見王仲犖《北周六典》卷四《春官府第九》，第 268 頁）

御正：官名。即御正大夫。西魏恭帝三年仿《周禮》建六官，天官冢宰府有御正中大夫。正五命；小御正下大夫，正四命等。職掌草擬詔册文誥，近侍樞機。凡諸刑罰爵賞，以及軍國大事，皆須參議。北周沿之。周明帝武成元年（559）以御正任總絲綸，更崇其秩爲上大夫，號爲大御正。正六命。按，御正大夫，《北史·辛彦之傳》同，然北周無此官職，此爲御正上大夫、御正中大夫、小御正下大夫三者之一。

[16]開府儀同三司：官名。亦簡稱開府，周武帝建德四年（575）改稱開府儀同大將軍。屬勳官。北周府兵制中二十四軍的每軍長官均加此勳官名，可開府置官屬。九命。

[17]突厥皇后：北周武帝皇后阿史那氏。傳見《周書》卷九、《北史》卷一四。

[18]邑：也稱食邑、封邑。是古代君王封賜給有爵位之人的一種食禄制度，受封者可徵收封地內的民户租稅充作食禄。魏晋以後，食邑分爲虚封和實封兩類：虚封一般僅冠以“邑”或“食邑”之名，這衹是一種榮譽性加銜，受封者並不能獲得實際的食禄收入；而實封一般須冠以“真食”“食實封”等名，受封者可真正獲得食禄收入。

[19]五原郡公：爵名。北周十一等爵的第五等。正九命。（參見王仲犖《北周六典》卷八《封爵第十九》，第 542 頁）

[20]宣帝：北周宣帝宇文贇。紀見《周書》卷七、《北史》卷一〇。

　　高祖受禪，除太常少卿，[1]改封任城郡公，[2]進位上
開府。[3]尋轉國子祭酒。歲餘，拜禮部尚書，[4]與秘書監
牛弘撰《新禮》。[5]吳興沈重名爲碩學，[6]高祖嘗令彦之
與重論議，重不能抗，於是避席而謝曰：“辛君所謂金
城湯池，無可攻之勢。”高祖大悅。後拜隨州刺史。[7]于
時州牧多貢珍玩，唯彦之所貢，並供祭之物。高祖善
之，顧謂朝臣曰：“人安得無學！彦之所貢，稽古之力
也。”遷潞州刺史，[8]前後俱有惠政。彦之又崇信佛道，
於城内立浮圖二所，並十五層。開皇十一年，州人張元
暴死，[9]數日乃蘇，云游天上，見新構一堂，制極崇麗。
元問其故，人云潞州刺史辛彦之有功德，造此堂以待
之。彦之聞而不悦。其年卒官。諡曰宣。[10]彦之撰《墳
典》一部，《六官》一部，《祝文》一部，《禮要》一
部，《新禮》一部，《五經異義》一部，並行於世。有
子仲龕，[11]官至猗氏令。[12]

　　[1]除：官制用語。拜官、授職。　太常少卿：官名。輔太常
卿掌宗廟郊社禮樂、郊廟社稷祭祀等事務，通判寺事。隋初置一
員，正四品上；煬帝大業三年增置二員，降爲從四品。
　　[2]任城郡公：爵名。隋九等爵的第四等。從一品。
　　[3]上開府：官名。全稱是上開府儀同三司。隋文帝因改北周
十一等勳官之制形成十一等散實官，用以酬勤勞，無實際職掌。上
開府爲第五等，可開府置僚佐。從三品。
　　[4]禮部尚書：官名。尚書省所轄六部之一禮部的長官，掌禮
儀、祭祀、宴享等政令，總判禮部、祠部、主客、膳部四曹。置一
員，正三品。
　　[5]秘書監：官名。爲秘書省的長官，置一員，掌圖書經籍、

天文曆法之事，統領著作、太史二曹。隋初爲正三品，煬帝大業三年降爲從三品，後又改稱爲祕書令。

[6]吳興：郡名。治所在今浙江湖州市南。　沈重：人名。南朝梁、北周、隋著名儒學大家。傳見《周書》卷四五、《北史》卷八二。

[7]隨州：治所在今湖北隨州市。

[8]潞州：治所在今山西長治市北古驛。按，底本、汲古閣本、殿本、庫本作“洛州”，宋刻遞修本、中華本作“潞州”。據《北史》卷八二《辛彦之傳》及後文文意，此當爲“潞州”，今據改。

[9]張元：人名。事迹不詳。

[10]謚：上古有號無謚，周初始制謚法，秦始皇廢不用，自漢初恢復。帝王、貴族、大臣死後，據其生前事迹依謚法給予稱號。

[11]仲龕：人名。隋時官任猗氏縣令，其他事迹不詳。

[12]猗氏：縣名。治所在今山西臨猗縣。

何妥

何妥，字栖鳳，[1]西城人也。[2]父細胡，[3]通商入蜀，[4]遂家郫縣，[5]事梁武陵王紀，[6]主知金帛，因致巨富，號爲西州大賈。

[1]栖鳳：汲古閣本、殿本、庫本作“樓鳳”，宋刻遞修本、中華本及《北史》卷八二《何妥傳》與底本同。

[2]西城：地名。在今新疆和田縣境。按，“城”各本均同，中華本《北史·何妥傳》校勘記云：“《通志》卷一七四《何妥傳》‘城’作‘域’。按，何妥先世當爲西域何國人，疑《通志》是。”此備一説。

[3]細胡：人名。即何細胡。事亦見《北史·何妥傳》。按，

《北史·何妥傳》及《通志》卷一七四《儒林·何妥傳》作“細脚胡”。

　　[4]蜀：地名。今四川成都平原一帶。

　　[5]郫縣：治所在今四川郫縣。

　　[6]武陵王紀：人名。即蕭紀。梁武帝蕭衍第八子，武帝死後於成都自立爲帝。傳見《梁書》卷五五、《南史》卷五三。

　　妥少機警，八歲游國子學，助教顧良戲之曰：[1]“汝既姓何，是荷葉之荷，爲是河水之河？”應聲答曰：“先生姓顧，是眷顧之顧，是新故之故？”衆咸異之。十七，以技巧事湘東王，[2]後知其聰明，召爲誦書左右。[3]時蘭陵蕭眘亦有俊才，[4]住青楊巷，[5]妥住白楊頭，[6]時人爲之語曰：“世有兩俊，白楊何妥，青楊蕭眘。”其見美如此。江陵陷，[7]周武帝尤重之，授太學博士。[8]宣帝初欲立五后，以問儒者辛彥之，對曰：“后與天子匹體齊尊，不宜有五。”妥駁曰：“帝嚳四妃，[9]舜又二妃，亦何常數？”由是封襄城縣伯。[10]

　　[1]助教：官名。國子助教，南朝梁設十人，掌以經術教授生徒。第二班。　顧良：人名。南朝梁時人，具體事迹不詳。

　　[2]湘東王：爵名。南朝梁元帝蕭繹稱帝之前的封爵名，全稱是湘東郡王。爲梁十五等爵的第一等。此代指蕭繹其人。紀見《梁書》卷五、《南史》卷八。

　　[3]誦書左右：官名。南朝梁公王府屬官。職掌及品秩不詳。

　　[4]蘭陵：郡名。治所在今山東棗莊市西南。　蕭眘：人名。南朝梁時人，具體事迹不詳。

　　[5]青楊巷：地名。在今湖北荆州市。

[6]白楊頭：地名。在今湖北荆州市。

[7]江陵：地名。梁元帝在此即位稱帝，後爲梁都城。治所在今湖北荆州市。

[8]太學博士：官名。北周太學博士下大夫，設六人，掌以經術教授生徒。正四命。

[9]帝嚳：傳說中的古帝名，高辛氏。詳見《史記》卷一《五帝本紀》。

[10]襄城縣伯：爵名。北周十一等爵的第九等。正七命。按，《北史》卷八二《何妥傳》爲"襄城縣男"。

高祖受禪，除國子博士，[1]加通直散騎常侍，[2]進爵爲公。妥性勁急，有口才，好是非人物。時納言蘇威嘗言於上曰：[3]"臣先人每誡臣云，唯讀《孝經》一卷，足可立身治國，何用多爲！"上亦然之。妥進曰："蘇威所學，非止《孝經》。厥父若信有此言，威不從訓，[4]是其不孝。若無此言，面欺陛下，是其不誠。不誠不孝，何以事君！且夫子有云：'不讀《詩》無以言，不讀《禮》無以立。'[5]豈容蘇綽教子獨反聖人之訓乎？"[6]威時兼領五職，上甚親重之，妥因奏威不可信任。又以掌天文律度，皆不稱職，妥又上八事以諫：

[1]國子博士：官名。爲國子學教官，掌以儒經教授國子學生，國有疑事則掌承問對。隋初置五人，正五品上，仁壽元年隨國子學罷廢；煬帝大業初復置一人，正五品。

[2]通直散騎常侍：官名。隋門下省置四人，掌侍從規諫。正四品。

[3]納言：官名。門下省長官，職掌封駁制敕，並參與軍國大

政決策等，居宰相之職。置二員，正三品。　嘗：他本均同，唯殿本作"當"。

[4]從：他本均同，唯殿本作"是"。

[5]不讀《詩》無以言，不讀《禮》無以立：語出《論語·季氏》。

[6]蘇綽：人名。西魏大統十年（544）授大行臺度支尚書。傳見《周書》卷二三、《北史》卷六三。

其一事曰：臣聞知人則哲，惟帝難之。孔子曰："舉直錯諸枉則民服，舉枉錯諸直則民不服。"[1]由此言之，政之治亂，必慎所舉，故進賢受上賞，蔽賢蒙顯戮。察今之舉人，良異于此，無論諂直，莫擇賢愚。心欲崇高，則起家喉舌之任；[2]意須抑屈，必白首郎署之官。人之不服，實由於此。臣聞爵人於朝，與士共之，刑人於市，與眾棄之。伏見留心獄訟，愛人如子，每應決獄，無不詢訪群公，刑之不濫，君之明也。刑既如此，爵亦宜然。若有懋功簡在帝心者，便可擢用。自斯以降，若選重官，必須參以眾議，勿信一人之舉；則上不偏私，下無怨望。

[1]舉直錯諸枉則民服，舉枉錯諸直則民不服：語出《論語·爲政》。

[2]起家：官制用語。從家中徵召出來，始授以官職。

其二事曰：孔子云："是察阿黨，則罪無掩蔽。"[1]又曰："君子周而不比，小人比而不周。"[2]所謂比者，即阿黨也。謂心之所愛，既已光華榮顯，猶加提挈；心之所惡，既已沈滯屈辱，薄言必怒。提挈既成，必相掩蔽，則欺上之心生矣；屈辱既加，則有怨恨，謗讟之言出矣。伏願廣加逖訪，勿使朋黨路開，威恩自任。有國之患，莫大於此。

[1]是察阿黨，則罪無掩蔽：語出《禮記‧月令》。原句爲："是察阿黨，則罪無有掩蔽。"

[2]君子周而不比，小人比而不周：語出《論語‧爲政》。

其三事曰：臣聞舜舉十六族，所謂八元、八愷也。[1]計其賢明，理優今日，猶復擇才授任，不相侵濫，故得四門雍穆，庶績咸熙。今官員極多，用人甚少，有一人身上乃兼數職，爲是國無人也？爲是人不善也？今萬乘大國，髦彥不少，縱有明哲，無由自達。東方朔言曰："尊之則爲將，卑之則爲虜。"[2]斯言信矣。今當官之人，不度德量力，既無呂望、傅説之能，[3]自負傅岩、滋水之氣，[4]不慮憂深責重，[5]唯畏總領不多，安斯寵任，輕彼權軸，好致顛蹶，實此之由。《易》曰："鼎折足，覆公餗，其形渥，凶。"[6]言不勝其任也。臣聞窮力舉重，不能爲用。伏願更任賢良，分才參掌，使各行有餘力，則庶事康哉。

[1]八元、八愷：相傳高辛氏（帝嚳）有才子八人，稱爲八元；高陽氏（顓頊）有才子八人，稱爲八愷。後用以稱頌有才德的人。典出《左傳》文公十八年。

[2]尊之則爲將，卑之則爲虜：語出《漢書》卷六五《東方朔傳》。

[3]呂望：人名。太公望呂尚，佐周武王滅商。詳見《史記》卷三二《齊太公世家》。　傅説：人名。殷商五丁時期賢相。事見《史記》卷三《殷本紀》。

[4]傅岩：地名。相傳爲傅説版築之處。　滋水：即滋泉，在渭水流域。據《呂氏春秋·僅聽》：“太公釣於滋泉，遭紂之世也，故文王得之而王。”《北史》卷八二《何妥傳》作“渭水”。

[5]慮：宋刻遞修本、汲古閣本、中華本同，殿本、庫本作“應”。

[6]鼎折足，覆公餗，其形渥，凶：語出《易·鼎》。

其四事曰：臣聞《禮》云：“析言破律，亂名改作，執左道以亂政者，殺。”[1]孔子曰：“仍舊貫，何必改作。”[2]伏見比年以來，改作者多矣。至如范威漏刻，[3]十載不成；趙翊尺稱，[4]七年方決。公孫濟迂誕醫方，[5]費逾巨萬；徐道慶迴互子午，[6]糜耗飲食。常明破律，[7]多歷歲時；王渥亂名，[8]曾無紀極。張山居未知星位，[9]前已蹂藉太常；[10]曹魏祖不識北辰，[11]今復轥轢太史。[12]莫不用其短見，便自夸毗，邀射名譽，厚相誣罔。請今日已後，有如此者，若其言不驗，必加重罰，庶令有所畏忌，不敢輕奏狂簡。

[1]“析言破律”至“亂政者，殺”：語出《禮記·王制》。

[2]仍舊貫，何必改作：語出《論語·先進》。原文爲：“魯人爲長府，閔子騫曰：‘仍舊貫，如之何？何必改作？’子曰：‘夫人不言，言必有中。’”

　　[3]范威：人名。隋時人，具體事迹不詳。

　　[4]趙翊：人名。隋時人，具體事迹不詳。

　　[5]公孫濟：人名。隋時人，具體事迹不詳。

　　[6]徐道慶：人名。隋時人，具體事迹不詳。

　　[7]常明：人名。隋時人，具體事迹不詳。

　　[8]王渥：人名。隋時人，具體事迹不詳。

　　[9]張山居：人名。隋時人，具體事迹不詳。

　　[10]太常：官屬名。即太常寺，掌宗廟郊社禮樂事。

　　[11]曹魏祖：人名。隋時人，具體事迹不詳。　　北辰：北
極星。

　　[12]轢轢：欺凌。　　太史：官署名。隋初於秘書省置太史曹，
掌天文曆法之事，煬帝改爲太史監。

　　其餘文多不載。時蘇威權兼數司，先嘗隱武功，故
妥言自負傅巖、滋水之氣，以此激上。書奏，威大銜
之。十二年，[1]威定考文學，又與妥更相訶詆。威勃然
曰：“無何妥，不慮無博士！”妥應聲曰：“無蘇威，亦
何憂無執事！”由是與威有隙。[2]其後上令妥考定鍾律，
妥又上表曰：

　　[1]十二年：按，《北史》卷八二、《通志》卷一七四《何妥
傳》作“二年”。檢本書卷二《高祖紀下》、卷四一《蘇威傳》“威
兼領五職”時在開皇初，未幾即除。又本卷後云：“其後上令妥考
定鍾律……是後恩禮漸薄。六年，出爲龍州刺史。……以疾請還，
詔許之。復知學事。時上方使蘇夔在太常，參議鍾律。夔有所建
議，朝士多從之，妥獨不同，每言夔之短。”檢本書《音樂志》：
開皇二年，隋文帝命“國子博士何妥”與太常卿牛弘、國子祭酒辛
彦之等議正樂，而蘇夔參議鍾律亦在開皇九年平陳之前。故此“十

二年”有誤，當以《北史》爲準。

　　[2]與：底本原闕，據宋刻遞修本、中華本補。

　　臣聞明則有禮樂，幽則有鬼神，然則動天地，感鬼神，莫近於禮樂。又云樂至則無怨，禮至則不爭，揖讓而治天下者，禮樂之謂也。臣聞樂有二，一曰姦聲，二曰正聲。夫姦聲感人而逆氣應之，逆氣成象而淫樂興焉。正聲感人，而順氣應之，順氣成象，而和樂興焉。[1]故樂行而倫清，耳目聰明，血氣和平，移風易俗，天下皆寧。孔子曰：“放鄭聲，遠佞人。”[2]故鄭、衛、宋、趙之聲出，[3]内則發疾，外則傷人。是以宮亂則荒，其君驕；商亂則陂，其官壞；角亂則憂，其人怨；徵亂則哀，其事勤；羽亂則危，其財匱。五者皆亂，則國亡無日矣。

　　[1]“夫姦聲感人”至“而和樂興焉”：語出《禮記·樂記》。此句底本原爲：“夫姦聲感人而逆氣應之，順氣成象。”中華本據《册府元龜》卷五六八補。今從。

　　[2]放鄭聲，遠佞人：語出《論語·衛靈公》。

　　[3]鄭、衛、宋、趙：指先秦時期鄭國、衛國、宋國、趙國所轄地區。

　　魏文侯問子夏曰：[1]“吾端冕而聽古樂則欲寐，聽鄭、衛之音而不知倦，何也？”子夏對曰：“夫古樂者，始奏以文，復亂以武，修身及家，平均天下。鄭、衛之音者，姦聲以亂，溺而不止，優雜子女，[2]不知父子。

今君所問者樂也，所愛者音也。夫樂之與音，相近而不同，爲人君者，謹審其好惡。"案聖人之作樂也，非止苟悅耳目而已矣。欲使在宗廟之内，君臣同聽之則莫不和敬；在鄉里之内，長幼同聽之則莫不和順；在閨門之内，父子同聽之則莫不和親。此先王立樂之方也。故知聲而不知音者，禽獸是也，知音而不知樂者，衆庶是也。故黄鍾大吕，[3]弦歌干戚，[4]僮子皆能舞之。能知樂者，其唯君子！不知聲者，不可與言音，不知音者，不可與言樂，知樂則幾於道矣。紂爲無道，太師抱樂器以奔周。[5]晋君德薄，師曠固惜清徵。[6]

[1]魏文侯：戰國時魏國文侯都。事見《史記》卷四四《魏世家》。　子夏：人名。孔子弟子卜商，字子夏。事見《史記》卷六七《仲尼弟子列傳》。

[2]優：汲古閣本同，宋刻遞修本、殿本、庫本、中華本及《北史》卷八二《何妥傳》均作"獶"。

[3]黄鍾大吕：中國古代古典音樂分陰、陽各六律，黄鍾爲陽律第一、大吕爲陽律第四。

[4]弦歌：依琴瑟而詠歌。　干戚：亦作"干鏚"，盾與斧，舞者所執之具。

[5]太師：古代樂官之長。

[6]師曠：人名。春秋時晋國樂師。事見《史記》卷三九《晋世家》。

上古之時，未有音樂，鼓腹擊壤，[1]樂在其間。《易》曰："先王作樂崇德，殷薦之上帝，以配祖考。"[2]至于黄帝作《咸池》，[3]顓頊作《六莖》，[4]帝嚳作《五英》，堯作《大章》，[5]舜作《大韶》，禹作《大夏》，[6]湯作《大濩》，[7]武王作《大武》，[8]從夏以來，年代久遠，唯有名字，其聲不可得聞。自殷至周，備于《詩》《頌》。故自聖賢已下，多習樂者，至如伏羲減瑟，[9]文王足琴，[10]仲尼擊磬，子路鼓瑟，[11]漢高擊筑，[12]元帝吹簫。[13]

[1]鼓腹擊壤：意指拍擊肚子或土壤以尋樂。典出《莊子·馬蹄》："夫赫胥氏之時，民居不知所爲，行不知所之，含哺而熙，鼓腹而游。"及《藝文類聚》卷一一引晉皇甫謐《帝王世紀》云："堯之世，天下大和，百姓無事，有五十老人擊壤於道。"

[2]"先王作樂"至"以配祖考"：語出《易·豫卦》。

[3]黃帝：古帝名。號軒轅氏。詳見《史記》卷一《五帝本紀》。

[4]顓頊：古帝名。號高陽氏。詳見《史記·五帝本紀》。

[5]堯：傳說中的古帝陶唐氏之號。詳見《史記·五帝本紀》。

[6]禹：古帝名。詳見《史記》卷二《夏本紀》。

[7]湯：人名。商開國之君成湯。詳見《史記》卷三《殷本紀》。

[8]武王：周武王姬發。詳見《史記》卷四《周本紀》。

[9]伏羲：傳說中三皇之一，傳其作八卦。事見《史記·五帝本紀》。

[10]文王：周文王。詳見《史記·周本紀》。

[11]子路：人名。孔子弟子之一。事見《史記》卷六七《仲尼弟子列傳》。

[12]漢高：漢高祖劉邦。紀見《史記》卷八、《漢書》卷一。

[13]元帝：漢元帝劉奭。紀見《漢書》卷九。

漢高祖之初，叔孫通因秦樂人制宗廟之樂。迎神于廟門，奏《嘉至》之樂，[1]猶古降神之樂也。皇帝入廟門，奏《永至》之樂，以爲行步之節，猶《采薺》《肆夏》也。[2]乾豆上薦，奏登歌之樂，猶古清廟之歌也。登歌再終，奏《休成》之樂，美神饗也。皇帝就東廂坐定，奏《永安》之樂，美禮成也。其《休成》《永至》二曲，叔孫通所制也。漢高祖廟奏《武德》《文始》《五行》之舞。當春秋時，陳公子完奔齊，[3]陳是舜後，故齊有《韶》樂，孔子在齊聞《韶》，三月不知肉味是也。秦始皇滅齊，[4]得齊《韶》樂。漢高祖滅秦，《韶》傳於漢，高祖改名《文始》，以示不相襲也。《五行舞》者，本周《大武》樂也，始皇改曰《五行》。及于孝文，復作四時之舞，以示天下安和，四時順也。孝景采《武德舞》以爲《昭德》，[5]孝宣又采《昭德》以爲《盛德》，[6]雖變其名，大抵皆因秦舊事。至於魏、晋，皆用古樂。魏之三祖，[7]並制樂辭。自永嘉播越，[8]五都傾蕩，樂聲南度，是以大備江東。[9]宋、齊已來，至于梁代，所行樂事，猶皆傳古，三雍四始，實稱大盛。及侯景篡逆，樂師分散，其四舞、三調，悉度僞齊。[10]齊氏雖知傳受，得曲而不用之於宗廟朝廷也。

[1]迎神于廟門，奏《嘉至》之樂：底本此句前有"迎神于道門奏嘉至之樂"十字，據宋刻遞修本、中華本及《北史》卷八二《何妥傳》删。按，中華書局新修訂本對此做了考證，其校勘記云："《漢書》卷二二《禮樂志》：'大祝迎神于廟門，奏《嘉至》，猶古降神之樂也。'《御覽》卷五六六《樂部四·歷代樂》引《漢書》、《册府》卷五六五《掌禮部作樂》同。"

　　[2]猶《采薺》：宋刻遞修本、中華本及《北史·何妥傳》“猶”下有一“古”字。

　　[3]陳：春秋時諸侯國名。在今河南淮陽及安徽亳州一帶。公子完：即陳厲公之子，齊桓公十四年（前672），爲避陳宣公迫害，携帶家眷投奔齊國。事見《史記》卷三六《陳杞世家》。

　　[4]秦始皇：秦朝建立者嬴政。紀見《史記》卷六。

　　[5]孝景：漢景帝劉啓。紀見《漢書》卷五。

　　[6]孝宣：漢宣帝劉詢。紀見《漢書》卷八。

　　[7]魏之三祖：指建安文學代表作家曹操、曹丕、曹植。

　　[8]永嘉播越：永嘉五年，匈奴攻陷洛陽，擄走懷帝，東晉南遷。永嘉，西晉懷帝司馬熾年號（307—313）。

　　[9]江東：泛指長江下游以東地區。

　　[10]僞齊：此指北齊（550—577），都鄴（今河北臨漳縣西南鄴鎮東）。

　　臣少好音律，留意管絃，年雖耆老，頗皆記憶。及東土剋定，樂人悉返，訪其逗遛，果云是梁人所教。今三調、四舞並皆有手，雖不能精熟，亦頗具雅聲。若令教習傳授，庶得流傳古樂。然後取其會歸，撮其指要，因循損益，更制嘉名。歌盛德於當今，傳雅正於來葉，豈不美歟！謹具録三調、四舞曲名，[1]又製歌辭如别。其有聲曲流宕，不可以陳於殿庭者，亦悉附之於後。

　　[1]舞：宋刻遞修本、汲古閣本、中華本同，殿本、庫本誤作“五”。

　　書奏，别敕太常取妥節度。於是作清、平、瑟三調聲，又作八佾《鞞》《鐸》《巾》《拂》四舞。先是，太常所傳宗廟雅樂，數十年唯作大呂，廢黃鍾。妥又以深乖古意，乃奏請用黃鍾。詔下公卿議，從之。

俄而妥子蔚爲秘書郎，[1]有罪當刑，上哀之，減死論。是後恩禮漸薄。六年，出爲龍州刺史。[2]時有負笈游學者，妥皆爲講説教授之。爲《刺史箴》，勒于州門外。在職三年，以疾請還，詔許之。復知學事。時上方使蘇夔在太常，[3]參議鍾律。夔有所建議，朝士多從之，妥獨不同，每言夔之短。高祖下其議，朝臣多排妥。妥復上封事，指陳得失，大抵論時政損益，并指斥當世朋黨。於是蘇威及吏部尚書盧愷、侍郎薛道衡等皆坐得罪。[4]除伊州刺史，[5]不行，尋爲國子祭酒。卒官。謚曰肅。撰《周易講疏》十三卷，《孝經義疏》三卷，[6]《莊子義疏》四卷，及與沈重等撰《三十六科鬼神感應等大義》九卷，《封禪書》一卷，《樂要》一卷，文集十卷，並行於世。

[1]蔚：人名。即何蔚。事亦見《北史》卷八二《何妥傳》。秘書郎：官名。隋秘書省置郎四人，掌四部圖書之事。隋初爲正七品下，大業三年升爲從五品。

[2]龍州：治所在今四川平武縣東南。

[3]蘇夔：人名。本書卷四一、《北史》卷六三有附傳。

[4]吏部尚書：官名。尚書省下轄六部之一吏部的長官。掌全國文職官員銓選、考課等政令，統吏部、主爵、司勳、考功四曹。置一員，正三品。　盧愷：人名。傳見本書卷五六，《北史》卷三〇有附傳。　侍郎：官名。即吏部侍郎。隋文帝時於吏部四曹之一

吏部曹置吏部侍郎一員，爲該曹長官，正六品上。煬帝大業三年諸曹侍郎並改稱"郎"，又始置"侍郎"，爲尚書省下轄六部之副長官，正四品。此後，吏部侍郎纔成爲吏部副長官。協助長官吏部尚書掌全國文職官員銓選等政令。　薛道衡：人名。傳見本書卷五七，《北史》卷三六有附傳。

[5]伊州：隋開皇初改和州置，治所初在伏流縣（今河南嵩縣東北），四年移治乘休縣（今河南汝州市東），後又移治南汝原縣（今汝州市）。

[6]三：《北史·何妥傳》作"二"。

蕭該

蘭陵蕭該者，[1]梁鄱陽王恢之孫也。[2]少封攸侯。[3]梁荆州陷，[4]與何妥同至長安。性篤學，《詩》《書》《春秋》《禮記》並通大義，尤精《漢書》，甚爲貴游所禮。開皇初，賜爵山陰縣公，[5]拜國子博士。奉詔書與妥正定經史，然各執所見，遞相是非，久而不能就，上譴而罷之。該後撰《漢書》及《文選》音義，[6]咸爲當時所貴。

[1]蕭該：人名。《北史》卷八二有附傳。

[2]鄱陽王：爵名。南朝梁十八班。　恢：人名。即蕭恢。南朝梁太祖蕭順之第九子。傳見《梁書》卷二二、《南史》卷五二。

[3]攸侯：爵名。南朝梁十五等爵的第十等。

[4]荆州：南朝梁時治所在今湖北江陵縣。

[5]山陰縣公：爵名。隋九等爵的第五等。從一品。

[6]《漢書》及《文選》音義：中華本此標點爲《漢書》及

《文選音義》，中華本《北史·蕭該傳》同。檢本書《經籍志二》及《經籍志四》載：蕭該撰《漢書音義》十二卷及《文選音》三卷。又《舊唐書·經籍志》及《新唐書·藝文志》均載：蕭該撰《漢書音》十二卷，《文選音》十卷。故可知，此"音義"爲《漢書》與《文選》所共用，中華本標點不確。

包愷

東海包愷，[1]字和樂。其兄愉，[2]明《五經》，愷悉傳其業。又從王仲通受《史記》《漢書》，[3]尤稱精究。大業中，爲國子助教。于時《漢書》學者，以蕭、包二人爲宗匠。聚徒教授，著録者數千人。卒，門人爲起墳立碣焉。

[1]東海：郡名。秦置，治所在今山東郯城縣北，南朝宋移治今山東蒼山縣南，後廢。按，此言郡望以舊郡名。　包愷：人名。《北史》卷八二有附傳。生平亦可見《包愷墓誌》（載劉文《陝西新見隋朝墓誌》五〇，三秦出版社 2018 年版）。

[2]愉：人名。即包愉。具體事迹不詳。

[3]王仲通：人名。具體事迹不詳。

房暉遠

房暉遠，[1]字崇儒，恒山真定人也。[2]世傳儒學。暉遠幼有志行，治《三禮》《春秋三傳》《詩》《書》《周易》，兼善圖緯，恒以教授爲務。遠方負笈而從者，動以千計。齊南陽王綽爲定州刺史，[3]聞其名，召爲博士。周武帝平齊，搜訪儒俊，暉遠首應辟命，授小學下士。[4]

[1]房暉遠：人名。傳另見《北史》卷八二。

[2]恒山：郡名。治所在今河北正定縣南。　真定：縣名。治所在今河北正定縣南。

[3]南陽王：爵名。北齊十五等爵的第一等。正一品。　綽：人名。即高綽。北齊武成帝高湛長子，河清三年（564）封南陽王。傳見《北齊書》卷一二、《北史》卷五二。　定州：治所在今河北定州市。

[4]小學下士：官名。王仲犖疑即小學助教下士。小學助教中士正二命，小學下士命數不詳。（參見王仲犖《北周六典》卷四《春官府第九》，第288頁）

及高祖受禪，遷太常博士。[1]太常卿牛弘每稱爲五經庫。[2]吏部尚書韋世康薦之，[3]爲太學博士。尋與沛公鄭譯修正樂章。[4]丁母憂，[5]解任。後數歲，授殄寇將軍，[6]復爲太常博士。未幾，擢爲國子博士。會上令國子生通一經者，並悉薦舉，將擢用之。既策問訖，博士不能時定臧否。祭酒元善怪問之，暉遠曰：“江南、河北，義例不同，博士不能遍涉。學生皆持其所短，[7]稱己所長，博士各各自疑，所以久而不決也。”祭酒因令暉遠考定之，暉遠覽筆便下，初無疑滯。或有不服者，暉遠問其所傳義疏，輒爲始末誦之，然後出其所短，自是無敢飾非者。所試四五百人，數日便決，諸儒莫不推其通博，皆自以爲不能測也。尋奉詔預修令式。高祖嘗謂群臣曰：“自古天子有女樂乎？”楊素以下莫知所出，

遂言無女樂。暉遠進曰：「臣聞‘窈窕淑女，鍾鼓樂
之’，[8]此即王者房中之樂，著於《雅頌》，不得言無。」
高祖大悦。仁壽中，卒官，時年七十二。朝廷嗟惜焉，
賵賻甚厚，[9]贈員外散騎常侍。[10]

[1]太常博士：官名。掌辨五禮儀式，大祭祀時贊導禮儀，擬
議王公及三品以上官諡號。置四員，從七品下。

[2]太常卿：官名。太常寺長官，掌國家禮樂、郊廟社稷祭祀
等事，總轄郊社、太廟等十一署。置一員，正三品。

[3]韋世康：人名。傳見本書卷四七，《北史》卷六四有附傳。

[4]沛公：爵名。全稱爲沛國公，隋九等爵的第三等。從一品。

鄭譯：人名。北周時任内史下大夫，後任楊堅丞相府長史，入隋
官至岐州刺史。傳見本書卷三八，《周書》卷三五、《北史》卷三
五有附傳。

[5]丁母憂：遭逢母親喪事。古代喪服禮制規定，父母死後，
子女須守喪，三年内不得做官、婚娶、赴宴、應考、舉樂，等等。

[6]殄寇將軍：官名。屬武散官。正九品上。

[7]持：底本原作「恃」，他本均作「持」。又《册府元龜》卷
六〇一《學校部·辯博》、卷六四三《貢舉部·考試》亦作「持」。
今據改。

[8]窈窕淑女，鍾鼓樂之：語出《詩·國風·關雎》。

[9]賵（fèng）賻（fù）：因助辦喪事而以財物相贈。

[10]員外散騎常侍：官名。贈官。正五品。

馬光

馬光，[1]字榮伯，武安人也。[2]少好學，從師數十

年，晝夜不息，圖書讖緯，莫不畢覽，尤明《三禮》，爲儒者所宗。開皇初，高祖徵山東義學之士，[3]光與張仲讓、孔籠、竇士榮、張黑奴、劉祖仁等俱至，[4]並授太學博士，時人號爲六儒。然皆鄙野無儀範，朝廷不之貴也。士榮尋病死。仲讓未幾告歸鄉里，著書十卷，自云此書若奏，我必爲宰相。又數言玄象事。州縣列上其狀，竟坐誅。孔籠、張黑奴、劉祖仁未幾亦被譴去。唯光獨存。

[1]馬光：人名。傳另見《北史》卷八二。

[2]武安：縣名。治所在今河北武安市西南。

[3]山東：地區名。戰國、秦、漢時代，通稱華山或崤山以東爲山東。函括今河北、河南、山東等省。魏晉南北朝隋唐時期亦稱太行山以東地區爲山東。　義學：講求經義之學。

[4]張仲讓：人名。隋時人，具體事迹不詳。　孔籠：人名。隋時人，具體事迹不詳。　竇士榮：人名。隋時人，具體事迹不詳。　張黑奴：人名。隋時人，具體事迹不詳。　劉祖仁：人名。隋時人，具體事迹不詳。

嘗因釋奠，高祖親幸國子學，王公以下畢集。光升座講禮，啓發章門。已而諸儒生以次論難者十餘人，皆當時碩學，光剖析疑滯，雖辭非俊辨，而理義弘贍，論者莫測其淺深，咸共推服，上嘉而勞焉。山東《三禮》學者，自熊安生後，[1]唯宗光一人。初，教授瀛、博間，[2]門徒千數，至是多負笈從入長安。後數年，丁母憂歸鄉里，遂有終焉之志。以疾卒於家，時年七十三。

[1]熊安生：人名。北朝經學家，歷官北齊、北周。傳見《周書》卷四五、《北史》卷八二。

[2]瀛：州名。治所在今河北河間市。 博：州名。治所在今山東聊城市東北。

劉焯

劉焯，[1]字士元，信都昌亭人也。[2]父洽，[3]郡功曹。[4]焯犀額龜背，望高視遠，聰敏沈深，弱不好弄。少與河間劉炫結盟爲友，[5]同受《詩》於同郡劉軌思，[6]受《左傳》於廣平郭懋當，[7]問《禮》於阜城熊安生，[8]皆不卒業而去。武強交津橋劉智海家素多墳籍，[9]焯與炫就之讀書，向經十載，雖衣食不繼，晏如也。遂以儒學知名，爲州博士。[10]刺史趙昺引爲從事，[11]舉秀才，[12]射策甲科。與著作郎王劭同應國史，[13]兼參議律曆，[14]仍直門下省，[15]以待顧問。

[1]劉焯：人名。傳另見《北史》卷八二。

[2]信都：郡名。治所在今河北冀州市。 昌亭：縣名。據本書《地理志中》"信都郡"條載：開皇十六年分武强縣置昌亭縣。故治所在今河北武强縣附近。

[3]洽：人名。即劉洽。亦見《北史·劉焯傳》。

[4]郡功曹：郡屬官。掌官吏考課、學校、貢舉等事。視從八品至視從九品。

[5]河間：郡名。治所在今河北河間市。 劉炫：人名。傳見本卷、《北史》卷八二。

[6]受：底本、宋刻遞修本、汲古閣本、殿本原作"授"，中

華本改作"受"，其校勘記云："'受'原作'授'，據《北史》本傳改。"檢《北齊書》卷四四《劉軌思傳》，軌思北齊天統（565—569）中已任國子博士。故此當爲問學之意，"受"是，今據改。　郡：汲古閣本、殿本、庫本作"鄉"，宋刻遞修本、中華本與底本同。　劉軌思：人名。北齊天統年間任國子博士，精於《詩》學。傳見《北齊書》卷四四、《北史》卷八一。

　　[7]廣平：郡名。治所在今河北鷄澤縣東南。　郭懋當：人名。具體事迹不詳。按，"當"宋刻遞修本同，汲古閣本、殿本、庫本作"常"。又《北史·劉焯傳》作"嘗"，中華本《北史》斷句爲，"受《左傳》於廣平郭懋，嘗問《禮》於阜城熊安生"。又，中華書局新修訂本本書據至順本等改作"常"，校勘記云："《北史》卷八二《儒林下·劉焯傳》、《册府》卷八一一《總録部·遊學》、《通志》卷一七四《儒林·劉焯傳》、《隋書詳節》卷一九《劉焯傳》作'郭懋嘗'。按，'常'通'嘗'，'當'或涉與'嘗'形近而誤。"

　　[8]阜城：縣名。治所在今河北阜城縣。

　　[9]武强：縣名。治所在今河北武强縣。　交津橋：地名。即交津口，在今河北武强縣南。　劉智海：人名。具體事迹不詳。

　　[10]州博士：官名。隋州有經學博士，不常置，掌以經術教授生徒。品秩不詳。

　　[11]趙昺（jiǒng）：人名。傳見本書卷四六、《北史》卷七五。

　　從事：州府屬官。此具體所指不明。

　　[12]秀才：本意指優秀人才，漢武帝始定爲選舉科目。三國魏州舉秀才，晋朝沿之，南北朝略同。時秀才之選最爲重要，多以此出任要職。此爲隋選舉科目名。

　　[13]著作郎：官名。隋秘書省著作曹長官，置二員。掌碑志、祝文、祭文修撰之事。隋初爲從五品，大業三年升爲正五品，後又降爲從五品。　王劭：人名。傳見本書卷六九，《北史》卷三五有附傳。　應：汲古閣本、殿本、庫本同，宋刻遞修本、中華本作

"修"。

　　[14]兼：官制用語。假職未真授之稱。

　　[15]直：官制用語。一般以他官臨時差遣處理本署事務。　門下省：官署名。與尚書、中書合稱三省，掌封駁制詔章表，隋代長官爲納言。

　　俄除員外將軍。[1]後與諸儒於秘書省考定群言。[2]因假還鄉里，縣令韋之業引爲功曹。[3]尋復入京，與左僕射楊素、吏部尚書牛弘、國子祭酒蘇威、國子祭酒元善、博士蕭該、何妥、太學博士房暉遠、崔崇德、晋王文學崔賾等於國子共論古今滯義、前賢所不通者。[4]每升座，論難鋒起，皆不能屈，楊素等莫不服其精博。六年，運洛陽《石經》至京師，文字磨滅，莫能知者，奉敕與劉炫等考定。

　　[1]員外將軍：官名。南北朝時期爲殿中員外將軍的省稱，隋爲殿內員外將軍的省稱，即正員之外添授的殿中將軍。隋於左右衛各置員外將軍三十員，從八品下，職掌同殿內將軍。文帝開皇六年罷。

　　[2]秘書省：官署名。掌四部圖書之校勘、繕録、整理與收藏事宜，領著作與太史二曹，長官爲秘書監。

　　[3]韋之業：人名。隋初任武強縣令，其他事迹不詳。　功曹：官名。縣屬官，屬流外官，爲縣令長自辟署。

　　[4]左僕射：官名。隋尚書省置左右僕射各一人，地位僅次於尚書令。由於隋尚書令不常置，僕射成爲尚書省實際長官，是宰相之職。從二品。　崔崇德：人名。隋開皇初任太學博士，其他事迹不詳。　晋王文學：官名。隋諸公王府置文學二人，掌校讎典籍，

侍從文章。親王府文學爲從六品上。　　崔賾：人名。本書卷七七、《北史》卷八八有附傳。

　　後因國子釋奠，與炫二人論義，深挫諸儒，咸懷妒恨，遂爲飛章所謗，[1]除名爲民。於是優游鄉里，專以教授著述爲務，孜孜不倦。賈、馬、王、鄭所傳章句，[2]多所是非。《九章算術》《周髀》《七曜曆書》十餘部，推步日月之經，量度山海之術，莫不覈其根本，窮其秘奧。著《稽極》十卷、《曆書》十卷、《五經述議》，並行於世。劉炫聰明博學，名亞於焯，故時人稱二劉焉。天下名儒後進，質疑受業，不遠千里而至者，不可勝數。論者以爲數百年已來，博學通儒，無能出其右者。然懷抱不曠，又嗇於財，不行束脩者，未嘗有所教誨，時人以此少之。廢太子勇聞而召之，[3]未及進謁，詔令事蜀王，[4]非其好也，久之不至。王聞而大怒，遣人枷送於蜀，配之軍防。其後典校書籍。王以罪廢，焯又與諸儒修定禮律，除雲騎尉。[5]

　　[1]飛章：報告急事或急變之奏章。
　　[2]賈、馬、王、鄭：指賈逵、馬融、王肅、鄭玄。
　　[3]廢太子勇：指隋文帝長子楊勇，隋文帝即位立爲太子，開皇二十年廢爲庶人，故稱“廢太子”。傳見本書卷四五、《北史》卷七一。
　　[4]蜀王：此指隋文帝楊堅第四子楊秀，封蜀王。傳見本書卷四五、《北史》卷七一。
　　[5]雲騎尉：官名。隋開皇三年於吏部別置朝議等八郎、旅騎等八尉，上階爲郎，下階爲尉。散官番直，常出使監檢。正九

品下。

煬帝即位，遷太學博士，俄以疾去職。數年，復被徵以待顧問，因上所著《歷書》，與太史令張胄玄多不同，[1]被駁不用。大業六年卒，[2]時年六十七。劉炫爲之請謚，朝廷不許。

[1]太史令：官名。隋初秘書省置太史曹，煬帝改爲太史監，長官爲令，置二人，掌天文曆法之事。隋初爲從七品，煬帝進爲從五品。　張胄玄：人名。傳見本書卷七八、《北史》卷八九。

[2]六年：本書《律曆志下》載：“至大業四年劉焯卒後，乃敢改法。”言劉焯卒於大業四年。

劉炫

劉炫，字光伯，河間景城人也。[1]少以聰敏見稱，與信都劉焯閉户讀書，十年不出。炫眸子精明，視日不眩，强記默識，莫與爲儔。左畫方，右畫圓，口誦，目數，耳聽，五事同舉，無有遺失。周武帝平齊，瀛州刺史宇文亢引爲户曹從事。[2]後刺史李繪署禮曹從事，[3]以吏幹知名。

[1]景城：縣名。治所在今河北滄州市西景城村。

[2]宇文亢：人名。北周時爲瀛州刺史，其他事迹不詳。　户曹從事：官名。州府屬官，長官所自辟，掌一州户口、籍帳、婚嫁等事。北周品秩不詳。

[3]李繪：人名。北周時爲瀛州刺史，其他事迹不詳。　禮曹

從事：官名。州府屬官，長官所自辟，掌一州禮儀教化等事。北周品秩不詳。

歲餘，奉敕與著作郎王劭同修國史。俄直門下省，以待顧問。又與諸術者修天文律曆，兼於内史省考定群言，[1]内史令博陵李德林甚禮之。[2]炫雖遍直三省，竟不得官，爲縣司責其賦役。兹自陳於内史，[3]内史送詣吏部，[4]吏部尚書韋世康問其所能。[5]炫自爲狀曰："《周禮》《禮記》《毛詩》《尚書》《公羊》《左傳》《孝經》《論語》孔、鄭、王、何、服、杜等注，[6]凡十三家，雖義有精粗，並堪講授。《周易》《儀禮》《穀梁》，用功差少。史子文集，嘉言美事，咸誦於心。天文律曆，窮覈微妙。至於公私文翰，未嘗假手。"吏部竟不詳試，然在朝知名之士十餘人，保明炫所陳不謬，於是除殿内將軍。[7]

[1]内史省：官署名。隋避諱改中書省爲内史省，爲三省之一，置監、令各一員，尋廢監，置令二員爲長官。下置侍郎、舍人等官員。掌皇帝詔令出納宣行，爲機要之司。

[2]内史令：官名。内史省長官，掌皇帝詔令出納宣行，居宰相之職。正三品。　博陵：郡名。治所在今河北安平縣。　李德林：人名。傳見本書卷四二、《北史》卷七二。

[3]兹：汲古閣本同，宋刻遞修本、殿本、庫本、中華本及《北史》卷八二《劉炫傳》作"炫"。

[4]吏部：官署名。隋爲尚書省六部之首。下統吏部、主爵、司勳、考功曹（司）。以吏部尚書爲長官。掌全國文職官員銓選、勳封、考課之政。

〔5〕韋世康：人名。傳見本書卷四七，《北史》卷六四有附傳。按，"康"底本原作"惠"，宋刻遞修本、汲古閣本、中華本作"康"。檢《北史·劉炫傳》亦作"康"。又隋任吏部尚書者無"韋世惠"，底本誤。今據改。

〔6〕孔、鄭、王、何、服、杜：指孔安國、鄭玄、王弼、何晏、服虔、杜預。

〔7〕殿內將軍：官名。隋初左右衛有員外將軍十五人，同掌宮掖禁禦，都攝仗衛。正八品。開皇三年罷。

時牛弘奏請購求天下遺逸之書，炫遂僞造書百餘卷，題爲《連山易》《魯史記》等，録上送官，取稟而去。[1]後有人訟之，經赦免死，坐除名，歸于家，以教授爲務。太子勇聞而召之，既至京師，敕令事蜀王秀，遷延不往。蜀王大怒，枷送益州。[2]既而配爲帳內，每使執杖爲門衛。俄而釋之，典校書史。炫因擬屈原《卜居》，爲《筮塗》以自寄。及蜀王廢，與諸儒修定《五禮》，授旅騎尉。[3]

〔1〕稟：宋刻遞修本、汲古閣本、殿本、庫本、中華本及《北史》卷八二《劉炫傳》均作"賞"。底本誤。

〔2〕益州：治所在今四川成都市。

〔3〕旅騎尉：官名。隋開皇三年於吏部別置朝議等八郎、旅騎等八尉，上階爲郎，下階爲尉。散官番直，常出使監檢。旅騎尉爲從八品下。

吏部尚書牛弘建議，以爲禮諸侯絕傍期，[1]大夫降一等。[2]今之上柱國，[3]雖不同古諸侯，比大夫可也，官在第二品，宜降傍親一等。議者多以爲然。炫駁之曰：
"古之仕者，宗一人而已，庶子不得進。由是先王重適，
其宗子有分禄之義。[4]族人與宗子雖疏遠，猶服緦三月，
良由受其恩也。今之仕者，位以才升，不限適庶，與古
既異，何降之有。今之貴者，多忽近親，若或降之，民
德之疏，自此始矣。"遂寢其事。

[1]傍期：爲旁系親屬服喪。

[2]大夫：古職官名。周代在國君下有公卿、大夫、士三等。

[3]上柱國：官名。隋文帝因改北周十一等勳官之制形成十一
等散實官，用以酬勤勞，無實際職掌。柱國爲第二等，可開府置僚
佐。從一品。

[4]宗子：古代宗法制度中大宗的嫡長子。

開皇二十年，[1]廢國子、四門及州縣學，[2]唯置太學
博士二人，[3]學生七十二人。[4]炫上表言學校不宜廢，情
理甚切，高祖不納。開皇之末，國家殷盛，朝野皆以遼
東爲意。[5]炫以爲遼東不可伐，作《撫夷論》以諷焉，
當時莫有悟者。及大業之季，三征不克，炫言方驗。

[1]開皇二十年：檢本書卷二《高祖紀下》及《百官志下》，
廢學時間在"仁壽元年"，此誤。

[2]廢國子、四門及州縣學：中華本標點爲"廢國子四門及州
縣學"。據本書《百官志下》國子寺統國子、太學、四門及書算
學。故"國子""四門"間當用頓號。國子，指國子學，是隋最高
學府。初隸國子寺，置博士、助教各五人。後隸國子監，置博士、
助教各一人。學生無常員。四門，即四門學，隋國家中央第三級學

府。置博士、助教，學生數及隸屬皆同太學。州縣學，隋官府在州、縣所辦的地方學校。

[3]唯置太學博士二人：《北史》卷八二《劉炫傳》記載與此同，然檢本書《百官志下》載：“（仁壽元年）罷國子學，唯立太學一所，置博士五人。”

[4]七十二人：《北史·劉炫傳》及本書《百官志下》記載均爲“七十二人”。檢本書卷二《高祖紀下》載：“（仁壽元年）國子學唯留學生七十人，太學、四門及州縣學並廢。……秋七月戊戌，改國子爲太學。”

[5]遼東：地區名。指遼水以東地區，此指高麗國。

煬帝即位，牛弘引炫修律令。高祖之世，以刀筆吏類多小人，[1]年久長姦，勢使然也。又以風俗陵遲，婦人無節。於是立格，[2]州縣佐史，[3]三年而代之，九品妻無得再醮。炫著論以爲不可，弘竟從之。諸郡置學官，及流外給廩，[4]皆發自於炫。弘嘗從容問炫曰：“案《周禮》士多而府史少，今令史百倍於前，判官減則不濟，其故何也？”炫對曰：“古人委任責成，歲終考其殿最，案不重校，文不繁悉，府史之任，掌要目而已。今之文簿，恒慮覆治，[5]鍛煉若其不密，萬里追證百年舊案，故諺云：‘老吏抱案死’。古今不同，若此之相懸也，事繁政弊，職此之由。”弘又問：“魏、齊之時，令史從容而已，今則不遑寧舍，其事何由？”炫對曰：“齊氏立州不過數十，三府行臺，遞相統領，文書行下，不過十條。今州三百，其繁一也。往者州唯置綱紀，郡置守丞，縣唯令而已。其所具僚，則長官自辟，受詔赴任，每州不過數十。今則不然，大小之官，悉由吏部，纖介之迹，皆屬考功，其繁二也。省官不如省事，省事不如清心。官事不省而望從容，其可得乎？"弘甚善其言而不能用。納言楊達舉炫博學有文章，[6]射策高第，除太學博士。歲餘，以品卑去任，還至長平，[7]奉敕追詣行在所。或言其無行，帝遂罷之，歸于河間。

[1]刀筆吏：掌文案的胥吏。

[2]格：法式，百官有司所常行之事。

[3]佐史：此指州縣流外官與胥吏的統稱。

[4]流外：指流外官。南北朝隋唐時期對九品以下官員的通稱。與一品至九品的流內官相對而言。流外官本身也有九等品級，經考銓後，可遞升入流成爲流內官，稱爲"入流"。凡京師及地方官署的吏員，多以流外官充任。

[5]覆治：再次審理。按，《北史》卷八二《劉炫傳》作"勘覆"。

[6]楊達：人名。本書卷四三、《北史》卷六八有附傳。

[7]長平：郡名。治所在今山西晋城市東北高都鎮。

于時群盗蜂起，穀食踊貴，經籍道息，教授不行。炫與妻子相去百里，聲問斷絕，鬱鬱不得志，乃自爲贊曰：

通人司馬相如、揚子雲、馬季長、鄭康成等，[1]皆自叙風徽，傳芳來葉。余豈敢仰均先達，貽笑從昆。[2]徒以日迫桑榆，大命將近，故友飄零，門徒雨散，溘死朝露，埋魂朔野，親故莫照其心，後人不見其迹，殆及餘喘，薄言胸臆，貽及行邁，傳示州里，使夫將來俊哲知余鄙志耳。

[1]通人：學識淵博通達之人。 司馬相如：人名。西漢文學家。傳見《史記》卷一一七、《漢書》卷五七。 揚子雲：人名。即揚雄，字子雲，漢賦四大家之一。傳見《漢書》卷八七。 馬季長：人名。即馬融，字季長，東漢經學家。傳見《後漢書》卷六〇上。

[2]從：汲古閣本、中華本同，宋刻遞修本、殿本、庫本作“後”。《北史》卷八二《劉炫傳》、《册府元龜》卷九〇九《總錄部·窮愁》亦作“後”。李慈銘《隋書札記》指出：“從當作後。”後昆指後嗣、子孫，作“後”是。

余從縋髮以來，迄於白首，嬰孩爲慈親所恕，棰楚未嘗加，從學爲明師所矜，榎楚弗之及。[1]暨乎敦叙邦族，交結等夷，重物輕身，先人後己。昔在幼弱，樂參長者，爰及耆艾，數接後生。學則服而不厭，誨則勞而不倦，幽情寡適，心事方違。內省生平，顧循終始，其大幸有四，其深恨有一。

[1]榎（jiǎ）楚：以榎木荆條所製刑具，用以笞打。

性本愚蔽，家業貧窶，爲父兄所饒，[1]廁縉紳之末，遂得博覽典誥，窺涉今古，小善著於丘園，虛名聞於邦國，其幸一也。

[1]饒：相容、饒恕。

　　隱顯人間，沈浮世俗，數忝徒勞之職，久執城旦之書，[1]名不挂於白簡，[2]事不染於丹筆，[3]立身立行，慚恧實多，啓手啓足，庶幾可免，其幸二也。

[1]城旦：古代一種築城四年的勞役。此泛指刑罰。
[2]白簡：古代彈劾官員的奏章。
[3]丹筆：指史筆。

　　以此庸虛，屢動神眷，以此卑賤，每升天府，[1]齊鑣驥騄，[2]比翼鷁鴻，[3]整緗素於鳳池，[4]記言動於麟閣，[5]參謁宰輔，造請群公，厚禮殊恩，增榮改價，其幸三也。

[1]天府：指朝廷。
[2]驥騄：良馬，此喻指朝臣。
[3]鷁鴻：鷁雛、鴻雁飛行有序，此喻指朝官班行。
[4]鳳池：鳳凰池，原指禁苑中池沼。魏晋南北朝時於禁中設中書省掌管機要，接近皇帝，故又稱中書省爲“鳳凰池”。
[5]麟閣：指麒麟閣，漢代用以藏秘書、處賢才。

　　晝漏方盡，大蔘已嗟，退反初服，歸骸故里，玩文史以怡神，閱魚鳥以散慮，觀省野物，登臨園沼，緩步代車，無罪爲貴，其幸四也。
　　仰休明之盛世，慨道教之陵遲，蹈先儒之逸軌，傷群言之蕪穢，馳騖墳典，釐改僻謬，修撰始畢，圖事適成，天違人願，途不我與。世路未夷，學校盡廢，道不備於當時，業不傳於身後。銜恨泉壤，實在茲乎？其深恨一也。

時在郡城，糧餉斷絕，其門人多隨盜賊，哀炫窮乏，詣郡城下索炫，郡官乃出炫與之。炫爲賊所將，過城下堡。未幾，賊爲官軍所破，炫飢餓無所依，復投縣城。長吏意炫與賊相知，恐爲後變，遂閉門不納。是時夜冰寒，因此凍餒而死，時年六十八。其後門人謚曰宣德先生。

炫性躁競，頗俳諧，多自矜伐，好輕侮當世，爲執政所醜，由是官塗不遂。著《論語述議》十卷，《春秋攻昧》十卷，《五經正名》十二卷，《孝經述議》五卷，《春秋述議》四十卷，《尚書述議》二十卷，《毛詩述議》四十卷，《注詩序》一卷，[1]《算術》一卷，並行於世。

[1]《注詩序》：中華本《北史》卷八二本傳標點爲“注《詩序》”。

褚輝

吳郡褚輝，[1]字高明，以《三禮》學稱於江南。煬帝時，徵天下儒術之士，悉集内史省，相次講論。輝博辯，無能屈者，由是擢爲太學博士。撰《禮疏》一百卷。

[1]吳郡：治所在今江蘇蘇州市。　褚輝：人名。《北史》卷

八二有附傳。

顧彪

餘杭顧彪，[1]字仲文，明《尚書》《春秋》。煬帝時爲秘書學士，[2]撰《古文尚書疏》二十卷。

[1]餘杭：郡名。治所在今浙江杭州市。　顧彪：人名。《北史》卷八二有附傳。

[2]秘書學士：此指秘書省撰述人員。屬流外官，品秩不詳。

魯世達

餘杭魯世達，[1]煬帝時爲國子助教，撰《毛詩章句義疏》四十一卷，[2]行於世。

[1]魯世達：人名。《北史》卷八二有附傳。

[2]四十一：汲古閣本、殿本、庫本與底本同，宋刻遞修本、中華本作“四十二”。檢《北史·魯世達傳》作“四十二”，本書《經籍志一》載爲“四十”。

張沖

吴郡張沖，[1]字叔玄。仕陳爲左中郎將，[2]非其好也，乃覃思經典，撰《春秋義略》，異於杜氏七十餘事，《喪服義》三卷，《孝經義》三卷，《論語義》十卷，

《前漢音義》十二卷。官至漢王侍讀。[3]

[1]張沖：人名。《北史》卷八二有附傳。按，"沖"字底本、宋刻遞修本、汲古閣本原作"仲"，殿本改作"沖"，殿本《考證》云："監本'沖'俱訛'仲'，惟目録作'沖'，《北史》本傳亦作'沖'，《唐書·藝文志》載張沖《春秋左氏義略》三十卷，亦與本傳合。本書《經籍志》載《春秋義略》三十卷，注'陳右軍將軍張沖撰'，本傳載沖仕陳爲左中郎將，官秩不符，或歷官不備載耳。本書《潘徽傳》受書於張沖，俱作'沖'。又南齊張沖字思約，亦吳郡人，官至征虜將軍，封定襄侯，又一張沖也。"今據改。

[2]左中郎將：官名。南朝陳設有左右中郎將，職掌侍衛左右，爲皇帝之近衛侍從武官。第五品。按，本書《經籍志一》載："《春秋義略》三十卷，陳右軍將軍張沖撰。"載其官職爲"右軍將軍"。

[3]漢王侍讀：官名。隋諸王府屬官有侍讀、侍講。品秩不詳。

王孝籍

平原王孝籍，[1]少好學，博覽群言，遍治五經，頗有文翰。與河間劉炫同志友善。開皇中，召入秘書，助王劭修國史。劭不之禮，在省多年，而不免輸税。孝籍鬱鬱不得志，奏記於吏部尚書牛弘曰：

[1]平原：郡名。治所在今山東平原縣西南。　王孝籍：人名。《北史》卷八二有附傳。

竊以毒螫瘵膚，[1]則申旦不寐，飢寒切體，亦卒歲無聊。何則？痛苦難以安，貧窮易爲蹙。況懷抱之内，水火鑠脂膏，腠理之間，風霜侵骨髓，安可齰舌緘唇，[2]吞聲飲氣，惡呻吟之響，忍酸辛之酷哉！伏惟明尚書公動哀矜之色，開寬裕之懷，咳唾足以活枯鱗，吹噓可用飛窮羽。芬椒蘭之氣，暖布帛之詞，許小人之請，聞大君之聽。雖復山川不遠，鬼神在兹，信而有徵，言無不履，猶恐拯溺遲於援手，救經緩於扶足。待越人之舟楫，[3]求魯匠之雲梯，[4]則必懸於槁樹之枝，没於深淵之底矣。

[1]瘮（cǎn）：痛，慘痛。
[2]齰（zé）：咬嚙。
[3]越人之舟楫：指古越族人生於水澤之國，善於操縱舟楫。
[4]魯匠之雲梯：春秋時魯國工匠公輸班爲楚國造雲梯之械攻宋國。典出《墨子・公輸》。

夫以一介貧人，七年直省，課役不免，慶賞不霑，賣貢禹之田，供釋之之費，有弱子之累，乏强兄之産。加以老母在堂，[1]光陰遲暮，寒暑違闕，關山超遠，齧臂爲期，前塗逾邈，倚閭之望，朝夕已勤。謝相如之病，[2]無官可以免；發梅福之狂，[3]非仙所能避。愁疾甚乎屬鬼，人生異夫金石。營魂且散，恐筮予無徵，齎恨入冥，則虛緣恩顧，此乃王稽所以致言，應侯爲之不樂也。潛鬢髮之內，居眉睫之間，子野未曾聞，[4]離朱所不見，[5]沈淪東觀，[6]留滯南史，[7]終無薦引，永同埋殯。三世不移，雖由寂寞，十年不調，實乏知己。

　　[1]加：底本、汲古閣本作"叨"，宋刻遞修本、殿本、庫本、中華本作"加"。此作"加"意思更通，據改。

　　[2]相如：人名。即西漢文學家司馬相如，史載其稱病閑居，不慕官爵。

　　[3]梅福：人名。西漢經學家，王莽篡政，遁避塵世，傳以爲仙。傳見《漢書》卷六七。

　　[4]子野：春秋時期晉國樂師師曠，字子野。

　　[5]離朱：即離婁，傳說爲黃帝時視力特別强的人。

　　[6]東觀：原指東漢洛陽南宫内觀，爲皇室藏書及國史修撰之所。此代指史館。

　　[7]南史：原指春秋時齊國史官，此代指自己所任史官。

　　夫不世出者，聖明之君也，不萬一者，誠賢之臣也。以夫不世出而逢不萬一，此小人所以爲明尚書幸也。坐人物之源，運銓衡之柄，反披狐白，[1]不好緇衣，此小人爲明尚書不取也。昔荆玉未剖，刖卞和之足，[2]百里未用，[3]碎禽息之首。[4]居得言之地，有能用之資，增耳目之明，無手足之蹙，憚而弗爲，孰知其解！夫官或不稱其能，士或未申其屈，一夫竊議，語流天下。勞不見圖，安能無望！儻病未及死，狂還克念，汙窮愁之簡，屬離憂之詞，記志於前修，[5]通心於來哲，使千載之下，哀其不遇，追咎執事，有點清塵，則不肖之軀，死生爲累，小人之罪，方且未刊。[6]願少加憐愍，留心無忽！

　　[1]反披狐白：典出《漢書》卷八一《匡衡傳》："夫富貴在身而列士不譽，是有狐白之裘而反衣之也。"比喻華而不實。

〔2〕卞和：人名。春秋時楚人。傳其得玉璞，獻於楚厲王及楚武王，被指欺詐，刖其雙足。文王即位，抱璞哭於荆山下，文王使人琢璞，得寶玉，名爲“和氏璧”。

〔3〕百里：人名。即百里奚，春秋時秦國繆公大臣。

〔4〕禽息：人名。春秋時秦國大夫，推薦百里奚給秦繆公，而秦繆公不用。待秦繆公出行，禽息擋車用頭擊闌，腦漿外溢。繆公感悟而用百里奚，秦遂大化。

〔5〕記：汲古閣本、殿本、庫本、中華本同，宋刻遞修本、《北史》卷八二《王孝籍傳》作“託”。

〔6〕刊：《北史·王孝籍傳》作“刑”。

弘亦知其有學業，而竟不得調。後歸鄉里，以教授爲業，終于家。注《尚書》及《詩》，遭亂零落。

史臣曰：古語云：“容體不足觀，勇力不足恃，族姓不足道，先祖不足稱。然而顯聞四方，流聲後胤者，其唯學乎？”[1]信哉斯言也。暉遠、榮伯之徒，篤志不倦，自求諸己，遂能聞道下風，稱珍席上。或聚徒千百，或服冕乘軒，見重明時，實惟稽古之力也。江陽從容雅望，風韻閑遠，清談高論，籍甚當年；彥之敦經悦史，砥身礪行，志存典制，動蹈規矩；何妥通涉俊爽，神情警悟，雅有口才，兼擅詞筆，然訐以爲直，失儒者之風焉；劉焯道冠縉紳，數窮天象，既精且博，洞幽究微，鉤深致遠，源流不測，數百年來，斯人而已；劉炫學實通儒，才堪成務，九流七略，無不該覽，雖探賾索隱，不逮於焯，裁成義説，文雅過之。並道亞生知，時不我與，或纔登於下士，或餒棄於溝壑，惜矣。子夏有言："死生有命，富貴在天。"[2] 天之所與者聰明，所不與者貴仕，上聖且猶不免，焯、炫其如命何！

[1]"容體不足觀"至"其唯學乎"：王肅所注《孔子家語》卷二《致思》有其言："其容體不足觀也，其勇力不足憚也，其先祖不足稱也，其族姓不足道也，終而有大名以顯聞四方，流聲後裔者，豈非學之效也？"

[2]死生有命，富貴在天：語出《論語·顏淵》。

隋書　卷七六

列傳第四十一

文學

　　《易》曰："觀乎天文，以察時變，觀乎人文，以化成天下。"[1]《傳》曰："言，身之文也，言而不文，行之不遠。"[2] 故堯曰則天，[3] 表文明之稱；周云盛德，著焕乎之美。然則文之爲用，其大矣哉！上所以敷德教於下，下所以達情志於上，大則經緯天地，作訓垂範，次則風謠歌頌，匡主和民。或離讒放逐之臣，塗窮後門之士，[4] 道轗軻而未遇，志鬱抑而不申，憤激委約之中，飛文魏闕之下，[5] 奮迅泥滓，自致青雲，振沈溺於一朝，流風聲於千載，往往而有。是以凡百君子，莫不用心焉。

　　[1]"觀乎天文"至"以化成天下"：語出《易・上經・賁》。意思是觀察天道運行，可以看到時令變化；注重人間倫理道德，就可以教化天下。

[2]言，身之文也，言而不文，行之不遠：語出《左傳》僖公二十四年，介之推曰："言，身之文也。身將隱，焉用文之？是求顯也。"原文無"言而不文，行之不遠"。

[3]堯：傳説中的古帝陶唐氏之號。詳見《史記》卷一《五帝本紀》。　則天：以天爲法。

[4]後門：此指寒微門第。

[5]魏闕：宫門外高聳之樓觀，因常爲懸布法令之所，亦借指朝廷。

　　自漢、魏以來，迄乎晋、宋，[1]其體屢變，前哲論之詳矣。暨永明、天監之際，[2]太和、天保之間，[3]洛陽、江左，[4]文雅尤盛。于時作者，濟陽江淹、吴郡沈約、樂安任昉、濟陰温子昇、河間邢子才、鉅鹿魏伯起等，[5]並學窮書圃，思極人文，縟彩鬱於雲霞，逸響振於金石。英華秀發，波瀾浩蕩，筆有餘力，詞無竭源。方諸張、蔡、曹、王，[6]亦各一時之選也。聞其風者，聲馳景慕。然彼此好尚，互有異同。江左宫商發越，貴於清綺，河朔詞義貞剛，[7]重乎氣質。氣質則理勝其詞，清綺則文過其意，理深者便於時用，文華者宜於詠歌，此其南北詞人得失之大較也。若能掇彼清音，簡兹累句，各去所短，合其兩長，則文質斌斌，盡善盡美矣。梁自大同之後，[8]雅道淪缺，漸乖典則，爭馳新巧。簡文、湘東，[9]啓其淫放，徐陵、庾信，[10]分路揚鑣。其意淺而繁，其文匿而彩，詞尚輕險，情多哀思。格以延陵之聽，[11]蓋亦亡國之音乎！周氏吞併梁、荆，[12]此風扇於關右，[13]狂簡斐然成俗，流宕忘反，無所取裁。

[1]宋：即南朝宋（420—479），都建康（今江蘇南京市）。

[2]永明：南朝齊武帝蕭賾年號（483—493）。　天監：南朝
梁武帝蕭衍年號（502—519）。

[3]太和：北魏孝文帝元宏年號（477—499）。　天保：北齊
文宣帝高洋年號（550—559）。

[4]洛陽：此泛指以洛陽爲中心的北方地區。　江左：地區名。
亦稱江東，泛指長江下游以東地區。

[5]濟陽：郡名。治所在今河南蘭考縣東北。　江淹：人名。
南朝著名辭賦大家，歷仕南朝宋、齊、梁三朝。傳見《梁書》卷一
四、《南史》卷五九。　吳郡：治所在今江蘇蘇州市。　沈約：人
名。南朝梁人。著有《宋書》，文學史上"竟陵八友"之一。傳見
《梁書》卷一三、《南史》卷五七。　樂安：郡名。東漢時治所在
今山東鄒平縣東北，南朝宋移治今山東廣饒縣北。　任昉：人名。
南朝文學家，文學史上"竟陵八友"之一。傳見《梁書》卷一四、
《南史》卷五九。　濟陰：郡名。治所在今山東定陶縣西北。　溫
子昇：人名。北魏、東魏時著名文學家，北地三才之一。傳見《魏
書》卷八五、《北史》卷八三。　河間：郡名。治所在今河北河間
市。　邢子才：人名。即邢邵，北魏至北齊時人，以文學知名，官
至中書監。傳見《北齊書》卷三六，《北史》卷四三有附傳。　鉅
鹿：郡名。秦時治所在鉅鹿縣（今河北平鄉縣西南），東漢移治癭
陶縣（今河北寧晉縣西南），北魏永安中郡分爲二，一屬殷州（治
所在今寧晉縣西），北齊廢；一屬定州（治所在今河北定州市），
隋初廢。　魏伯起：人名。即魏收，字伯起。北齊文宣帝天保初年
官任中書令，博學多識，通曉經史文章，對國典朝儀多有議定。傳
見《北齊書》卷三七、《北史》卷五六。

[6]張、蔡、曹、王：指張衡、蔡邕、曹操、王粲。張衡，人
名。東漢著名天文學家、文學家。傳見《後漢書》卷五九。蔡邕，
人名。東漢著名文學家、書法家，師從胡廣，撰有《獨斷》一書，
萬餘字，記述漢代，兼述漢以前有關禮制、車服、帝系等内容。傳

見《後漢書》卷六〇下。曹操，人名。即魏武帝。紀見《三國志》卷一。王粲，人名。東漢末著名文學家，"建安七子"之一。傳見《三國志》卷二一。

　　[7]河朔：泛指黃河以北地區。

　　[8]梁：即南朝梁（502—557），或稱蕭梁，都建康（今江蘇南京市）。　大同：南朝梁武帝蕭衍年號（535—546）。

　　[9]簡文：指南朝梁簡文帝蕭綱。紀見《梁書》卷四、《南史》卷八。　湘東：指南朝梁元帝蕭繹，曾爲湘東王。紀見《梁書》卷五、《南史》卷八。

　　[10]徐陵：人名。南朝梁、陳時人，宮體詩代表人物，與庾信齊名，並稱"徐庾"。傳見《陳書》卷二六，《南史》卷六二有附傳。　庾信：人名。南北朝時著名文學家，宮體詩代表人物，初仕蕭梁，後梁爲西魏所滅，遂由南入北。傳見《周書》卷四一、《北史》卷八三。

　　[11]延陵：指春秋時吳國季札。事見《史記》卷三一《吳太伯世家》。

　　[12]周：即北周（557—581），亦稱後周，都長安（今陝西西安市西北）。　梁、荊：泛指古九州之梁州、荊州地區。

　　[13]關右：指潼關以西地區。

　　高祖初統萬機，[1]每念斲彫爲樸，發號施令，咸去浮華。然時俗詞藻，猶多淫麗，故憲臺執法，[2]屢飛霜簡。[3]煬帝初習藝文，[4]有非輕側之論，暨乎即位，一變其風。其《與越公書》《建東都詔》《冬至受朝詩》及《擬飲馬長城窟》，並存雅體，歸於典制。雖意在驕淫，而詞無浮蕩，故當時綴文之士，遂得依而取正焉。所謂能言者未必能行，蓋亦君子不以人廢言也。

[1]高祖：隋文帝楊堅的廟號。紀見本書卷一、二，《北史》
卷一一。

[2]憲臺：漢御史府，後漢改稱憲臺，後爲同類機構及御史官
職之通稱。

[3]霜簡：御史彈劾大臣的奏章。

[4]煬帝：隋楊廣的謚號。紀見本書卷三、四，《北史》卷一二。

爰自東帝歸秦，[1]逮乎青盖入洛，[2]四隩咸臮，[3]九
州攸同，[4]江、漢英靈，[5]燕、趙奇俊，[6]並該天網之中，
俱爲大國之寶。言刈其楚，片善無遺，潤木圓流，不能
十數，才之難也，不其然乎！時之文人，見稱當世，則
范陽盧思道、安平李德林、河東薛道衡、趙郡李元操、
鉅鹿魏澹、會稽虞世基、河東柳䛒、高陽許善心等，[7]
或鷹揚河朔，或獨步漢南，[8]俱騁龍光，並驅雲路，各
有本傳，論而叙之。其潘徽、萬壽之徒，[9]或學優而不
切，或才高而無貴仕，其位可得而卑，其名不可堙沒，
今總之於此，爲《文學傳》云。

[1]東帝歸秦：指北周武帝建德六年（577）滅北齊，統一
北方。

[2]青盖入洛：指北周大象二年（580）楊堅討平尉遲迥之叛。
“盖”宋刻遞修本、汲古閣本、殿本、庫本、中華本皆作“蓋”。

[3]臮：古同“暨”。宋刻遞修本、汲古閣本、殿本、庫本與底
本同，中華本作“暨”。

[4]九州：此泛指天下。

[5]江、漢：泛指長江及漢水流域附近地區。

[6]燕、趙：泛指戰國時燕國和趙國所在地區，約在今河北北

部、山西西部一帶。

　　[7]范陽：郡名。治所在今河北涿州市。　盧思道：人名。傳見本書卷五七,《北史》卷三〇有附傳。　安平：郡名。治所在今山西沁水縣東北。　李德林：人名。傳見本書卷四二、《北史》卷七二。　河東：郡名。治所在今山西永濟市西南。　薛道衡：人名。傳見本書卷五七,《北史》卷三六有附傳。　趙郡：治所在今河北趙縣。　李元操：人名。即李孝貞,字元操。傳見本書卷五七,《北史》卷三三有附傳。　魏澹：人名。傳見本書卷五八,《北史》卷五六有附傳。　會稽：郡名。治所在今浙江紹興市。虞世基：人名。傳見本書卷六七、《北史》卷八三。　柳𩔁：人名。傳見本書卷五八、《北史》卷八三。　高陽：郡名。治所在今河北蠡縣南。　許善心：人名。傳見本書卷五八、《北史》卷八三。

　　[8]漢南：泛指漢水以南地區。

　　[9]潘徽：人名。傳見本卷、《北史》卷八三。　萬壽：人名。即孫萬壽。傳見本卷,《北史》卷八一有附傳。

劉臻

　　劉臻,[1]字宣摯,沛國相人也。[2]父顯,[3]梁尋陽太守。[4]臻年十八,舉秀才,[5]爲邵陵王東閣祭酒。[6]元帝時,[7]遷中書舍人。[8]江陵陷没,[9]復歸蕭詧,[10]以爲中書侍郎。[11]周冢宰宇文護辟爲中外府記室,[12]軍書羽檄,多成其手。後爲露門學士,[13]授大都督,[14]封饒陽縣子,[15]歷藍田令、畿伯下大夫。[16]

　　[1]劉臻：人名。傳另見《北史》卷八三。生平亦可見《大隋故儀同三司饒陽縣開國伯劉府君（大臻）墓誌》（載劉文《陝西新

見隋朝墓誌》一八，三秦出版社2018年版）。據墓誌"君諱大臻"。

[2]沛國：郡名。治所在今安徽濉溪縣西北。　相：縣名。治所在今安徽濉溪縣西北。

[3]顯：人名。即劉顯。南朝梁官至中書侍郎。傳見《梁書》卷四〇，《南史》卷五〇有附傳。

[4]尋陽：郡名。治所在今江西九江市西南。

[5]秀才：本意指優秀人才。漢武帝始定爲選舉科目，三國魏州舉秀才，晋朝沿之，南北朝略同。時秀才之選最爲重要，多以此出任要職。此爲隋選舉科目名。

[6]邵陵王：南朝梁蕭綸封爵名，全稱是邵陵郡王。爲梁十五等爵的第一等。蕭綸傳見《梁書》卷二九、《南史》卷五三。　東閣祭酒：官名。南朝梁公府以上皆置東閣祭酒、西閣祭酒及主閣內事，掌接對賢良，引導賓客。皇弟皇子府品秩三班。

[7]元帝：南朝梁元帝蕭繹。

[8]中書舍人：官名。掌詔誥兼呈奏之事。南朝梁官品第四班。按，《劉大臻墓誌》作"内書舍人"，避隋諱改。

[9]江陵：縣名。梁元帝在此即位稱帝，後爲梁都城。治所在今湖北荆州市。

[10]蕭詧：人名。南朝後梁（555—587）的第一代君主，都於江陵（今湖北荆州市），臣屬西魏、北周，受封爲梁王。傳見《周書》卷四八、《北史》卷九三。

[11]中書侍郎：官名。南朝梁中書省設四人，佐監、令掌出内帝命，功高者一人，主省內事。南朝梁官品第九班。按，《劉大臻墓誌》作"内書郎"。

[12]冢宰：官名。全稱爲大冢宰卿。西魏恭帝三年（556）仿《周禮》建六官，置大冢宰卿一人，正七命，爲天官冢宰府最高長官。掌邦治，以建邦之六典佐皇帝治邦國。北周沿置，然其權力却因人而異，若有"五府總於天官"之命，則稱冢宰，能總攝百官，實爲大權在握之宰輔；若無此命，即稱太宰，與五卿並列，僅統本

府官。　宇文護：人名。西魏權臣宇文泰之侄，北周建立，宇文護專政。傳見《周書》卷一一，《北史》卷五七有附傳。　中外府記室：官名。全稱爲都督中外諸軍事府記室參軍事。周武帝保定元年（561），以大冢宰宇文護爲都督中外諸軍事，開府置官屬，府名簡稱“中外府”，此爲宇文護控制北周朝政的權力機構。至建德元年，周武帝誅殺宇文護，親總朝政，中外府則廢。中外府記室參軍事，即爲宇文護中外府所屬列曹參軍之一，掌判府内章表書記之事務。北周正四命。

[13]露門學士：北周有露門學，教授皇太子及貴族子弟，學士爲其教授人員。按，《劉大臻墓誌》作“虎門學士”。露門學士爲唐人避虎門學士諱所改。

[14]大都督：官名。西魏行府兵制，以都督中外爲最高統帥，下有六柱國及十二大將軍均稱大都督。北周武成初改都督爲總管。後爲北周十一等勳官的第九等，北周府兵制中每團的長官均加此勳官名。八命。（參見王仲犖《北周六典》卷九《勳官第二十》，中華書局 1979 年版，第 580 頁）

[15]饒陽縣子：爵名。北周十一等爵的第九等。正六命。

[16]藍田：縣名。治所在今陝西藍田縣。　畿伯下大夫：官名。北周以王畿千里之外爲畿，立畿伯之官，使各掌其畿之政令戒禁。正四命。（參見王仲犖《北周六典》卷三《地官府第八》，第 98 頁）按，《劉大臻墓誌》載：大象初爲畿伯大夫，稍遷稍伯下大夫。

高祖受禪，[1]進位儀同三司。[2]左僕射高熲之伐陳也，[3]以臻隨軍，典文翰，進爵爲伯。[4]皇太子勇引爲學士，[5]甚褻狎之。臻無吏幹，又性恍惚，耽悦經史，終日覃思，至於世事，多所遺忘。有劉訥者，[6]亦任儀同，俱爲太子學士，情好甚密。臻住城南，訥住城東，臻嘗欲尋訥，謂從者曰：“汝知劉儀同家乎？”從者不知尋訥，謂臻還家，答曰：“知。”於是引之而去，既扣門，臻尚未悟，謂至訥家。乃據桉大呼曰：[7]“劉儀同可出矣。”其子迎門，臻驚曰：“此汝亦來耶？”其子答曰：“此是大人家。”於是顧盼，久之乃悟，[8]叱從者曰：“汝大無意，吾欲造劉訥耳。”性好噉蜆，以音同父諱，呼爲扁螺。其疏放多此類也。精於兩《漢書》，時人稱爲漢聖。開皇十八年卒，年七十二。[9]有集十卷行於世。

[1]受：底本作“授”，他本均作“受”，據文意改。

[2]儀同三司：官名。亦簡稱儀同。隋文帝因改北周十一等勳官之制形成十一等散實官，用以酬勤勞，無實際職掌。儀同三司是第八等，可開府置僚佐。正五品上。

[3]左僕射：官名。隋尚書省置左右僕射各一人，地位僅次於尚書令。由於隋尚書令不常置，僕射成爲尚書省實際長官，是宰相之職。從二品。　高熲：人名。傳見本書卷四一、《北史》卷七二。陳：即南朝陳（557—589），都建康（今江蘇南京市）。

[4]伯：爵名。隋九等爵的第三等。正三品。

[5]皇太子勇：即隋文帝長子楊勇。傳見本書卷四五、《北史》卷七一。

[6]劉訥：人名。事亦見《北史》卷八三《劉臻傳》。

[7]桉：汲古閣本同，殿本、庫本作“案”，宋刻遞修本、中華本及《北史·劉臻傳》作“鞍”。據文意作“鞍”是。

[8]乃悟：底本“乃悟”後原有“此”字，爲衍文，他本均無，今刪。

[9]開皇十八年卒，年七十二：《劉大臻墓誌》載其卒於開皇十六年三月廿五日，春秋七十三。

王頍

王頍,[1]字景文,齊州刺史頒之弟也。[2]年數歲,值江陵陷,隨諸兄入關。少好游俠,年二十,尚不知書。爲其兄顒所責怒,[3]於是感激,始讀《孝經》《論語》,晝夜不倦。遂讀《左傳》《禮》《易》《詩》《書》,乃歎曰:"書無不可讀者!"勤學累載,遂遍通五經,究其旨趣,大爲儒者所稱。解綴文,善談論。年二十二,[4]周武帝引爲露門學士。[5]每有疑決,[6]多頍所爲。而頍性識甄明,精力不倦,好讀諸子,偏記異書,當代稱爲博物。又曉兵法,益有縱橫之志,每歎不逢時,常以將相自許。

[1]王頍:人名。《北史》卷八四有附傳。

[2]齊州:治所在今山東濟南市。　頒:人名。傳見本書卷七二、《北史》卷八四。

[3]顒:人名。即王顒。事迹不詳。

[4]二十二:《北史·王頍傳》作"三十"。

[5]周武帝:北周皇帝宇文邕的諡號。紀見《周書》卷五、六,《北史》卷一〇。

[6]疑:中華本及《北史·王頍傳》與底本同,宋刻遞修本、汲古閣本、殿本、庫本作"議"。

開皇五年,[1]授著作佐郎。[2]尋令於國子講授。[3]會高祖親臨釋奠,國子祭酒元善講《孝經》,頍與相論難,詞義鋒起,善往往見屈。高祖大奇之,起授國子博士。[4]後坐事解職，配防嶺南。[5]數載，授漢王諒府諮議參軍，[6]王甚禮之。時諒見房陵及秦、蜀二王相次廢黜，[7]潛有異志。頲遂陰勸諒繕治兵甲。及高祖崩，諒遂舉兵反，多頲之計也。頲後數進奇策，諒不能用。楊素至蒿澤，[8]將戰，頲謂其子曰："氣候殊不佳，兵必敗。汝可隨從我。"既而兵敗，頲將歸突厥，[9]至山中，徑路斷絕，知必不免，謂其子曰："吾之計數，不減楊素，但坐言不見從，遂至於此。不能坐受擒執，以成豎子名也。吾死之後，汝慎勿過親故。"於是自殺，瘞之石窟中。其子數日不得食，遂過其故人，竟爲所擒。楊素求頲屍，得之，斬首，梟於太原。[10]時年五十四。撰《五經大義》三十卷，有集十卷，[11]並因兵亂，無復存者。

[1]開皇：隋文帝楊堅年號（581—600）。

[2]著作佐郎：官名。隋秘書省著作曹副長官，設八人，協助郎掌碑志、祝文、祭文修撰之事。正七品下。

[3]國子：指國子學。爲隋國家中央最高學府。置博士、助教各五人，學生一百四十人。隋初隸國子寺。後有變化。

[4]起：諸本皆同。中華本作"超"，其校勘記云："'超'原作'起'，據《北史》本傳及《御覽》二三六改。"據文意作"超"是。 國子博士：官名。爲國子學教官，掌以儒經教授國子學生，國有疑事則掌承問對。隋初置五人，正五品上，仁壽元年（601）隨國子學罷廢；煬帝大業初復置一人，正五品。

[5]配防：發配罪人戍邊。 嶺南：泛指五嶺以南地區，約在今廣東、廣西兩省地區。

[6]漢王諒：隋文帝楊堅第五子楊諒，開皇元年封漢王。傳見

本書卷四五、《北史》卷七一。　　諮議參軍：官名。王公軍府屬官。掌顧問詔對。從六品。

〔7〕房陵：此指隋文帝楊堅長子房陵王楊勇。傳見本書卷四五、《北史》卷七一。　　秦：此指隋文帝楊堅第三子秦孝王楊俊。傳見本書卷四五、《北史》卷七一。　　蜀：此指隋文帝楊堅第四子蜀王楊秀。傳見本書卷四五、《北史》卷七一。

〔8〕楊素：人名。傳見本書卷四八，《北史》卷四一有附傳。蒿澤：地名。事迹不詳。

〔9〕突厥：古族名、國名。廣義包括突厥、鐵勒諸部落，狹義專指突厥。公元六世紀時游牧於金山（今阿爾泰山）以南，因金山形似兜鍪，俗稱"突厥"，遂以名部落。西魏廢帝元年（552），土門自號伊利可汗，建立突厥汗國。後分裂爲西突厥、東突厥兩個汗國。傳見本書卷八四、《北史》卷九九、《舊唐書》卷一九四、《新唐書》卷二一五。

〔10〕太原：地名。在今山西太原市。

〔11〕十卷：《北史》卷八四《王頍傳》作"二十卷"。

崔儦

崔儦，[1]字岐叔，清河武城人也。[2]祖休，[3]魏青州刺史。[4]父仲文，[5]齊高陽太守。[6]世爲著姓。儦年十六，太守請爲功曹，[7]不就。少與范陽盧思道、隴西辛德源同志友善。[8]每以讀書爲務，負恃才地，忽略世人。大署其户曰："不讀五千卷書者，無得入此室。"數年之間，遂博覽群言，多所通涉。解屬文，[9]在齊舉秀才，爲員外散騎侍郎，[10]遷殿中侍御史。[11]尋與熊安生、馬敬德等議五禮，[12]兼修律令。尋兼散騎侍郎，[13]聘于陳。

使還，待詔文林館。[14]歷殿中、膳部、員外三曹郎中。[15]儦與頓丘李若俱見稱重，[16]時人爲之語曰："京師灼灼，崔儦、李若。"齊亡，歸鄉里，仕郡爲功曹，州補主簿。[17]

[1]崔儦：人名。《北史》卷二四有附傳。

[2]清河：郡名。治所在今河北清河縣西北。　武城：縣名。治所在今河北清河縣東北。

[3]休：人名。即崔休。北魏孝明帝時任青州刺史。傳見《魏書》卷六九，《北史》卷二四有附傳。

[4]青州：治所在今山東青州市。

[5]仲文：人名。即崔仲文。事見《北史》卷二四《崔瞻傳》。

[6]齊：即北齊（550—577），或稱高齊，都鄴（今河北臨漳縣西南鄴鎮東）。按，《北齊書》卷二三《崔瞻傳》載爲"魏高陽太守"，《北史》未載其曾任太守事。

[7]功曹：官名。功曹參軍，北齊郡諸僚佐之一，掌選署功勞。視從八品。

[8]隴西：郡名。治所在今甘肅隴西縣東南。　辛德源：人名。傳見本書卷五八，《北史》卷五〇有附傳。

[9]屬（zhǔ）文：撰著文辭。

[10]員外散騎侍郎：官名。北齊集書省屬官，置一百二十人，掌侍從諷諫，獻納得失，實則爲閑散虛職，多用作加官。正七品上。

[11]殿中侍御史：官名。北齊置十二人，掌殿内禁衛内事。第八品。

[12]熊安生：人名。北朝經學家，歷官北齊、北周。傳見《周書》卷四五、《北史》卷八二。　馬敬德：人名。北齊後主時爲國子祭酒。傳見《北齊書》卷四四、《北史》卷八一。　五禮：指吉

禮、凶禮、軍禮、賓禮、嘉禮。

[13]兼：官制用語。假職未真授之稱。　散騎侍郎：官名。北齊屬散官，掌勸諫獻納。第五品。

[14]文林館：官署名。又稱修文令曹，北齊武平四年（573）設，置學士，掌撰述及校理典籍，並訓生徒。文學之士入館者，謂待詔文林館。

[15]殿中：官名。即殿中郎中。北齊尚書省殿中曹設郎中一人，掌駕行百官留守名帳，宮殿禁衛，供御衣倉等事。　膳部：官名。即膳部郎中。北齊尚書省膳部曹設郎中一人，掌侍官百司禮食肴饌等事。　員外：據本書《百官志中》及《通典》卷二二《職官・歷代郎官》載：北齊尚書省置二十八曹，凡三十郎中，並無員外郎中。《通典・歷代郎官》云：“北齊唯置郎中。”又《北史・崔儦傳》祇言“歷尚書郎”，未詳何曹。待考。又本書中華書局新修訂本標點作“殿中、膳部員外，三曹郎中”，似文意更順。

[16]頓丘：郡名。治所在今河南清豐縣。　李若：人名。歷北齊、北周，隋開皇中任秦王府諮議。事見《北史》卷四三《李庶傳》。

[17]補：官制用語。調選官吏補充某職官之缺位。　主簿：官名。北周各州置主簿，爲州佐官之一，掌官署監印，檢核文書簿籍，勾稽缺失等事。“命品未詳”（參見王仲犖《北周六典》卷一○《州牧刺史第二十六》，第652頁），但隋初雍州主簿爲流内視正八品，其餘諸州主簿爲流内視從八品，可作參考。

開皇四年，徵授給事郎，[1]尋兼内史舍人。[2]後數年，兼通直散騎侍郎，[3]聘于陳，還授員外散騎侍郎。[4]越國公楊素時方貴倖，[5]重儦門地，爲子玄縱娶其女爲妻。[6]聘禮甚厚。親迎之始，公卿滿座，素令騎迎儦，儦故敝其衣冠，騎驢而至。素推令上座，儦有輕素之色，禮甚倨，言又不遜。素忿然，拂衣而起，竟罷座。後數日，儦方來謝，素待之如初。仁壽中，[7]卒於京師，時年七十二。子世濟。[8]

[1]給事郎：官名。隋文帝開皇六年於尚書省吏部置給事郎，爲散官番直，無具體職掌。正八品上。煬帝大業三年（607）罷吏部給事郎，而取其名於門下省另置給事郎四人，位在黃門侍郎之下，掌省讀奏案。從五品。此當爲吏部給事郎。

[2]内史舍人：官名。爲内史省的屬官，掌參議表章，草擬詔敕。隋初置八人，正六品上，開皇三年升爲從五品。煬帝大業三年減置四人，大業末改内史省爲内書省，内史舍人遂改稱爲内書舍人。

[3]通直散騎侍郎：官名。隋初屬門下省，掌規諫，侍從皇帝左右備顧問，不典事。從五品。煬帝大業三年罷。

[4]員外散騎侍郎：官名。屬散官，隋門下省置六人，掌部從朝直，並出使勞問。正五品。

[5]越國公：爵名。隋九等爵的第三等。從一品。

[6]玄縱：人名。即楊玄縱。楊素之子，楊玄感之弟，隋文帝時封淮南郡公。隋煬帝征遼東，隸屬於盧龍道軍副梁文謙麾下，玄感起兵，逃歸玄感，後兵敗被殺。

[7]仁壽：隋文帝楊堅年號（601—604）。

[8]世濟：人名。即崔世濟。事迹不詳。

諸葛潁

諸葛潁，[1]字漢，丹陽建康人也。[2]祖銓，[3]梁零陵太守。[4]父規，[5]義陽太守。[6]潁年八歲，能屬文。起家梁邵陵王參軍事，[7]轉記室。[8]侯景之亂，[9]奔齊，待詔文林館。歷太學博士、太子舍人。[10]周武平齊，不得調，杜門不出者十餘年。習《周易》、圖緯、《倉》《雅》《莊子》，[11]頗得其要。

[1]諸葛穎：人名。傳另見《北史》卷八三。按，底本原作"穎"，他本均作"穎"，據改。

[2]丹陽：郡名。治所在今江蘇南京市。

[3]銓：人名。即諸葛銓。南朝梁時任零陵太守，其他事迹不詳。

[4]零陵：郡名。治所在今湖南永州市。

[5]規：人名。即諸葛規。隋時任義陽太守，其他事迹不詳。

[6]義陽：郡名。治所在今河南信陽市。

[7]起家：官制用語。從家中徵召出來，始授以官職。

[8]記室：官名。王府屬官，掌章表書記文檄。南朝梁官品第四班。

[9]侯景之亂：南朝梁武帝末年東魏降將侯景發動的一場叛亂，歷時五年（548—552）。侯景，人名。傳見《梁書》卷五六、《南史》卷八〇。

[10]太學博士：官名。北齊國子寺設太學博士十人，掌以經術教授生徒。從七品。 太子舍人：官名。北齊東宮典書坊之屬官，置二十八員，掌令書表啓之事。從六品下。

[11]《莊子》：汲古閣本、殿本、庫本與底本同，宋刻遞修本、中華本、《北史·諸葛穎傳》作"《莊》《老》"。

清辯有俊才，晉王廣素聞其名，[1]引爲參軍事，轉記室。及王爲太子，除藥藏監。[2]煬帝即位，遷著作郎,[3]甚見親倖。出入臥內，帝每賜之曲宴，輒與皇后嬪御連席共榻。潁因間隙，多所譖毀，是以時人謂之"冶葛"。[4]後録恩舊，授朝散大夫。[5]帝常賜潁詩，其卒章曰："參翰長洲苑,[6]侍講蕭成門。[7]名理窮研覈，英華恣討論。實録資平允，傳芳導後昆。"其見待遇如此。後征吐谷渾,[8]加正議大夫。[9]後從駕北巡，卒於道，年七十七。潁性褊急，與柳䜩每相忿鬩，帝屢責怒之而猶不止，於後帝亦薄之。有集二十卷，撰《鑾駕北巡記》三卷，《幸江都道里記》一卷，《洛陽古今記》一卷，《馬名録》二卷，並行於世。有子嘉會。[10]

[1]晋王廣：即隋煬帝楊廣。

[2]除：官制用語。拜官、授職。　藥藏監：官名。隋太子門下坊設藥藏局，置監二人，掌製劑醫藥之事。正七品。按，殿本、庫本作"藏藥監"，誤。

[3]著作郎：官名。隋秘書省著作曹長官，置二員。掌碑志、祝文、祭文修撰之事。隋初爲從五品，大業三年升爲正五品，後又降爲從五品。

[4]冶葛：按，底本原作"治葛"，汲古閣本、殿本、庫本同底本。宋刻遞修本、中華本及《北史》卷八三《諸葛潁傳》作"冶葛"。"冶葛"即野葛，一種毒草，亦喻指狠毒之人。今據改。

[5]朝散大夫：官名。屬散實官。隋文帝置，正四品，煬帝改爲從五品。按，中華本、《北史·諸葛潁傳》與底本同，宋刻遞修本、汲古閣本、殿本、庫本作"朝請大夫"。

[6]長洲苑：古苑名。春秋時吳王闔閭游獵處。此喻指宮苑。

[7]蕭成門：典出《三國志》卷二《魏書·文帝紀》"又使諸儒撰集經傳"條裴松之注引三國魏人王沈《魏書》云："帝初在東

宫……集諸儒於肅城門內，講論大義。"後以"肅成門"喻指太子講學處。

[8]吐谷（yù）渾：古族名。本遼東鮮卑之種，姓慕容氏，西晋時西遷至群羌故地，北朝至隋唐時期游牧於今青海北部和新疆東南部地區。傳見本書卷八三、《晋書》卷九七、《魏書》卷一〇一、《周書》卷五〇、《北史》卷九六、《舊唐書》卷一九八、《新唐書》卷二二一上。

[9]正議大夫：官名。屬散官，隋煬帝大業三年置。正四品。

[10]嘉會：人名。即諸葛嘉會。事迹不詳。

孫萬壽

孫萬壽，[1]字仙期，信都武强人也。[2]祖寳，[3]魏散騎常侍。[4]父靈暉，[5]齊國子博士。萬壽年十四，就阜城熊安生受五經，[6]略通大義，兼博涉子史。善屬文，美談笑，博陵李德林見而奇之。[7]在齊，年十七，奉朝請。[8]

[1]孫萬壽：人名。《北史》卷八一有附傳。

[2]信都：郡名。治所在今河北冀州市。　武强：縣名。治所在今河北武强縣。

[3]寳：人名。即孫寳。北魏時任散騎常侍，其他事迹不詳。

[4]散騎常侍：北魏官名。掌諷議左右，從容獻納，兼以出入王命。初爲二品下，後爲從三品。

[5]靈暉：人名。即孫靈暉。傳見《北齊書》卷四四，《北史》卷八一有附傳。

[6]阜城：縣名。治所在今河北阜城縣。

[7]博陵：郡名。治所在今河北安平縣。

[8]奉朝請：官名。原指兩漢達官顯貴定期朝見皇帝的一種政治優待。東晋獨立爲官，亦作加官。南朝列爲散騎（集書）省屬官，安置閑散。北魏亦爲閑散官。北齊改爲職事官，掌獻納諫諍，隸集書省。從七品。

高祖受禪，滕穆王引爲文學，[1]坐衣冠不整，配防江南。[2]行軍總管宇文述召典軍書。[3]萬壽本自書生，從容文雅，一旦從軍，鬱鬱不得志，爲五言詩贈京邑知友曰：

[1]滕穆王：隋文帝楊堅同母弟楊瓚。傳見本書卷四四、《北史》卷七一。　文學：官名。此指王府文學。爲諸王府的屬官，掌王府内經籍圖書之事，修撰文章，並奉侍諸王問對。北齊正六品上。

[2]江南：地區名。泛指長江以南地區。

[3]行軍總管：出征軍統帥名。北周至隋時所置的統領某部或某路出征軍隊的軍事長官。根據需要其上還可置行軍元帥以統轄全局。屬臨時差遣任命之職，事罷則廢。　宇文述：人名。傳見本書卷六一、《北史》卷七九。

賈誼長沙國，[1]屈平湘水濱。[2]江南瘴癘地，從來三逐臣。[3]粵余非巧宦，少小拙謀身。欲飛無假翼，思鳴不值晨。如何載筆士，翻作負戈人！飄飄如木偶，棄置同芻狗。[4]失路乃西浮，非狂亦東走。晚歲出函關，[5]方春度京口。[6]石城臨獸據，[7]天津望牛斗。[8]牛斗盛妖氛，梟獍已成群。郗超初入幕，[9]王粲始從軍。[10]裹糧楚山

際，[11]被甲吳江濆。[12]吳江一浩蕩，楚山何糾紛。驚波
上濺日，喬木下臨雲。擊越恒資辯，喻蜀幾飛文。魯連
唯救患，[13]吾彥不爭勳。[14]羈游歲月久，歸思常搔首。
非關不樹萱，豈爲無杯酒！數載辭鄉縣，三秋別親友。
壯志後風雲，衰鬢先蒲柳。

[1]賈誼長沙國：西漢時期賈誼爲孝文帝疏離，外任長沙王
太傅。

[2]屈平湘水濱：戰國時期屈原爲楚頃襄王放逐於湘水之濱。

[3]三：宋刻遞修本、汲古閣本、殿本、庫本、中華本均作
“多”。

[4]芻（chú）狗：古代祭祀時用草扎成的狗。

[5]函關：函谷關，在今河南靈寶市境内。

[6]京口：地名。在今江蘇鎮江市。

[7]石城：即今江蘇南京市西清凉山。因江流緊逼山麓，山壁
受江水冲刷近乎垂直，崖石暴露在外而得名。一説自江北而來，山
皆無石，至此山始有石，故名。因山上有城（即石頭城），又名石
城山。六朝時爲都城建康江防要地。

[8]天津望牛斗：典出《晋書》卷三六《張華傳》：傳説吳滅
晋興之際，牛斗間常有紫氣。天津，指銀河。牛斗，指牛宿和
斗宿。

[9]郗超：人名。東晋時桓温辟爲征西大將軍掾。《晋書》卷
六七有附傳。

[10]王粲：人名。“建安七子”之一，曾隨曹操東征孫吳，撰
有《從軍詩》。

[11]楚山：在今湖北襄樊市南。

[12]吳江：吳淞江，在今江蘇南部及上海市境。

[13]魯連：人名。戰國後期齊國人魯仲連，一生不任官，好爲

人排憂解難。傳見《史記》卷八三。

[14]吾彥：人名。三國時吳國將領，吳王歸晉，官至大長秋。傳見《晉書》卷五七。

心緒亂如絲，空懷疇昔時。昔時游帝里，弱歲逢知己。旅食南館中，飛蓋西園裏。河間本好書，[1]東平唯愛士。[2]英辯接天人，清言洞名理。鳳池時寓直，[3]麟閣常游止。[4]勝地盛賓僚，麗景相携招。舟汎昆明水，[5]騎指渭津橋。[6]祓除臨灞岸，供帳出東郊。宜城醞始熟，[7]陽翟曲新調。[8]繞樹烏啼夜，雛麥雉飛朝。細塵梁下落，長袖掌中嬌。歡娛三樂至，懷抱百憂銷。夢想猶如昨，尋思久寂寥。一朝牽世網，萬里逐波潮。迴輪常自轉，懸旆不堪搖。登高視衿帶，鄉關白雲外。迴首望孤城，愁人益不平。華亭宵鶴唳，幽谷早鶯鳴。斷絕心難續，惝恍魂屢驚。群紀通家好，鄒魯故鄉情。若值南飛雁，時能訪死生。

[1]河間：指漢河間獻王劉德。傳見《漢書》卷五三。
[2]東平：指漢東平王劉蒼。傳見《後漢書》卷四二。
[3]鳳池：鳳凰池，本指禁苑中池沼。魏晉南北朝時於禁苑中設中書省，掌管機要，後又指中書省爲"鳳凰池"。
[4]麟閣：指麒麟閣，漢代用以藏秘書、處賢才。
[5]昆明水：指漢代宮中昆明池。
[6]渭津：漢都城長安外，在今陝西咸陽市東北聶家溝南渭河上。
[7]宜城：地名。在今四川雙流縣東南宜城山下。
[8]陽翟：地名。治所在今河南禹州市。

此詩至京，盛爲當時之所吟誦，天下好事者多書壁而玩之。

後歸鄉里，十餘年不得調。仁壽初，徵拜豫章王長史，[1]非其好也。王轉封于齊，即爲齊王文學。當時諸王官屬多被夷滅，由是彌不自安，因謝病免。久之，授大理司直，[2]卒於官，時年五十二。有集十卷行於世。

[1]豫章王：隋煬帝楊廣第二子楊暕。傳見本書卷五九、《北史》卷七一。　長史：官名。王府佐官，總管府事。親王府長史爲從四品。

[2]大理司直：官名。大理寺屬官，掌出使推覆刑獄之事，本寺疑獄亦參議之。從五品。

王貞

王貞，[1]字孝逸，梁郡陳留人也。[2]少聰敏，七歲好學，善《毛詩》《禮記》《左氏傳》《周易》，諸子百家，無不畢覽。善屬文詞，不治產業，每以諷讀爲娛。開皇初，汴州刺史樊叔略引爲主簿。[3]後舉秀才，授縣尉，[4]非其好也，謝病于家。

[1]王貞：人名。傳另見《北史》卷八三。

[2]梁郡：治所在今河南商丘市南。按，底本原作“梁都”，他本及《北史·王貞傳》均作“梁郡”，據改。　陳留：縣名。治所在今河南開封市東南。

[3]汴州：治所在今河南開封市西北。　樊叔略：人名。傳見本書卷七三、《北史》卷八六。　主簿：官名。爲諸州府的佐官，掌州府監印，檢核文書簿籍，勾稽缺失等事。雍州主簿爲流内視正八品，其餘諸州主簿爲流内視從八品。

　　[4]縣尉：官名。縣級行政機構中屬官之一，掌一縣庶務。從九品。

　　煬帝即位，齊王暕鎮江都，[1]聞其名，以書召之曰：夫山藏美玉，光照廊廡之間，地蘊神劍，氣浮星漢之表。是知毛遂穎脱，[2]義感平原，[3]孫慧文詞，[4]來迁東海。[5]顧循寡薄，有懷髦彦，籍甚清風，爲日久矣，未獲披覿，良深佇遲。比高天流火，[6]早應凉飈，[7]陵雲仙掌，方承清露，想攝衛攸宜，與時休適。前園後圃，從容丘壑之情；左琴右書，蕭散煙霞之外。茂陵謝病，[8]非無《封禪》之文；彭澤遺榮，[9]先有《歸來》之作。優游儒雅，何樂如之！

　　[1]齊王暕：隋煬帝楊廣第二子楊暕。　江都：郡名。在今江蘇揚州市。

　　[2]毛遂穎脱：即毛遂自薦典故，典出《史記》卷七六《平原君虞卿列傳》。

　　[3]平原：指平原君趙勝。傳見《史記》卷七六。

　　[4]孫慧：人名。亦作孫惠，西晉時，孫惠曾爲東海王司馬越撰書檄，皆有文采。傳見《晉書》卷七一。

　　[5]迁：中華書局新修訂本校勘記云：“‘迁’，南監本、北監本、汲本、殿本作‘遷’，宋甲本、至順本、《册府》卷二九一《宗室部·禮士》作‘于’，《隋書詳節》卷二〇《王貞傳》作

'干'。按，孫慧即孫惠。《晉書》卷七一《孫惠傳》云：'後東海王越舉兵下邳，惠乃詭稱南嶽逸士秦祕之，以書干越。'疑作'干'是。'于''迂'涉形近而訛，'遷'從'迂'誤。"

[6]高天流火：天空高朗，火星（即心宿）西降，指秋日來臨。

[7]飇：中華本作"飆"，宋刻遞修本、汲古閣本、殿本、庫本與底本同。

[8]茂陵：指西漢文學家司馬相如。史載其不慕官爵，稱病閑居，家居茂陵，後亦以茂陵指代司馬相如。傳見《史記》卷一一七、《漢書》卷五七。

[9]彭澤：東晉陶潛曾爲彭澤令，因以"彭澤"借指陶潛。傳見《晉書》卷九四。

余屬當藩屏，宣條揚越，[1]坐棠聽訟，事絕詠歌，攀桂摛詞，眷言高遰。至於揚旌北渚，飛盖西園，託乘乏應、劉，[2]置醴闕申、穆，[3]背淮之賓，徒聞其語，趨燕之客，罕值其人。卿道冠鷹揚，聲高鳳舉，儒墨泉海，詞章苑囿，棲遟衡泌，懷寶迷邦，徇茲獨善，良以於邑。今遣行人，具宣往意，側望起予，甚於飢渴，想便輕舉，副此虛心。無信投石之談，[4]空慕鑿坏之逸，[5]書不盡言，更慚詞費。

[1]揚越：中國古越族的一支，以居古揚州地得名。後稱其地爲揚越。

[2]應、劉：漢末建安文人應瑒與劉楨。

[3]申、穆：指西漢楚元王劉交中大夫申公與穆生。事見《史記》卷五〇《楚元王世家》、《漢書》卷三六《楚元王傳》。

[4]投石：指軍中習武練功之事。
[5]鑿坯：指隱居不仕。

及貞至，王以客禮待之，朝夕遣問安不。又索文集，貞啓謝曰：

屬賀德仁宣教，須少來所有拙文。昔公旦之才藝，能事鬼神，夫子之文章，性與天道，雅志傳於游、夏，[1]餘波鼓於屈、宋，[2]雕龍之迹，具在風騷，而前賢後聖，代相師祖。賞逐時移，出門分路，變清音於正始，體高致於元康，咸言坐握蛇珠，誰許獨爲麟角。

[1]游、夏：子游（言偃）與子夏（卜商）的並稱。
[2]屈、宋：戰國時楚辭賦家屈原與宋玉。

孝逸生於戰爭之季，[1]長於風塵之世，學無半古，才不逮人。往屬休明，寸陰已昃，雖居可封之屋，每懷貧賤之恥。適鄂郢而迷塗，[2]入邯鄲而失步，[3]歸來反覆，心灰遂寒。豈謂橫議過實，虛塵睿覽，枉高車以載鼷，費明珠以彈雀。遂得裹糧三月，重高門之餘地，背淮千里，望章臺之後塵。與懸黎而並肆，將駑驥而同皂，終朝擊缶，匪黃鍾之所諧，日暮却行，何前人之能及！顧想平生，觸塗多感，但以積年沈痼，遺忘日久，拙思所存，纔成三十三卷。仰而不至，方見學仙之遠，窺而不睹，始知游聖之難。咫尺天人，周章不暇，怖甚真龍之降，慚過白豕之歸，伏紙陳情，形神悚越。

[1]孝逸：錢大昕《廿二史考異》卷三四《隋書二》云："貞與齊王啓，不稱名而稱字者，避隋廟諱，以字行也。隋文帝祖名禎。"

[2]鄢郢：指楚都。春秋時楚文王定都於郢，惠王之初曾遷都於鄢，仍號郢。治所在今湖北宜城市南。

[3]邯鄲：戰國時趙國都城。治所在今河北邯鄲市。

齊王覽所上集，善之，賜良馬四匹。貞復上《江都賦》，王賜錢十萬貫，馬二匹。未幾，以疾甚還鄉里，終于家。

虞綽 辛大德

虞綽，[1]字士裕，會稽餘姚人也。[2]父孝曾，[3]陳始興王諮議。[4]綽身長八尺，姿儀甚偉，博學有俊才，尤工草隸。陳左衛將軍傅縡，[5]有盛名於世，見綽詞賦，歎謂人曰："虞郎之文，無以尚也！"仕陳爲太學博士，遷永陽王記室。

[1]虞綽：人名。傳另見《北史》卷八三。

[2]餘姚：縣名。治所在今浙江餘姚市。

[3]孝曾：人名。南朝陳時任王府諮議參軍，其他事迹不詳。

[4]始興王：爵名。全稱是始興郡王，南朝陳陳伯茂封爵。傳見《陳書》卷二八、《南史》卷六五。

[5]左衛將軍：官名。掌領宿衛營兵，禁衛宮廷。南朝陳第五品。　傅縡：人名。南朝陳人，陳後主時任秘書監、右衛將軍兼中書通事舍人。傳見《陳書》卷三〇、《南史》卷六九。

及陳亡，晉王廣引爲學士。大業初，[1]轉爲秘書學
士，[2]奉詔與秘書郎虞世南、著作佐郎庾自直等撰《長
洲玉鏡》等書十餘部。[3]綽所筆削，帝未嘗不稱善，而
官竟不遷。初爲校書郎，[4]以藩邸左右，加宣惠尉。[5]遷
著作佐郎，與虞世南、庾自直、蔡允恭等四人常居禁
中，[6]以文翰待詔，恩盼隆洽。

[1]大業：隋煬帝楊廣年號（605—618）。

[2]秘書學士：此指秘書省撰述人員。屬流外官，品秩不詳。

[3]秘書郎：官名。隋秘書省置郎四人，掌四部圖書之事。隋
初爲正七品下，大業三年升爲從五品。　虞世南：人名。唐太宗李
世民凌煙閣二十四功臣之一。傳見《舊唐書》卷七二、《新唐書》
卷一〇二。　庾自直：人名。傳見本卷、《北史》卷八三。

[4]校書郎：官名。隋秘書省置校書郎十二人，煬帝增至四十
人，掌校讎典籍。隋初爲正九品，煬帝降爲從九品。

[5]宣惠尉：官名。屬武散官。正七品。

[6]蔡允恭：人名。隋末唐初人，善文學，貞觀年間曾爲弘文
館大學士。傳見《舊唐書》卷一九〇上、《新唐書》卷二〇一。

從征遼東，[1]帝舍臨海頓，[2]見大鳥，異之，詔綽爲
銘。其辭曰：

維大業八年，歲在壬申，夏四月丙子，皇帝底定遼
碣，班師振旅，龍駕南轅，鸞旗西邁，[3]行宮次于柳城
縣之臨海頓焉。[4]山川明秀，實仙都也。旌門外設，[5]款
跨重阜，帳殿周施，降望大壑。息清蹕，下輕輿，警百
靈，綏萬福，踐素砂，步碧沚。同軒皇之襄野，[6]邁漢

宗於河上，[7]想汾射以開襟，[8]望蓬瀛而載佇。[9]宵然齊肅，藐屬殊庭，兼以聖德遐宣，息別風與淮雨，休符潛感，表重潤於夷波。璧日曬光，卿雲舒采，六合開朗，十洲澄鏡。少選之間，倏焉靈感，忽有祥禽，皎同鶴鷺，出自霄漢，翻然雙下。高逾一丈，長乃盈尋，靡霜暉於羽翮，激丹華於觜距。鸞翔鳳跱，鵲起鴻騫，或蹴或啄，載飛載止，徘徊馴擾，咫尺乘輿。不藉揮琴，非因拊石，樂我君德，是用來儀。斯固類仙人之騏驥，冠羽族之宗長，西王青鳥，[10]東海赤雁，豈可同年而語哉！竊以銘基華岳，[11]事乖靈異，紀迹鄒山，[12]義非盡美，猶方冊不泯，遺文可觀。況盛德成功，若斯懿鑠，[13]懷真味道，加此感通，不鐫名山，安用銘異！臣拜稽首，敢勒銘云：

[1]遼東：地區名。泛指遼水以東地區。因高麗國位於遼東，故此指隋征伐高麗之事。

[2]臨海頓：地名。一名望海頓，在今遼寧朝陽市東南。

[3]鸞旗西邁：底本"旗"下原有"遷"字，他本均無，今刪。

[4]柳城縣：治所在今年遼寧朝陽市。

[5]旌：宋刻遞修本、汲古閣本、中華本同底本，殿本、庫本作"旗"。

[6]同軒皇之襄野：相傳皇帝軒轅氏行於襄野迷路，問路於牧馬童子。典出《莊子·徐無鬼》。

[7]邁漢宗於河上：漢武帝曾多次東巡至海。詳見《漢書》卷六《武帝紀》。

[8]汾射：指隱士。典出《莊子·逍遥游》。

[9]蓬瀛：指蓬萊與瀛州，相傳爲仙人居所，亦泛指仙境。

[10]西王青鳥：相傳爲西王母取食傳信的神鳥。

[11]華岳：山名。即西岳華山，在今陝西華陰市南。

[12]鄒山：即鄒嶧山，在今山東鄒城市東南。秦始皇二十八年（前219）東巡時在此刻石記功。

[13]懿鑠：美盛。

來蘇興怨，帝自東征，言復禹績，乃御軒營。六師薄伐，[1]三韓肅清，[2]龔行天罰，赫赫明明。文德上暢，靈武外薄，車徒不擾，苛慝靡作。凱歌載路，成功允鑠，反斾還軒，遵林並壑。停輿海澨，駐蹕巖阯，睿想遐凝，藐屬千里。金臺銀闕，雲浮岳峙，有感斯應，靈禽效祉。飛來清漢，俱集華泉，好音玉響，皓質水鮮。狃仁馴德，習習翩翩，絶迹無泯，於萬斯年。

[1]六師：原指西周時期天子所統六軍，後代指天子軍隊。

[2]三韓：漢時朝鮮南部有馬韓、辰韓、弁辰（三國稱弁韓），合稱三韓。後用以指代其地。

帝覽而善之，命有司勒於海上。以度遼功，授建節尉。[1]

[1]建節尉：官名。屬武散官。正六品。

綽恃才任氣，無所降下。著作郎諸葛穎以學業倖於帝，綽每輕侮之，由是有隙。帝嘗問綽於穎，穎曰：

“虞綽粗人也。”帝頷之。時禮部尚書楊玄感稱爲貴倨，[1]虛襟禮之，與結布衣之友。綽數從之游。其族人虞世南誡之曰：“上性猜忌，而君過厚玄感。若與絕交者，帝知君改悔，可以無咎；不然，終當見禍。”綽不從。尋有告綽以禁内兵書借玄感，帝甚銜之。及玄感敗後，籍没其家，[2]妓妾並入宫。帝因問之，玄感平常時與何人交往，其妾以虞綽對。帝令大理卿鄭善果窮治其事，[3]綽曰：“羈旅薄游，與玄感文酒談款，實無他謀。”帝怒不解，徙綽且末。[4]綽至長安而亡，[5]吏逮之急，於是潛度江，變姓名，自稱吳卓。[6]游東陽，[7]抵信安令天水辛大德，[8]大德舍之。歲餘，綽與人争田相訟，有識綽者而告，竟爲吏所執，坐斬江都，[9]時年五十四。所有詞賦，並行於世。

[1]禮部尚書：官名。尚書省所轄六部之一禮部的長官，掌禮儀、祭祀、宴享等政令，總判禮部、祠部、主客、膳部四曹。置一員，正三品。

[2]籍没：中國古代刑罰之一，没收財物人口入官。

[3]大理卿：官名。大理寺長官。掌審獄定刑名，決疑案。置一員，正三品。　鄭善果：人名。隋唐時人，隋煬帝時爲大理卿，唐貞觀初卒於江州刺史任。傳見《舊唐書》卷六二、《新唐書》卷一○○。

[4]且末：郡名。治所一説在今新疆且末縣城西南附近，一説在今且末縣城。

[5]長安：地名。治所在今陝西西安市。

[6]卓：宋刻遞修本、汲古閣本、中華本與底本同，殿本、庫本作“章”。按，“卓”乃“綽”去部首而來，似更合理。

［7］東陽：郡名。治所在今浙江金華市。

［8］信安：縣名。治所在今浙江衢州市南。　天水：郡名。治所在今甘肅天水市。　辛大德：人名。本卷有附傳，事亦見《北史》卷八三《虞綽傳》。

［9］江都：郡名。治所在今江蘇揚州市。

大德爲令，誅鋤群盜，甚得民和。與綽俱爲使者所執，其妻泣曰："每諫君無匿學士，今日之事，豈不哀哉！"大德笑曰："我本圖脱長者，反爲人告之，吾罪也。當死以謝綽。"會有詔，死罪得以擊賊自效。信安吏民詣使者叩頭曰："辛君人命所懸，辛君若去，亦無信安矣。"使者留之以討賊。帝怒，斬使者，大德獲全。

王胄

王胄，[1]字承基，琅邪臨沂人也。[2]祖筠，[3]梁太子詹事。[4]父祥，[5]陳黄門侍郎。[6]胄少有逸才，仕陳，起家鄱陽王法曹參軍，[7]歷太子舍人、東陽王文學。

［1］王胄：人名。傳另見《北史》卷八三。

［2］琅邪：郡名。治所在今山東臨沂市西。　臨沂：縣名。治所在今山東臨沂市。

［3］筠：人名。即王筠。南朝梁簡文帝時任太子詹士。傳見《梁書》卷三三，《南史》卷二二有附傳。

［4］太子詹事：官名。太子詹事府長官，統領東宮三寺、十率府之政。第三品。

［5］祥：人名。即王祥。事見《南史·王筠傳》。

[6]黃門侍郎：官名。掌侍從，擯相威儀，盡規獻納，糾正違闕。南朝陳第四品。

[7]法曹參軍：官名。陳諸公王府皆置法曹，主刑法事，長官爲參軍事。南朝陳第八品。

及陳滅，晉王廣引爲學士。[1]仁壽末，從劉方擊林邑，[2]以功授帥都督。[3]大業初，爲著作佐郎，以文詞爲煬帝所重。帝常自東都還京師，[4]賜天下大酺，因爲五言詩，詔胄和之。其詞曰："河洛稱朝市，[5]崤函實奧區。[6]周營曲阜作，[7]漢建奉春謨。[8]大君苞二代，皇居盛兩都。招搖正東指，天駟廼西驅。展軨齊玉軑，式道耀金吾。千門駐罕罼，[9]四達儼車徒。是節春之暮，神皋華實敷。皇情感時物，睿思屬枌榆。詔問百年老，恩隆五日酺。小人荷鎔鑄，何由答大鑪。"帝覽而善之，因謂侍臣曰："氣高致遠，歸之於胄；詞清體潤，其在世基；意密理新，推庾自直。過此者，未可以言詩也。"帝所有篇什，多令繼和。與虞綽齊名，同志友善，于時後進之士咸以二人爲准的。從征遼東，進授朝散大夫。

[1]廣：底本原作"燾"，殿本、庫本與底本同，宋刻遞修本作"諱"，汲古閣本作"□"，小注云："宋本諱"，中華本作"廣"。按，隋滅陳時，封晉王者爲楊廣，今據中華本改。

[2]劉方：人名。傳見本書卷五三、《北史》卷七三。　林邑：郡名。隋大業三年改冲州置，治所在今越南廣南省維川縣南。

[3]帥都督：官名。隋文帝因改北周十一等勳官之制形成十一等散實官，用以酬勤勞，無實際職掌。帥都督爲第十等。從六品上。煬帝大業三年罷。

[4]東都：此指洛陽，舊址在今河南洛陽市。

[5]朝市：爭名於朝，爭利於市，此借指爭名爭利之所。

[6]崤函：崤山與函谷關並稱。 奥區：本意爲深奥區域，因關中險固，故被視爲天下深奥之區。

[7]周營曲阜作：此指西周都城營建依靠的是曲阜公周公旦的才略。曲阜，指曲阜公周公旦。詳見《史記》卷三三《魯周公世家》。

[8]漢建奉春謀：此指西漢建都長安乃奉春君婁敬首謀。奉春，指奉春君婁敬（一作劉敬），西漢初齊國盧人，漢高祖劉邦賜姓劉，稱劉敬。傳見《史記》卷九九、《漢書》卷四三。

[9]畢（bì）：古代帝王的一種儀仗。

胄性疏率不倫，自恃才大，[1]鬱鬱於薄宦，每負氣陵傲，忽略時人。爲諸葛穎所嫉，屢譖之於帝，帝愛其才而不罪。禮部尚書楊玄感虚襟與交，數游其第。及玄感敗，與虞綽俱徙邊。胄遂亡匿，潛還江左，爲吏所捕，坐誅，時年五十六。所著詞賦，多行於世。

胄兄眘，字元恭，博學多通。少有盛名於江左。仕陳，歷太子洗馬、中舍人。[1]陳亡，與胄俱爲學士。煬帝即位，授秘書郎，卒官。

[1]自恃才大：汲古閣本、殿本、庫本、中華本同，宋刻遞修本及《北史》卷八三《王胄傳》作“自恃才伐”。中華書局新修訂本校勘記云：“《册府》卷四七八《臺省部·簡傲》作‘恃才自伐’，疑是。”

[2]太子洗馬：官名。職掌東宫圖書經籍、釋典講經之事。太子不軌則行規諫之責。南朝陳第六品。 中舍人：官名。即太子中

舍人。綜典東宮奏事文書之事，功高者一人，與中庶子祭酒共掌其坊之政令。南朝陳第五品。

庾自直

庾自直，潁川人也。[1]父持，[2]陳羽林監。[3]自直少好學，沉静寡欲。仕陳，歷豫章王府外兵參軍、宣惠記室。[4]陳亡，入關，不得調。晋王廣聞之，引爲學士。大業初，授著作佐郎。自直解屬文，於五言詩尤善。性恭慎，不妄交游，特爲帝所愛。帝有篇章，必先示自直，令其詆訶。自直所難，帝輒改之，或至於再三，俟其稱善，然後方出。其見親禮如此。後以本官知起居舍人事。[5]化及作逆，[6]以之北上，自載露車中，感激發病卒。有文集十卷行於世。

[1]潁川：郡名。治所在今河南許昌市。

[2]持：人名。即庾持。官至太中大夫。傳見《陳書》卷三四，《南史》卷七三有附傳。

[3]羽林監：官名。掌分司禁城，侍從左右。南朝陳第七品。

[4]外兵參軍：官名。南朝陳王府諸幕府僚屬之一，掌兵事。品秩依府主地位不同在五品至九品之間。　宣惠記室：官名。南朝陳宣惠將軍府記室，掌章表書記文檄。《北史》卷八三本傳無“宣惠”二字。

[5]知起居舍人事：執掌起居舍人事。起居舍人，官名。掌起居注，記録皇帝言行以備修史。從六品。

[6]化及：人名。即宇文化及。傳見本書卷八五，《北史》卷七九有附傳。

潘徽

潘徽，[1]字伯彦，吳郡人也。性聰敏，少受《禮》
於鄭灼，[2]受《毛詩》於施公，[3]受《書》於張沖，[4]講
《莊》《老》於張譏，[5]並通大義。尤精三史。善屬文，
能持論。陳尚書令江總引致文儒之士，[6]徽一詣總，總
甚敬之。釋褐新蔡王國侍郎，[7]選爲客館令。[8]

[1]潘徽：人名。傳另見《北史》卷八三。

[2]鄭灼：人名。歷仕南朝梁、陳，南朝陳時爲國子博士。傳
見《陳書》卷三三、《南史》卷七一。

[3]施公：人名。事迹不詳。

[4]張沖：人名。傳見本書卷七五，《北史》卷八二有附傳。

[5]張譏：人名。歷南朝梁、陳、隋，陳後主時爲國子博士、
東宮學士。傳見《陳書》卷三三、《南史》卷七一。

[6]尚書令：官名。尚書省長官，陳時政令機要在中書、門下，
尚書令但聽命受事而已。第一品。　江總：人名。南朝陳後主時官
至尚書令。傳見《陳書》卷二七，《南史》卷三六有附傳。

[7]釋褐：官制用語。亦稱解褐。脫去平民衣服而換上官服，
喻指始任官職。　王國侍郎：官名。陳諸王國均置侍郎，在府之日
唯賓游宴賞，時復循參，更無餘事。南朝陳第九品。

[8]客館令：官名。負責四方賓客如見時居所安排與管理。南
朝陳品秩不詳。

隋遣魏澹聘于陳，陳人使徽接對之。澹將反命，爲
啓於陳主曰："敬奉弘慈，曲垂餼送。"徽以爲"伏奉"

爲重，"敬奉"爲輕，却其啓而不奏。[1]澹立議曰："《曲禮》注曰：'禮主於敬。'[2]《詩》曰：'維桑與梓，必恭敬止。'[3]《孝經》曰：'宗廟致敬。'[4]又云：'不敬其親，謂之悖禮。'[5]孔子敬天之怒，成湯聖敬日躋。[6]宗廟極重，上天極高，父極尊，君極貴，四者咸同一敬，五經未有異文，不知以敬爲輕，竟何所據？"徽難之曰："向所論敬字，本不全以爲輕，但施用處殊，義成通別。《禮》主於敬，此是通言，猶如男子'冠而字之'，注云'成人敬其名也'。[7]《春秋》有冀缺，夫妻亦云'相敬'。既於子則有敬名之義，在夫亦有敬妻之説，此可復並謂極重乎？至若'敬謝諸公'，[8]固非尊地，'公子敬愛'，止施賓友，'敬問''敬報'，彌見雷同，'敬聽''敬酬'，何關貴隔！當知敬之爲義，雖是不輕，但敬之於語，則有時混漫。今云'敬奉'，所以成疑。聊舉一隅，未爲深據。"澹不能對，遂從而改焉。

[1]奏：宋刻遞修本、汲古閣本、中華本同底本，殿本、庫本作"奉"。

[2]禮主於敬：語出《禮記·曲禮上》："《曲禮》曰：'毋不敬。'注云：'禮主於敬。'"

[3]維桑與梓，必恭敬止：語出《詩·小雅·小弁》。

[4]宗廟致敬：語出《孝經·感應章》。

[5]不敬其親，謂之悖禮：語出《孝經·聖治章》："不敬其親而敬他人者，謂之悖禮。"

[6]成湯：商湯。詳見《史記》卷三《殷本紀》。

[7]"冠而字之"至"敬其名也"：語出《禮記·郊特牲》。

[8]敬謝諸公：底本、汲古閣本、殿本、庫本缺"敬"字。據

宋刻遞修本、中華本及《北史》卷八三《潘徽傳》補。

　　及陳滅，爲州博士，[1]秦孝王俊聞其名，召爲學士。嘗從俊朝京師，在塗，令徽於馬上爲賦，行一驛而成，名曰《述思賦》。[2]俊覽而善之。復令爲《萬字文》，并遣撰集字書，名爲《韻纂》。徽爲序曰：

　　[1]州博士：官名。隋州有經學博士，不常置，掌以經術教授生徒。品秩不詳。
　　[2]《述思賦》：汲古閣本、殿本、庫本同，宋刻遞修本、中華本及《北史》卷八三《潘徽傳》作“《述恩賦》”。

　　文字之來尚矣。初則羲皇出震，[1]觀象緯以法天，次則史頡佐軒，[2]察蹄迹而取地。於是八卦爰始，[3]爻文斯作，[4]繩用既息，墳籍生焉。至如龍策授河，龜威出洛，[5]緑綈白檢，述勳、華之運，[6]金繩玉字，表殷、夏之符，銜甲示於姬壇，[7]吐卷徵於孔室，莫不理包遠邇，迹會幽明，仰協神功，俯照人事。其制作也如彼，其祥瑞也如此，故能宣流萬代，正名百物，爲生民之耳目，作後王之模範，頌美形容，垂芬篆素。

　　[1]羲皇：傳説中三皇之一伏羲氏。詳見《史記》卷一《五帝本紀》。　震：指東方，《易·説卦》：“萬物出乎震。震，東方也。”
　　[2]頡：人名。即倉頡。相傳爲黄帝軒轅氏的史官，創造了漢字。
　　[3]八卦：《周易》中乾、坤、震、巽、坎、離、艮、兌八卦，相傳爲伏羲氏所作。

　　［4］爻文斯作：汲古閣本、殿本、庫本、中華本同，宋刻遞修本作“六爻斯作”。

　　［5］龍策授河，龜威出洛：指河圖洛書的傳説。

　　［6］勛：指放勛，傳説中的聖王堯，《尚書·堯典》：“帝堯曰放勛。”　華：指重華，傳説中的聖王舜，《尚書·舜典》：“帝舜曰重華。”

　　［7］衛：宋刻遞修本、中華本與底本同，汲古閣本、殿本、庫本作“卸”。據語意當爲“衛”。

　　暨大隋之受命也，追蹤三、五，[1]並曜參辰，外振武功，内修文德。飛英聲而勒嵩、岱，[2]彰大定而銘鍾鼎。春干秋羽，盛禮樂於膠庠，省俗觀風，採歌謠於唐、衛。[3]我秦王殿下，降靈霄極，禀秀天機，質潤珪璋，文兼黼黻。楚詩早習，頗屬懷於言志，沛《易》先通，每留神於索隱。尊儒好古，三雍之對已遒，[4]博物多能，百家之工彌洽。遨游必名教，漁獵唯圖史。加以降情引汲，擇善矜微，築館招賢，攀枝佇異。剖連城於井里，賁束帛於丘園，薄技無遺，片言便賞。所以人加脂粉，物競琢磨，俱報稻粱，各施鳴吠。

　　［1］三、五：指三皇五帝。

　　［2］嵩：山名。在今河南登封市北。　岱：山名。即泰山，在今山東泰安市。

　　［3］唐：西周諸侯國名。周成王封其弟叔虞於唐，約在今山西翼城縣。　衛：西周諸侯國名。周成王封其弟叔康於衛，初建都於朝歌（今河南淇縣）。

　　［4］三雍：一名三雍宫，漢代辟雍、明堂、靈臺總稱，常作爲

對策内容。

　　于時歲次鶉火，[1]月躔夷則，[2]驂駕務隙，靈光意静。前臨竹沼，却倚桂巖，泉石瑩仁智之心，煙霞發文彩之致，賓僚霧集，教義風靡。乃討論群藝，商略衆書，以爲小學之家，尤多舛雜，雖復周禮、漢律，務在貫通，而巧説邪辭，遞生同異。且文訛篆隸，音謬楚、夏，《三蒼》《急就》之流，微存章句，《説文》《字林》之屬，唯別體形。至於尋聲推韻，良爲疑混，酌古會今，未臻功要。未有李登《聲類》、吕静《韻集》，[3]始判清濁，纔分宫羽，而全無引據，過傷淺局，詩賦所須，卒難爲用。遂躬紆睿旨，摽摘是非，撮舉宏綱，裁斷篇部，總會舊轍，創立新意，聲別相從，即隨注釋。詳之詁訓，證以經史，備包《騷》《雅》，博牽子集，汗簡云畢，題爲《韻纂》，凡三十卷，勒成一家。方可藏彼名山，副諸石室，見群玉之爲淺，鄙懸金之不定。爰命末學，製其都序。徽業術已寡，思理彌殫，心若死灰，文慚生氣。徒以犬馬識養，飛走懷仁，敢執顛沛之辭，遂操狂簡之筆。而齊、魯富經學，[4]楚、鄭多良士，[5]西河之彦，[6]幸不誚於索居，東里之才，[7]請能加於潤色。

　　[1]歲次鶉火：古天象之一，亦作“歲在鶉火”，指歲星（木星）位於鶉火（二十八宿之柳、星、張三宿）的位置。
　　[2]月躔夷則：夷則爲古十二律之一，與一年十二月之七月相對。此句意指七月月亮運行黄道之時。

[3]李登：人名。北魏時任左校令。其他事迹不詳。　吕静：人名。晋時任安復令。其他事迹不詳。

[4]齊、魯：泛指春秋戰國時期齊國和魯國所在地區，約在今山東境内。

[5]楚、鄭：泛指春秋戰國時期楚國與鄭國所在地區，約在今湖南、湖北、河南一帶。

[6]西河：地名。戰國時魏國境内黄河附近地區，據《史記》卷六七《仲尼弟子列傳》載："子夏居西河教授。"

[7]東里：地名。春秋時鄭國大夫子産所居地，在今河南新鄭市城内。

　　未幾，俊薨，晋王廣復引爲揚州博士，令與諸儒撰《江都集禮》一部。復令徽作序曰：

　　禮之爲用至矣。大與天地同節，明與日月齊照，源開三本，體合四端。巢居穴處之前，即萌其理，龜文鳥迹以後，稍顯其事。雖情存簡易，意非玉帛，而夏造殷因，可得知也。至如秩宗三禮之職，[1]司徒五禮之官，[2]邦國以和，人神惟敬，道德仁義，非此莫成，進退俯仰，去兹安適！若璽印塗，猶防止水，豈直譬彼耕耨，均斯粉澤而已哉！

[1]秩宗：上古官名。掌宗廟祭祀的官職。　三禮：古代祭祀天、地、宗廟之禮。

[2]司徒：上古官名。傳爲少昊始置，《周禮》爲地官大司徒，掌國家土地與人民教化。　五禮：指吉禮、凶禮、軍禮、賓禮、嘉禮。

　　自世屬坑焚，時移漢、魏，叔孫通之碩解，[1]高堂隆之博識，[2]專門者霧集，制作者風馳，節文頗備，枝條互起。皇帝負扆垂旒，辨方正位，篆勛、華之曆象，綴文、武之憲章。[3]車書之所會通，觸境斯應，雲雨之所霑潤，無思不韙。東探石簀之符，[4]西蠹羽陵之策，[5]鳴鑾太室，[6]偃伯靈臺，[7]樂備五常，禮兼八代。

　　[1]叔孫通：人名。漢初名臣，與儒生共立漢代朝儀典章。傳見《史記》卷九九、《漢書》卷四三。

　　[2]高堂隆：人名。三國曹魏時爲侍中、太史令。傳見《三國志》卷二五。

　　[3]文、武：指西周文王與武王。詳見《史記》卷四《周本紀》。

　　[4]石簀：以石頭做的筐。

　　[5]羽陵：相傳爲古代貯藏秘籍之處。

　　[6]太室：太廟中央之室，亦指太廟。

　　[7]偃伯：亦稱“偃霸”，指休戰。　靈臺：宮臺名。天子皆有靈臺，用以觀祲象，察氣之妖祥。

　　上柱國、太尉、揚州總管、晋王握珪璋之寶，[1]履神明之德，隆化讚傑，藏用顯仁。地居周、邵，[2]業冠河、楚，允文允武，多才多藝。戎衣而籠關塞，朝服而掃江湖，收杞梓之才，闢康莊之館。加以佃漁六學，網羅百氏，繼稷下之絶軌，[3]弘泗上之淪風，[4]賾無隱而不探，事有難而必綜。至於采標綠錯，華垂丹篆，刑名長短，儒、墨是非，書圃翰林之域，理窟談叢之内，謁者所求之餘，侍醫所校之逸，莫不澄涇辨渭，拾珠棄蚌。

以爲質文遞改，損益不同，《明堂》《曲臺》之記，南宮、東觀之説，[5]鄭、王、徐、賀之答，[6]崔、譙、何、庾之論，[7]簡牒雖盈，菁華蓋鮮。乃以宣條暇日，聽訟餘晨，娛情窺寶之鄉，凝相觀濤之岸，總括油素，躬披緗縹，芟蕪刈楚，振領提綱，去其繁雜，撮其指要，勒成一家，名曰《江都集禮》。凡十二帙，一百二十卷，取方月數，用比星周，軍國之義存焉，人倫之紀備矣。昔者龜、蒙令后，[8]睢、渙名藩，[9]誠復出警入蹕，擬乘輿之制度，建斿載旗，用天子之禮樂。求諸述作，未聞兹典。方可韜之頹水，副彼名山，見刻石之非工，嗤懸金之已陋。是知《沛王通論》，不獨擅於前修，《寧朔新書》，更追慚於往册。徽幸樓仁岳，忝游聖海，謬承恩獎，敢叙該博之致云。

[1]上柱國：官名。隋文帝因改北周十一等勳官之制形成十一等散實官，用以酬勤勞，無實際職掌。柱國爲第二等，可開府置僚佐。從一品。　太尉：官名。三公之一，隋初參議國家大事，置府僚，但不久就省除府及僚佐，成了榮譽性質的頭銜。正一品。　揚州：隋開皇九年改吳州爲揚州，治所在今江蘇揚州市。　總管：官名。全稱是總管刺史加使持節。總管的統轄範圍可達數州至十餘州，成一軍政管轄區。隋文帝在并、益、荆、揚四州置大總管，其餘州置總管。總管分上、中、下三等，品秩爲流内視從二品、正三品、從三品。

[2]周、邵：指西周時期周公旦和召公奭，兩人分陝而治，此代指其地。

[3]稷下：指戰國時齊都城臨淄西門稷門附近地區。齊威王、宣王曾在此建學宮，後成爲各學派活動中心。

[4]泗上：泛指泗水北岸地區。春秋時孔子曾在此講學，後用指學術之鄉。

[5]南宮：宮名。位於東漢都城洛陽。 東觀：東漢洛陽南宮内觀，爲皇室藏書及國史修撰之所。

[6]鄭、王、徐、賀：似指鄭玄、王肅、徐遵明、賀瑒或賀琛。

[7]崔、譙、何、庾：似指崔寔、譙周、何稠、庾信。

[8]龜、蒙：指龜山與蒙山，均在山東境内。《詩·魯頌·閟宮》：“奄有龜蒙。”

[9]睢、渙：泛指睢水與渙水所在地區，二水古址在今河南境内。

煬帝嗣位，詔徽與著作佐郎陸從典、太常博士褚亮、歐陽詢等助越公楊素撰《魏書》，[1]會素薨而止。授京兆郡博士。楊玄感兄弟甚重之，數相來往。及玄感敗，凡交關多罹其患。徽以玄感故人，爲帝所不悦，有司希旨，[2]出徽爲西海郡威定縣主簿。[3]意甚不平，行至隴西，[4]發病卒。

[1]陸從典：人名。歷南朝陳、隋，卒於隋末散亂。《陳書》卷三〇、《南史》卷四八有附傳。 太常博士：官名。掌辨五禮之儀式，大祭祀時贊導禮儀，擬議王公及三品以上官謚號。置四員，從七品下。 褚亮：人名。隋煬帝時官任太常博士，通曉禮儀制度。傳見《舊唐書》卷七二、《新唐書》卷一〇二。 歐陽詢：人名。隋及唐初著名書法家、文學家。傳見《舊唐書》卷一八九上、《新唐書》卷一九八。

[2]希旨：亦稱“希指”，迎合在上者意願。

[3]西海：郡名。隋大業五年置，治所在今青海共和縣。 威定：縣名。隋大業五年置，治所在今青海共和縣西北、青海湖以西

一帶。　縣主簿：官名。掌勾稽簿籍，糾正縣内非違。視從九品。

　　[4]隴西：郡名。治所在今甘肅隴西縣。

杜正玄 弟正藏

　　杜正玄，[1]字慎徽，其先本京兆人，[2]八世祖曼，[3]爲石趙從事中郎，[4]因家於鄴。自曼至正玄，世以文學相授。正玄尤聰敏，博涉多通。兄弟數人，俱未弱冠，並以文章才辯籍甚三河之間。[5]開皇末，舉秀才，尚書試方略，正玄應對如響，下筆成章。僕射楊素負才傲物，正玄抗辭酬對，無所屈撓，素甚不悦。久之，會林邑獻白鸚鵡，素促召正玄，使者相望。及至，即令作賦。正玄倉卒之際，援筆立成。素見文不加點，始異之。因令更擬諸雜文筆十餘條，又皆立成，而辭理華贍，素乃嘆曰：“此真秀才，吾不及也！”授晉王行參軍，[6]轉豫章王記室，卒官。弟正藏。

　　[1]杜正玄：人名。《北史》卷二六有附傳。

　　[2]京兆：郡名。治所在今陝西西安市西北。

　　[3]曼：人名。即杜曼。事迹不詳。

　　[4]石趙：十六國時期後趙政權（319—351），都襄國（今河北邢臺市），後遷鄴（今河北臨漳縣西南鄴鎮東）。　從事中郎：官名。魏晉南北朝時期王公府均設從事中郎，主吏事。後趙官品不詳。

　　[5]三河：漢以河内、河東、河南三郡爲三河，在今河南洛陽黄河南北一帶。

　　[6]行參軍：官名。隋諸王府置法、田、水、鎧、士等曹有行

參軍六人，執掌隨曹而異。親王府正八品。

　　杜正藏，[1]字爲善，尤好學，善屬文。弱冠舉秀才，授純州行參軍，[2]歷下邑正。[3]大業中，學業該通，應詔舉秀才，兄弟三人俱以文章一時詣闕，論者榮之。著碑誄銘頌詩賦百餘篇。又著《文章體式》，大爲後進所寶，時人號爲文軌，乃至海外高麗、百濟，[4]亦共傳習，稱爲《杜家新書》。

　　[1]杜正藏：人名。《北史》卷二六有附傳。
　　[2]純州：治所在今河南桐柏縣東。
　　[3]下邑：縣名。治所在今河南夏邑縣。　正：官名。即縣正。縣屬吏之一，職掌不詳。
　　[4]高麗：古國名。此時亦稱高句麗。故地在今朝鮮半島北部。傳見本書卷八一、《北史》卷九四、《舊唐書》卷一九九上、《新唐書》卷二二〇。　百濟：古國名。故地在今朝鮮半島西南部。傳見本書卷八一、《北史》卷九四、《舊唐書》卷一九九上、《新唐書》卷二二〇。

　　常得志

　　京兆常得志，[1]博學善屬文，官至秦王記室。及王薨，過故宮，爲五言詩，辭理悲壯，甚爲時人所重。復爲《兄弟論》，義理可稱。

　　[1]常得志：人名。《北史》卷八三有附傳。

尹式

河間尹式，[1]博學解屬文，少有令問。仁壽中，官至漢王記室，王甚重之，及漢王敗，式自殺。其族人正卿、彥卿俱有儁才，[2]名顯於世。

[1]尹式：人名。《北史》卷八三有附傳。
[2]正卿：人名。即尹正卿。隋大業十三年宇文化及江都宮變時有名尹正卿者，不知是否此人，其他事迹不詳。　彥卿：人名。即尹彥卿。事迹不詳。

劉善經

河間劉善經，[1]博物洽聞，尤善詞筆。歷仕著作佐郎、太子舍人。著《酬德傳》三十卷，《諸劉譜》三十卷，《四聲指歸》一卷，行於世。

[1]劉善經：人名。《北史》卷八三有附傳。

祖君彥

范陽祖君彥，[1]齊尚書僕射孝徵之子也。[2]容貌短小，言辭訥澀，有才學。大業末，官至東平郡書佐。[3]郡陷於翟讓，[4]因爲李密所得。[5]密甚禮之，署爲記室，軍書羽檄，皆成於其手。及密敗，爲王世充所殺。[6]

[1]祖君彦：人名。《北史》卷四七有附傳。

[2]尚書僕射：官名。北齊尚書省置左右僕射各一人，地位僅次於尚書令，左僕射領殿中、主客諸曹。二品。按，《北齊書》卷三九《祖珽傳》、《北史·祖珽傳》爲“尚書左僕射”。　孝徵：人名。即祖珽，字孝徵，北齊著名學者，官至尚書左僕射。傳見《北齊書》卷三九，《北史》卷四七有附傳。按，諸本原作“孝微”，據《北齊書》《北史》本傳改。

[3]東平：郡名。隋大業初改鄆州置，治所在今山東鄆城縣東。　書佐：官名。煬帝改州諸曹參軍事爲郡書佐。視從八品至視從九品。

[4]翟讓：人名。隋末農民起義瓦崗軍早期領導人之一，大業十三年被李密殺害。事亦見本書卷四《煬帝紀下》、卷七一《馮慈明傳》《張須陀傳》，《新唐書》卷九三《李勣傳》等。

[5]李密：人名。傳見本書卷七〇、《舊唐書》卷五三、《新唐書》卷八四，《北史》卷六〇有附傳。

[6]王世充：人名。傳見本書卷八五、《北史》卷七九、《舊唐書》卷五四、《新唐書》卷八五。

孔德紹

會稽孔德紹，[1]有清才，官至景城縣丞。[2]竇建德稱王，[3]署爲中書令，[4]專典書檄。及建德敗，伏誅。

[1]孔德紹：人名。《北史》卷八三有附傳。

[2]景城：縣名。治所在今河北滄州市西景城。　縣丞：官名。縣主要僚佐之一，掌通判縣事。依縣等第高低從從七品至從九品不等。

[3]竇建德：人名。隋末反隋主力之一，唐武德元年（618）

於河北稱帝建立夏國。傳見《舊唐書》卷五四、《新唐書》卷八五。

　　[4]中書令：官名。此爲竇建德所置官。

劉斌

　　南陽劉斌，[1]頗有詞藻，官至信都郡司功書佐。[2]竇建德署爲中書舍人。建德敗，復爲劉闥中書侍郎，[3]與劉闥亡歸突厥，不知所終。

　　[1]南陽：郡名。治所在今河南南陽市。　劉斌：人名。《北史》卷八三有附傳。

　　[2]司功書佐：官名。隋煬帝改州諸曹參軍事爲郡書佐，司功書佐即州功曹參軍事。掌官吏考課、學校、貢舉等事。視從八品至視從九品。

　　[3]劉闥：人名。即劉黑闥。初依附竇建德，竇建德敗後，召集其舊部再次起兵，自稱漢東王，建元天造，後爲李建成所敗。傳見《舊唐書》卷五五、《新唐書》卷八六。　中書侍郎：官名。此爲劉黑闥所置官。

　　史臣曰：魏文有言“古今文人，類不護細行，鮮能以名節自立”，[1]信矣！王胄、虞綽之輩，崔儦、孝逸之倫，或矜氣負才，遺落世事，或學優命薄，調高位下，心鬱抑而孤憤，志盤桓而不定，嘯傲當世，脱略公卿。是知跅弛見遺，嫉邪忤物，不獨漢陽趙壹、平原禰衡而已。[2]故多離咎悔，鮮克有終。然其學涉稽古，文詞辨麗，並鄧林之一枝，崐山之片玉矣。有隋總一寰宇，得人爲盛，秀異之貢，不過十數。正玄昆季三人預焉，華萼相耀，亦爲難兄弟矣。

[1]魏文：即魏文帝曹丕。紀見《三國志》卷二。 "古今文人"至"名節自立"：語出《三國志》卷二一《魏書·王衛二劉傅傳》魏文帝與元城令吳質書。

[2]漢陽：郡名。東漢永平十七年（74）以天水郡改名。治所在今甘肅甘谷縣東。 趙壹：人名。本名趙懿，避司馬懿諱改，東漢文學家。傳見《後漢書》卷八〇下。 平原：郡名。治所在今山東平原縣西南。 禰衡：人名。東漢末年名士。傳見《後漢書》卷八〇下。